青少版经典名著书库

名 人 传

[法]罗曼·罗兰 著　爱德少儿编委会 编译

爱德少儿编委会

主　编：童　丹
副主编：陈慧颖
编　委：安　心　代成妙　杜佳晨　高敬华
　　　　姜　月　刘国华　路　远　谭蓉平
　　　　唐　倩　田海燕　任仕之　余小溪
　　　　余信鹏　张重庆　张凤娟　张　云
　　　　张运旭　钟孟捷　朱梦雨

浙江人民美术出版社

图书在版编目（CIP）数据

名人传 /（法）罗曼·罗兰著；爱德少儿编委会编译. — 杭州：浙江人民美术出版社，2021.6
（青少版经典名著书库）
ISBN 978-7-5340-8790-5

Ⅰ.①名… Ⅱ.①罗…②爱… Ⅲ.①贝多芬(Beethoven, ludwing Van 1770-1827) — 传记 — 青少年读物②米开朗琪罗(Michelangelo, Buonarroti 1475-1564) — 传记 — 青少年读物③托尔斯泰(Tolstoy, Leo Nikolayevich 1828-1910) — 传记 — 青少年读物 Ⅳ.①K811-49

中国版本图书馆 CIP 数据核字（2021）第 077433 号

责任编辑：雷　芳
责任校对：余雅汝
装帧设计：爱德少儿
责任印制：陈柏荣

青少版经典名著书库
名人传　[法] 罗曼·罗兰　著　　爱德少儿编委会　编译

出版发行	浙江人民美术出版社
地　　址	杭州市体育场路 347 号
经　　销	全国各地新华书店
制　　版	湖北省爱德森森文化传播有限公司
印　　刷	湖北鄂南新华印刷包装股份有限公司
版　　次	2021 年 6 月第 1 版
印　　次	2021 年 6 月第 1 次印刷
开　　本	710mm×990mm　1/16
印　　张	19.5
字　　数	300 千字
书　　号	ISBN 978-7-5340-8790-5
定　　价	28.00 元

如发现印装质量问题，影响阅读，请与承印厂联系调换。

前言

　　罗曼·罗兰的《名人传》共讲述了三位名人,德国的音乐家贝多芬,意大利的雕塑家、画家、诗人米开朗琪罗,俄国思想家、文学家托尔斯泰。虽然各自的事业不同,贡献不同,所处时代和国家也不同,但他们都是伟大的天才,都是各自领域里的伟人。他们在肉体和精神上经历了人生的种种磨难,却为创造不朽的杰作贡献了毕生的精力。他们或有病痛的折磨,或有悲惨的遭遇,或有内心的矛盾,或三者交叠加于一身,深重的苦恼,几乎窒息了呼吸,毁灭了理智。他们之所以能坚持自己艰苦的历程,全靠他们对人类的爱,对人们的信心。

　　贝多芬:一个被命运捉弄、最终耳聋的音乐家,一个用痛苦换来欢乐的英雄。这个表面狂傲的人,在世时却有着不为人知的一面。音乐家最重要的器官损坏了,他不敢表露出来,不敢让人知道他的弱点,只好选择离群索居。他没有知音,甚至连朋友都没有。但是,贝多芬接受了现实,承受了上天给予他的痛苦的命运。因此他也成为作者心目中的英雄。

　　米开朗琪罗:忧郁症患者,是一个恨不得把整座山都雕出生命的工作狂,一个舍弃欢乐、享受痛苦的英雄。作者让我们了解到了米开朗琪罗十分矛盾而又复杂的心理,他有着对自己行为的极端厌弃,因为就连他自己都知道自己是一个十足的弱者和懦夫。心灵的折磨和奴隶般无休止的劳作,使他的一生饱受折磨,对他而言,生命就是恐怖的地狱。

　　托尔斯泰:一个自我折磨、自我折腾的人,离家出走的老翁,一个打破生活的安宁以安抚良心的英雄。他很早就拥有了财富、名誉与地位,但他像一个疯狂的信徒一样,不断地解剖自己,不断地忏悔,以至于为了自己的信仰抛弃了家庭,抛弃了世俗的欢乐,最后做了一个离家出走的耄耋老者,客死他乡。

贝多芬供大家享乐的音乐,是他用痛苦换来的欢乐。米开朗琪罗给后世的不朽杰作,是他一生血泪的凝聚。托尔斯泰在他的小说里,描述了万千生灵的渺小与伟大,描述了他们的痛苦和从痛苦中得到的和谐,借以传播爱的种子,传达自己的信仰:"一切不是为了自己,而是为了上帝生存的人";"当一切人都实现了幸福的时候,尘世才能有幸福存在"。

1866年1月29日,罗曼·罗兰生于法国中部高原上的小市镇克拉姆西。15岁时,他随父母迁居巴黎。1899年,他毕业于法国巴黎高等师范学校,通过会考取得了中学教师终身职位的资格,其后入罗马法国考古学校当研究生。归国后,他在巴黎高等师范学校和巴黎大学讲授艺术史,并从事文艺创作。这时期他写了七个剧本,以历史上的英雄事件为题材,试图以"革命戏剧"对抗陈腐的戏剧艺术。他从小爱好音乐,醉心于托尔斯泰和雨果的作品,形成了非暴力主义的人道主义思想,也是20世纪上半叶法国著名人道主义作家。他是传记文学的创始人,其小说特点常常被人们归纳为"用音乐写小说"。

罗曼·罗兰的艺术成就主要在于他用豪爽、质朴的文笔,刻画了在时代风浪中为追求正义、光明而奋勇前进的知识分子形象。在提到艺术风格时,罗曼·罗兰表示,除了"诚恳"二字,他不希望别人承认他有什么别的优点。他是一个有广泛国际影响的作家,也是著名的社会活动家,一生为争取人类的自由、民主与光明,与黑暗势力进行着不屈的斗争。

目录 CONTENTS

贝多芬传

卷首语 …………………………………………………… 2
作者序 …………………………………………………… 5
贝多芬传 ………………………………………………… 7
贝多芬遗嘱 …………………………………………… 41
思想录 ………………………………………………… 44

米开朗琪罗传

引　言 ………………………………………………… 48
作者序 ………………………………………………… 51

上篇　搏斗

一　力量 ……………………………………………… 64
二　力的崩溃 ………………………………………… 85
三　绝望 ……………………………………………… 99

下篇　放弃

一　爱 ………………………………………………… 114
二　信念 ……………………………………………… 138
三　孤独 ……………………………………………… 155

尾　声

死 ……………………………………………………… 164

托尔斯泰传

一 走近伟人 …………………………………… 172
二 成长与写作 ………………………………… 177
三 爱情对文学的滋润 ………………………… 205
四 道德人格与哲学思想的交织 ……………… 218
五 伟大的艺术成就 …………………………… 264
六 文学巨匠的归宿 …………………………… 279

罗曼·罗兰致译者书
　　——论无抵抗主义 ………………………… 297
《名人传》读后感 ……………………………… 299
参考答案 ………………………………………… 301

贝多芬传

卷首语

我愿证明,谁若行为高尚、善良,必同样能承受苦难。

——贝多芬

我们周围的空气多么重浊。古老的欧洲在沉重、污浊的氛围中已变得麻木、迟钝。猥琐的物质主义压抑了思想,阻碍了政府和个人的行动。

人们在卑劣和谨小慎微的自私自利中憋闷至死。人们已经呼吸困难——打开窗子吧!让自由的空气重新进来!让我们呼吸英雄的气息!

生活是严酷的。对那些不安于平庸的人说来,生活就是一场无休止的搏斗,而且往往是无荣誉无幸福可言的、在孤独中默默进行的一场可悲的搏斗。

贫困、日常的忧烦、愚蠢的超负荷劳作,把他们压得喘不过气,徒劳无益地消耗他们的精力,使他们没有希望,没有一线欢乐之光,而且绝大多数都彼此隔离,连给患难兄弟伸出援手的慰藉都不可得,因为他们既不知道他人,也不为他人所知。他们只能靠自己,而有时最强的人也会被苦难压倒。他们呼唤援助,也呼唤朋友。

正是为了援助他们,我才在他们周围集合起这些英雄的友人,这些为了善而受苦的伟大心灵。这些名人传记并非诉诸野心家的骄傲,而是献给受难者的。

何况,谁又不是受难者呢?让我们把神圣的痛苦油膏献给受苦的人们吧！我们在搏斗中并不孤立。人世的黑夜已为神圣之光所照亮。

目前，在我们身边，就能看见两朵最纯洁的火花——正义和自由的火花——在闪耀：皮卡尔上校[1894到1906年间的"德雷福斯案件"中，任法国陆军部的警长皮卡尔上校因发现德雷福斯被诬告下狱，主张为其平反，反而触怒了上级而致使自身受到牵连。此后，左拉发表《我控诉》，由此引起了法国民主派和顽固势力的斗争。在舆论的强大压力下，法国政府被迫重审并宣告德雷福斯无罪，皮卡尔上校亦得获释]和布尔的人民[布尔，原荷兰殖民地，被转让给英国后受到残酷的压迫，布尔人民奋起反抗，最后英国让步，成立了南非联盟，令其自治]。即使他们还未能烧毁那浓密的黑暗，至少他们的光焰一闪，给我们指明了道路。跟着他们朝前走吧，跟着那些分散在各个国家、各个时代，和他们一样孤军奋战的人们朝前走。让我们扫除时间的障碍，让英雄的民族获得重生。

我称之为英雄的，并非以思想或力量取胜的人，而仅仅是因其心灵才伟大的人。

正如他们中最伟大的一个，亦即我们将叙述其生平的那个人所说："除了善良，我不承认还有其他高人一等的标志。"没有伟大的品格，就没有伟大的人，同样也没有伟大的艺术家、伟大的行动者，而只有一些为群氓而立的腹中空空的偶像，时间会将它们统统摧毁。成败无关紧要，重要的是伟大，而不是显得伟大。

我们试图在此为之立传的这些人，他们的人生几乎都是一种长期的受难。或是悲剧性的命运使他们的灵魂在肉体和精神、贫困和疾病的磨难中经受锤炼；或是目睹同胞遭受不可名状的苦难和羞辱的折磨，从而使他们的生命受到摧残，心灵为之撕裂，使他们每日都在痛苦中受煎熬。他们的伟大固然来自坚强的毅力，同时也来自所经历的忧患。不幸的人们啊，切勿过分怨天尤人！人类最优秀的人物与你们同在。从他们的勇气中汲取营养吧！如果我们太虚弱，就把头枕在他们的膝上稍事休息,他们会抚慰我们,在这些神圣的心灵中,涌流着公正之力和强大之善的激流。甚至无须询问他们的作品,倾听他们的声音,仅从他们的眼睛、从有关他们生活的记述中,我们就能读懂:生活从来不曾像在患难中那样伟大、丰盈和幸福。

在这英雄队伍的前列,我将首席位置给了坚强而纯粹的贝多芬。他在受苦时,曾祝愿他的事例能给其他不幸者提供支撑,"但愿不幸的人,看到一个与他同样的不幸者,不怕自然设下的障碍,竭尽所能地使自己成为一个无愧于人的称号的人,能从中获得慰藉"。经过多年超人的奋斗与努力,他克服了困难,完成了他所谓的"向可怜的人类吹送勇气"的大业后,这位胜利的普罗米修斯[希腊神话中的人物,因为人类盗取火种而被宙斯惩罚:将他锁在高加索山上,每日派神鹰啄食其肝脏,第二日又重新长合,如此循环,不得解脱]回答一个乞灵于神明的朋友说:"人啊,靠你自己吧!"

他这句豪言壮语,应对我们有所启迪。让我们以他为榜样,重新恢复对生活、对人类的信念吧!

罗曼·罗兰
1903年1月

作者序

　　二十五年前，当我写这部小小的《贝多芬传》时，我并不想写成一部音乐学方面的著作。那是1902年，我正处于苦恼不堪的时期，经受着既能摧毁又能更新一切的暴风雨。我逃离巴黎，来到我儿时的伴侣贝多芬身边，寻求十天的庇护，在人生的战场上，他曾多次给予我支持和帮助。我来到他的故乡波恩，重新觅得他的影子和他的老朋友：在科布伦茨的访问，我从韦格勒的孙儿们身上，又见到了韦格勒夫妇。在美因兹，我听到了由韦恩加特纳指挥的贝多芬交响乐演奏会。在这浸透了他的苦难、勇气、欢乐与悲哀的灰暗潮湿的四月天，在雾气弥漫的莱茵河畔，我与他单独相处，倾诉衷肠。我跪倒在地，他以强有力的手将我扶起，为我的新生儿《约翰·克利斯朵夫》施洗。在他的祝福之下，受到鼓舞的我，与人生重新缔约，踏上了重返巴黎的路程，一路上向上帝唱着痊愈者的感恩曲。那感恩曲就是这篇传记，起先由《巴黎杂志》发表，继而由贝玑[其所主编的《半月刊》曾刊载《贝多芬传》]拿去刊载。我没想到它的声音会传到朋友们的圈子之外。但是，"命运就这样注定了……"

　　赘述诸多枝节，恳请读者见谅。因当今有些人会在这首颂歌中寻求按严格的史学方法撰写的学术著作，我不得不对此做出回答。我在某些时刻，也会充当史学家。在《亨德尔》和有关歌剧研究的若干著述中，我也曾为音乐科学做过认真的奉献。然而，《贝多芬传》却不是为学术而写作的。这是受伤的、被窒息的心灵之歌，是它复苏后，重新振作起来，向救主感恩的歌。我知道，这救主已被我改头换面，但一切从信与爱出发的行为无不如此。我的《贝多芬传》便是这样一种行为。人们踊跃购买,给这本小书带来它所不曾企求的好运。这个时代,法国成千上万的生灵,受压制的理想主义的一代,都焦虑地期待着那一声解放的号令。这号令,他们在贝多芬的音乐中听到了,于是他们从中寻求支持。从那个时代过来的人,谁不记得那些四重奏音乐会,真像是唱天主的羔羊时的教堂,谁不记得那些注视着祭祀礼的痛苦的脸,因受到启示而满面生辉?今日的生者与昔日的生者已相距很远了。(但他们能否距明日的生者更近呢?)20世纪初的这代人里,多少队列已被横扫:战争好比一个无底深渊,他们和他们最优秀的儿子都在那里面失去踪影。我这小小的《贝多芬传》保留着他们的形象。出自一个孤独者手笔的小书,竟无意中与他们相似,而他们也从中认出了自己。一个籍籍无名者写的小册子,从一家默默无闻的小店出来,几天之内便广为传播,它已不再属我所有了。

我刚把此书重读了一遍,虽说写得还不够充分,我也不打算再改动了。因为它应当保留最初的特色,以及伟大一代的神圣形象。在贝多芬百年祭之际,我要把对一代人的怀念,和他们的伟大同伴——正直坦诚的大师的祭奠结合在一起,是他,教给了我们如何生、如何死。

罗曼·罗兰
1927年3月

名人传

贝多芬传

M 名师导读

贝多芬被世人尊称为"乐圣"和"交响乐之王",其作品对世界音乐的发展有着非常深远的影响。他的一生悲壮曲折,但他却忍受着痛苦,在其短短五十七年的生命里,创造出许多华美的乐章,成为世界音乐史上最伟大的作曲家和音乐家之一。

善事应尽力而为,爱自由甚于一切,即使为了帝王的宝座,也绝不出卖真理。

——贝多芬

他身材矮壮,一副运动员的身架,宽宽的大脸庞呈现砖红色,只是到了晚年时期,他的皮肤才变成病态的黄色,尤其是在冬日,当足不出户的时候,更是如此。他前额宽广且隆起,深黑色的头发异常浓密,乱蓬蓬地竖着,似乎从未梳理过,颇像"美杜莎[希腊神话中的女妖,被雅典娜施以诅咒,头发变成蛇发,任何直望美杜莎双眼的人都会变成石像,因此美杜莎成了面目丑陋的怪物]的蛇发"。他眼中燃烧着一股神奇的力量,使见到他的人无不为之震撼,但其中细微的差别,大多数人辨别不出。因为这双眼睛闪烁着一种野性的光芒,衬上古铜色而略显悲壮的脸,看上去像是黑色,其实是蓝灰色。这双细小而深陷的眼睛,一旦兴奋或者愤怒,就会突然睁大,眼珠来回转动,反映着他丰富的内心世界。他忧郁的目光常常转向上空。【写作借鉴:这段描写贝多芬外貌的语句,生动形象,既凸显了贝多芬的与众不同,又通过眼睛让

7

人感觉到他思想的深邃。]阔大的鼻子，又短又方，真是狮子般的相貌！嘴倒长得颇秀气，但下唇比上唇突出，结实的牙床仿佛可以嗑碎核桃。右下巴上有个深陷的小窝，使整个面部显得古怪而不对称。据莫舍勒斯说，他的微笑很美，谈话时神态亲切可爱。而笑起来却不讨人喜欢，粗鲁、难看，而且稍纵即逝——那种美来自于一个不习惯欢愉的人。他脸上的表情总是郁郁寡欢，仿佛患了"无法治愈的忧郁症"。【写作借鉴：这段外貌描写将贝多芬的形象刻画得清晰可见。】

1825年，雷尔斯托普曾说，看到他温柔的眼睛里那种极度痛苦的神情，他必须竭尽全力才能忍住眼泪。

一年以后，勃劳恩·封·勃劳恩塔尔在一家啤酒店遇见他，他坐在一个角落里，抽着一根长长的烟斗，紧闭双眼，那是他晚年时随着死神的临近，愈来愈常见的姿态。一位朋友和他说话，他凄然一笑，从口袋里掏出一个谈话记录本，像聋子经常做的那样，用尖利的嗓音叫对方把想说的话写出来。

他的面部表情变幻无常，有时因抓住了突如其来的灵感，哪怕在大街上，那表情也会让行人吓一大跳；有时无意中撞见他坐在钢琴面前，整个脸部肌肉膨起，血脉贲张，狠巴巴的眼睛变得加倍可怕，嘴唇抖动着，像把鬼神召来却又请不走的魔法师。典型一个莎士比亚剧中的人物！尤里乌斯·贝内狄克特说他简直就是李尔王。

1770年12月16日，路德维希·范·贝多芬出生于德国科隆附近，波恩的一所破房子简陋的小阁楼上。他原籍弗朗德勒[位于今天的比利时西部。贝多芬的祖父二十岁就当上了德意志王室大公的唱诗班指挥，乃是其家族当中与贝多芬最为相像的人物]，父亲是一个男高音歌手，一生庸庸碌碌、嗜酒如命。母亲是一个厨师的女儿，是波恩当地一家富户的帮佣，最初嫁给一个官宦之家的侍从，丈夫死后跟了贝多芬的父亲。

贝多芬的童年充满艰辛，缺少莫扎特那样的家庭温暖。从一开始，生活于他就是一场悲壮的战斗。

他父亲总想拓展他的音乐天赋，好把他当神童来四处炫耀。

四岁起，贝多芬就被关在家里，不许外出，整天练习钢琴和小提琴，繁重的练习差点把他累死，几乎让他恨死了音乐这门艺术。为了促使贝多芬多加学习，父亲只能使用暴力。

贝多芬从少年时代便需为生计发愁，不得不过早地承担养家糊口的重任。【名师点睛：贝多芬少年时期家庭贫困，使得他很早就得担起家庭重担，体会生活的艰辛，这些经历与他后来的音乐风格有一定的关系。】

十一岁那年，他加入剧院的乐队，十三岁当上管风琴乐手。这时，他已成为当地一个小有名气的音乐家了。

1787年，他失去了他所热爱的母亲。后来，贝多芬在给朋友的一封信里写道："她生性仁慈，值得爱戴，是我的知心朋友。当我叫着母亲而她也能听见的时候，没有人比我更幸福了。"从这封信里可以看出贝多芬多么热爱自己的母亲，母亲的去世又给他造成了多大的打击。她母亲是患肺病死的，贝多芬以为自己也染上了这种病，常常感到不舒服。除此以外，他还患有比病更折磨人的忧郁症。（1816年，他写道："不懂得死的人是个可怜虫，而我在十五岁时就已经懂得了。"）

十七岁时，他已经是一家之长，担负起教育两个弟弟的重任。父亲酗酒成性，无法支撑门户，父亲的退休金由贝多芬代为领取，因为剧院担心他父亲拿着钱去挥霍，便将退休金交给儿子。这些伤心经历在他内心留下了深深的烙印。

所幸他在波恩的勃罗宁家里找到了亲情上的依托。他们可爱的女儿埃莱奥诺尔比贝多芬小两岁，贝多芬教她音乐和诗歌，她成了他童年时期的伙伴，或许在他们之间有着极为温馨的情意。后来埃莱奥诺尔嫁给了韦格勒医生，他也成了贝多芬最要好的朋友。他们之间终生维持着纯真恬美的友情，这一点，从他们之间的书信往来可以看得出来。韦格勒夫妇称他为"忠诚的老友"，他则称对方为"亲爱的好韦格勒"。后来三人步入晚年，但心灵的青春依旧，热忱不减当年。

尽管有着悲惨凄凉的童年，但每当贝多芬忆起这段时日和儿时住过的地方，凄凉中依然透着一丝温馨。后来他虽不得不离开波恩，在维也纳这个繁华世界和它破败的郊区度过了几乎整整一生，内心却从未忘怀莱茵河畔的故乡，还有那条汹涌澎湃的大河，他称这条河为"我们的父亲河"。

<u>的确，莱茵河生机勃勃，几乎富有人性，仿佛一个巨大的生灵，具有无穷的思想和力量。</u>【**写作借鉴：这个句子把莱茵河与生灵相提并论，由此着重突出了莱茵河具有人一般的思想，具有人一样的生命力。**】

在他眼里，没有什么地方比波恩更美、更雄壮、更温柔的了，它浓荫密布，鲜花遍地，接受着河流的冲击和爱抚。

在这里，贝多芬度过了他生命中的头二十年；在这里，形成了他少年时代心中的梦想。

那慵懒地洒满露水的草地、雾气笼罩下的白杨、茂密的矮树丛、细柳和果树，都把根须浸泡在这静默而湍急的水流里。还有星星点点的村落、教堂、墓地，用慵懒又充满好奇的双眼俯瞰河岸。远方，蓝色的七峰在天空中绘出昏暗的身影，已成废墟的古堡矗立在山上，显出瘦削而怪异的轮廓。他的心永远地牵挂着这片土地，直到生命的最后时刻，他仍梦想着再见到它，但最终都未能如愿。"我的故乡，我美丽的出生地，在我眼前始终那么明丽动人，那么清晰，一如我离开她时一样。"

1789年，革命[指法国大革命]爆发了，并迅速席卷整个欧洲，这一大事占据了贝多芬的整个身心。波恩大学是新思想的熔炉，贝多芬于1789年5月14日注册进入波恩大学，听那位有名的奥洛格·施奈德的德国文学课，此人后来当上了下莱茵省的检察官。

当人们在波恩听到攻占巴士底监狱的消息时，施奈德在讲台上朗诵了一首热情洋溢的诗，使学生们群情激昂。第二年，他出版了一部革命诗歌集。(其中一首写道:"藐视狂热的信仰,砸碎愚蠢的王权,为人权而战……嘿,这一切,没有一个王公的奴仆能够做到。只有自由的灵魂方可担此重任,他们宁死不阿谀,宁穷不受奴役……须知这样的灵魂中,我并非最后一人。")贝多芬和埃莱奥诺尔都预订了这部诗集。

1792 年,战火[指欧洲各国为干涉大革命发动的战争]蔓延到波恩,贝多芬离开家乡,去音乐之都维也纳定居。路上,他遇到了开赴前线与法国作战的黑森州部队,此事无疑激发了他的爱国热忱。

1796 至 1797 年间,他把弗里德堡的有关战争的诗篇谱成音乐作品:一首为《行军曲》,另一首为《我们伟大的德意志》。可是,尽管他讴歌了法国大革命的敌人,但大革命仍然征服了世界,也征服了贝多芬的心。

当他到维也纳时,莫扎特已经去世,贝多芬于是师从海顿学习音乐,大约半年的时间。当时,因为忙于自己的音乐创作,海顿除了教给贝多芬一些多声部音乐的初级知识,无暇传授给他更多。而不知出于什么原因,当贝多芬第一次演奏自己的三部三重奏作品后,海顿竟劝贝多芬放弃出版这些作品,这引发了两人之间的冲突,并最终导致两人分道扬镳。

从 1798 年起,虽然奥地利和法国关系紧张,贝多芬却与法国人及其使馆,还有刚来到维也纳的贝纳多特将军[在大革命战争中屡立战功的法国元帅]有亲密的交往。言谈间贝多芬常流露出倾向共和的情绪,这种倾向在他以后的生活中变得愈发强烈。

施坦豪泽在这个时期替他画的一副肖像,很精确地反映出他当时的风采。这幅画与贝多芬后来的画像相比,就如同盖兰画的波拿巴之于后来的拿破仑肖像。拿破仑在那张画上,面部表情严峻,激情似火,野心勃勃。贝多芬在这张画上,显得比实际年龄更年轻、瘦削、笔挺,上衣的高领使得脖颈看起来有些僵直,神情高傲而紧张。

他深知自己的价值,非常相信自己的力量。

1796年，他在记事本上这样写道：

拿出勇气来！尽管身体不佳，但我的才华必将获胜！……二十五岁！现在已经到了！我二十五岁，到时候了……今年我的才能一定要充分显露出来了。【名师点睛：贝多芬于1795年在维也纳举行了首场钢琴独奏会，此时的他正锋芒初露。】

德·伯恩哈德夫人和格林克都说，他目空一切，举止放肆，神情抑郁，说话时带有很重的外地口音。

只有他的至交好友才知道在这生硬倨傲的外表下，隐藏着一颗十分善良的心。

他将自己获得的成功写信告诉韦格勒时，脑子里出现的第一个念头是：

比如我看见某个朋友手头拮据而我又没钱帮助他的时候，我只需伏案工作，用不了多久，便能帮他摆脱困境……你瞧，这多美妙。

稍后，他还写道：我的艺术应该造福于穷人。

此时，病痛已敲响了房门，一旦来到他身上就永远不再离开。【写作借鉴：总领下文，自然引出下文中贝多芬被病魔缠身的内容。】1796至1800年间，耳聋症开始肆虐，（他在《遗嘱》中写道，这种病开始于六年前，即1796年。而在他的作品当中，仅有1号作品是1796年以前创作的，由此可以看出他大部分作品都是耳聋后写的。）耳朵嗡嗡作响，昼夜不停，内脏的痛楚也一直折磨着他，他的听觉逐渐衰退。

连续好几年，他都没有告诉任何人，对家人，甚至最心爱的朋友们也是只字未提。他独自深藏着这可怕的秘密，为免他的病情被别人发现，他尽量避免与人见面。

可是到了1801年，他再也忍不住了，在绝望之中，他把这个秘密告诉了两个朋友——韦格勒医生和阿曼达牧师：

我亲爱的、善良的挚友阿曼达……我多希望你能常在我的身旁啊！你的贝多芬痛苦万分。我丧失了身心最宝贵的一部分，我的听力已经

名人传

大大下降,当咱们在一起的那个时候,我已感觉到此病的先兆,但我没有说出来。从那以后,情况越来越糟……我还能痊愈吗?虽然我渴望这一天,但希望仍很渺茫,因为这种病治愈的可能性很小。我必须过着痛苦的生活,逃离我所热爱和珍惜的一切,在这如此悲惨而又自私的世界上!……我只能遁世隐居,听天由命。我何尝不想摆脱病痛,但这谈何容易?……【名师点睛:从贝多芬的语言中,我们可以感受到他遭受病痛的折磨,并且知道治愈无望的痛苦之情。】

在给韦格勒的信中,他这样写道:

……我过着凄惨的生活。两年来,我不得不避开所有交际,因为我无法与人交谈,我是个聋子。如果我从事的是另一种职业,也许还可以继续做下去,但以我目前的职业来说,这是多么可怕的遭遇啊!我的仇敌不少,他们对此又会说些什么?在戏院里,我不得不坐得特别靠近乐队,才能听明白演员的话。我的座位如果离得稍远一点,我便听不见乐器和歌唱的高音。别人和我小声说话,我几乎听不见;但是当别人大声喊叫,我又会痛苦万分……我常常诅咒我的生命!普鲁塔克[希腊历史学家、伦理学家]教我学会隐忍,但我却愿意对我的生命提出挑战,我是上帝最可怜的造物!忍耐是多么令人伤心的避难所!然而这却是我唯一的出路!

这种悲苦的情绪通过当时的几部作品流露出来,如作品第13号《悲怆奏鸣曲》(1799),尤其是作品第10号《第三钢琴奏鸣曲》中的"广板"。

但奇怪的是,并非所有作品都带有这种愁苦的情绪,还有许多乐曲诸如欢快的《七重奏》(1800)、清澈明净的《C大调第一交响乐》(1800)等,都反映的是青年人无忧无虑的情怀。

毫无疑问,心灵需要时间来适应痛苦。它那么需要快乐,所以没有快乐的时候,只能自己来制造。当"现实"太残酷时,它便回到"过去"的生活中去。往昔美妙的岁月,是无法一下子从脑海里抹去的,即使当他们不复存在时，也还会持续地闪耀光芒。

贝多芬在维也纳孤苦伶仃，常常沉浸在对故乡的怀念中。这一时期他的作品都深深印着这样的痕迹。《七重奏》中带变奏曲的"行板"，便是一支莱茵地区的颂歌。《C大调交响乐》也是关于莱茵的作品，是一首青年人满怀梦想的诗篇，既欢快又为爱情而苦恼，让人体会到有一种取悦心上人的欲念与愿望。但在某些段落和引子里，在某几种低音乐器的明暗对比和古怪的谐谑曲中，我们会多么激动地在那张青春的脸上看到未来天才的目光！那是波提切利[意大利画家，其作品《圣家庭》中的婴儿即耶稣]在《圣家庭》中所描绘的幼婴的眼睛，从中已可窥见他未来的悲剧。

除了肉体的痛苦，他还受着别的困扰。韦格勒说过，他看到的贝多芬总是充满爱的激情。这种爱看来始终纯洁无邪，其激情与俗世的欢娱之间没有丝毫联系。现在人们往往将两者混淆，只能证明大部分人对爱的无知以及这种爱多么罕见。

贝多芬身上有着清教徒的气质，他讨厌下流的谈吐和思想，对爱情的神圣深信不疑。

据说他对莫扎特持有强烈的反感情绪，因为在贝多芬看来，莫扎特创作的关于花花公子的歌剧《唐璜》，实在有辱他音乐天才的身份。贝多芬的一位挚友非常确定地说："他一生保持着童贞，从未有过任何需要忏悔的不良行为。"这样的人注定要受到爱情的伤害，成为其牺牲品。【名师点睛:借用挚友的评价，来强调贝多芬内心非常纯洁，始终对爱情的神圣抱有坚定的信念。】

贝多芬的命运确实如此，他一再为情颠倒，不断憧憬着幸福，却不断遭受爱情的打击，随即便是痛苦的煎熬。如果要对贝多芬丰富的创作灵感追根溯源，就必须到这种轮番出现的爱情和骄傲的反抗中去寻找，直到年事已高，与生俱来的激情逐渐消退，才在痛苦的隐忍中归于平静。

名人传

1801年，贝多芬钟情于朱列塔·圭恰迪尔，她因被他题赠著名的作品《月光奏鸣曲》（作品第27号，1802）而闻名于世。他写给韦格勒的信中说："我现在的生活非常美好，也经常和别人交往……这是一个可爱的姑娘的缘故。我们彼此相爱，两年来我第一次感到幸福。"可是贝多芬为这段感情付出了高昂的代价。这段爱情使他更加了解自己残疾的可悲，而由于处境艰难，他也无法娶自己所爱的人。同时，朱列塔风流、幼稚，而且自私，也让贝多芬苦恼万分。

1803年11月，朱列塔竟嫁给了加仑贝格伯爵。这是摧毁心灵的打击，贝多芬本就因疾病而脆弱不堪的心灵，经过这样的刺激，几乎陷于崩溃。

一生之中，只有这一次，他似乎已经到了死亡的边缘。他悲观绝望，从他留给兄弟卡尔和约翰的《海利根遗嘱》便可以看出。《遗嘱》上标明：

等我死后拆看并执行。

那是撕心裂肺的痛苦呼喊，也是抗争的呼喊，听见的人无不为之动容。他几乎想自杀，但他那种百折不挠的道德观念阻止了他。（《遗嘱》中写着："要教育你们的孩子有道德，能使人幸福的只是道德而不是金钱，这是从我的亲身经历中得出的。道德使我在苦难中有所依靠，多亏了道德和艺术，我才没有自行了断。"1810年给韦格勒的信中又有："如果不是在某本书上看到，只要还有能力去做有意义的事，人就不应当贸然轻生，我恐怕早已不在人世间，肯定已经自行了断。"）不过他病愈的最后一线希望也破灭了。"连一向支撑我的非凡勇气也无影无踪了。啊，主啊，给我一次真正的欢乐吧，哪怕只一天！我听不见深沉的欢乐之声已经太久了！啊，上帝，什么时候我能再听见呢？……永远也听不见吗？……不，这太残酷了！"【名师点睛：此刻的贝多芬痛苦地承受着失恋和疾病的双重折磨，这段心灵独白是他不甘于悲惨现实但又无可奈何的哀诉，读起来令人心痛。】

这是垂死的哀鸣和呐喊，但这之后贝多芬又活了二十五年。他性格刚强，不甘心屈服于磨难。他在给韦格勒的信中这样写道：

我的体能和智力比以往任何时候都好，啊！我的青春！我能感觉到我正在萌动的青春活力。我已经一天天接近我那能隐约看见但又不十分确定的目标……啊！要是能摆脱病痛的折磨，我将拥抱全世界，稍许的休息都不需要，除了睡眠，我不知道还要什么休息。可我不得不比其他人在睡眠上要花费更多的时间。我多希望我能摆脱疾病的困扰，哪怕一半也可以，那时候……不！我再也不能忍受了！我要扼住命运的咽喉，它绝不能使我屈服。啊！人要是能活千百次该多好！

这爱情、这痛苦、这意志、这时而沮丧时而高傲的情绪、这内心的悲剧，都反映在贝多芬1802年所写的伟大作品之中，如《丧礼奏鸣曲》(作品第26号)、《幻想奏鸣曲》和《月光奏鸣曲》(作品第27号)、《第二奏鸣曲》(作品第31号)，其中包括一场雄伟而哀婉的独白的戏剧化的吟诵，还有献给亚历山大大帝的《小提琴C小调奏鸣曲》(作品第30号)、《克莱采奏鸣曲》(作品第47号)、为盖勒特的歌词所谱写的六首悲壮的宗教歌曲(作品第48号)。《第二交响曲》(1803)则更多地反映了他青春的爱情，从中可感觉到压倒一切的坚强意志，一股不可抗拒的力量将愁绪一扫而空，曲终涌起沸腾的生命力。贝多芬希望幸福，不愿相信自己的不幸无可挽回：他渴望病愈，渴望爱情，心中充满了希冀。【名师点睛：即使命运让他遭受了很多打击和磨难，但坚强的贝多芬并没有轻易向命运妥协，始终对生活和爱情充满激情和向往，非常让人敬佩。】

在这些作品中，有几部作品充满强烈的进行曲和战斗的节奏，让人产生非常深刻的印象。这在《第二交响曲》的快板和终曲中体现得尤为明显，特别是《献给亚历山大大帝的奏鸣曲》中的第一章，极富英勇悲壮的气概。音乐的战斗气息使人不禁回想起它产生的年代。大革命波及维也纳，贝多芬也被卷了进去。骑士德·赛弗里德说："他和挚友在一起时喜欢指点江山，且头脑清晰、目光敏锐，极有判断力。"他所有的同情都倾向于革命。

晚年最了解他的朋友辛德勒也这样说："他挚爱共和原则，主张无限制的自由和民族独立……他盼望大家齐心协力，共同管理国家……渴望法国实行普选，希望拿破仑建立普选制度，从而为全人类的幸福奠定基石。"

他像一个受普卢塔克思想熏陶的古罗马革命者，满怀豪情，梦想有一个由胜利之神缔造的英雄共和国，而所谓的胜利之神就是法国的首席执政——拿破仑。于是他接连写出了帝国的史诗，曾题为《波拿巴》的《英雄交响曲》(1804)（原名《波拿巴》，在这首英雄的史诗中，贝多芬把拿破仑描绘成大革命的功臣。可是，1801年，拿破仑称帝的消息传来，贝多芬的共和梦想破灭了，他失望透顶，称拿破仑也不过是凡夫俗子，并撕下了原来的题词，换成了有点报复意味又非常动人的题目《英雄交响曲——纪念一位逝去的伟人》。据辛德勒说，随着时间的推移，渐渐平静下来的贝多芬将拿破仑视为末路英雄，淡化了失望和愤怒。）以及光荣史诗《C小调交响曲》，即《第五交响曲》(1805—1808)的终曲。这是第一阕真正的革命音乐：时代精神在其中得以再现，强烈而且纯真，恰如当时的重大事件在孤独的巨人心中激起的强烈而纯真的回响，其印象即使接触到现实也不会有所减损。

这一时期，贝多芬的作品里都具有史诗式的战争色彩，尽管贝多芬自己可能都没有意识到。我们在《科里奥兰序曲》(1807)中，可以听到狂风大作，暴雨倾盆而下；《第四重奏曲》(作品第18号)第一乐章也有着与《科里奥兰序曲》相同的气势。而对《热情奏鸣曲》(作品第57号，1804)，德国政治家俾斯麦[德意志统一前的诸侯之一，普鲁士人，被称为"铁血宰相"。俾斯麦就《热情奏鸣曲》的最后一个乐章所发表的评论是："道出了整个人生的斗争和悲恸。"在所有音乐家中，俾斯麦表示，他最欣赏贝多芬]曾经说过："如果我能经常听到这支曲子，我一定会勇气倍增。"还有《艾格蒙特》的总谱，直至钢琴协奏曲及《降E调协奏曲》（作品第73号，1809），精湛的技巧所表现出的英雄气势，仿佛千军万马奔腾而过。而这有什么好惊奇的呢？在贝多芬创作《英雄的葬礼进行曲》（作品第26号的奏鸣曲）时，那位比《英雄交响曲》中的主人公更值得他称颂的英雄奥什将军，因激战而牺牲在莱茵河畔，其纪念碑至今仍矗立在科布伦茨和波恩之间的一座小山丘上。虽然当时贝多芬并不知道奥什牺牲的消息，但他毕竟曾在维也纳目睹了两次革命的胜利。

1805年11月，法国军官出席观看了他的歌剧《费德里奥》的首演。他还将《英雄交响曲》和《第五交响曲》题献给攻陷巴士底监狱的于兰将军，当时这位将军正住在贝多芬的朋友兼保护人洛布科维茨家里。

1809年5月10日，拿破仑驻军舍恩布伦。不久，贝多芬便对法国征服者产生了憎恨之情，但仍然狂热地崇拜他们史诗般的业绩，没有他这种感情的人，对他那歌颂赫赫军功和凯旋的音乐只可能一知半解。

贝多芬突然中止了《第五交响曲》的创作，一反往日的习惯，连草稿也不打，一气呵成地写下了《第四交响曲》。他眼前出现了幸福的曙光。

1806年，他和特蕾泽·德·布伦瑞克订了婚。她在很久以前就爱上了他，那时候贝多芬刚刚移居维也纳，特雷泽还是个小姑娘，是贝多芬的朋友弗朗索瓦伯爵的妹妹，贝多芬教她学钢琴。

1806年，贝多芬在匈牙利玛尔托伐萨他们家做客时，两人才彼此相爱。特蕾泽回忆这段幸福的日子时，曾经这样写道：

一个星期日的晚上，晚餐过后，温柔似水的月光下，贝多芬坐在钢琴前，双手放平，轻抚琴键，他习惯用这种方式开场，我和哥哥弗朗索瓦都知道。随后，他弹了几个低音和弦；接着，他缓缓地，神情庄重而神秘地，弹奏着塞巴斯蒂安·巴赫的作品："如愿以心相许，不妨悄然相传，两情脉脉相通，谁人又能知晓？"

此刻，母亲和神父均已入睡，哥哥陷入严肃的思考，我被他的歌声和目光渗透包围，感到生活格外美满幸福。翌日早上，我们在公园相遇，他对我说："我正在写一部歌剧，主人公仿佛就在我心中，在我眼前。无论我走到何处，又在何处驻足，她总是与我同在。我从未达到过这样高的境界，一切都那么明亮、纯净、清晰。在此之前，我就像神话中的孩子，只顾捡拾石子，却看不见路上艳丽的鲜花……"1806年，我和他订婚时，只有我亲爱的兄长弗朗索瓦同意。

这一年写的《第四交响曲》是一朵清纯的花，散发着他生命中这段日子较为平静的芬芳。【写作借鉴：贝多芬此时正深陷爱河，心境平和而幸福，作者将这个时期创作的《第四交响曲》比喻成一朵清纯的花，仿佛我们透过花朵就能嗅到他们的幸福气息。】

人们可以发现，这时候的贝多芬所关心的是尽可能使他的天才与前人留传下来的、为一般人所理解和喜爱的艺术形式协调起来。这种源自爱情的和解精神对他的生活态度和生活方式都产生了影响。

伊雅茨·封·赛弗里德和格里尔帕策说："他精力充沛，积极乐观，很风趣；待人接物彬彬有礼；穿着讲究；能包容让他讨厌的人；他的伪装很高明，甚至能让人误以为他耳朵并不聋。他们说他身体很好，只是视力稍差罢了。"

迈勒给他画的一幅肖像也让人有同样的感觉，他显得颇为风雅浪漫，只是稍稍有点不自然。

贝多芬希望别人喜欢他，而且知道自己能博得别人的欢心。狮子谈恋爱也会收起利爪。

但在这一切表象里，甚至在《第四交响曲》的梦幻与温柔所营造的氛围之中，人们仍可以感觉到一股可怕的力量，一种任性而易怒的气质。

这种深邃的恬静并没有持续多久，不过爱情的美好一直延续到1810年。这种美好的影响使得贝多芬获取了力量，其才华也因此结出前所未有的丰硕果实，诸如：古典悲剧风格的《第五交响曲》、夏日梦幻般的《田园交响曲》(1808)，还有受莎士比亚《暴风雨》的启发而创作的《热情奏鸣曲》。《热情奏鸣曲》是贝多芬题献给特雷泽的兄长弗朗索瓦的，出版于1807年，他自认为是他的奏鸣曲中最为壮美的一首。

对特蕾泽本人，他则献上那首充满梦幻和奇想的奏鸣曲（作品第78号，1809）。他还给"永恒的心上人"写过一封没有标明日期的信，其中表达的爱意较之《热情奏鸣曲》毫不逊色：

我的天使，我的一切，我的……我心中充满了想要对你说的话……啊！无论我身在何处，你总追随我左右……当我想到你在星期日之前很可能得不到我的消息时，我就难过得泪流满面。我爱你，就像你爱我一样，甚至还要强烈得多。啊！上帝！如果没有你！那将是一种怎样的生活！近在咫尺，又似远在天涯。我永远的爱人，我的所有的思绪一齐涌向你，这思绪有时欢欣，有时哀愁，我询问命运，是否会有接受我们愿望的那一天。我只愿和你一起，否则我会活不下去……只有你！没有人能取代你在我心中的位置。永远！永远！啊！上帝！为何相爱又要分离？而此刻我的生命充满了悲哀，因为你的爱情，让我既幸福又苦恼。安静吧……安静……爱我吧！今日，昨日，多么美好的憧憬！多少热泪洒向你！你——你——我的生命——我的所有！再见！哦！继续爱我吧！永远不要对你亲爱的人产生误解。永远忠于你！永远忠于我！永远忠于我们！

——对你、对我、对我们都矢志不渝的人上

是什么神秘的原因使这对相爱的恋人难圆幸福的好梦呢？——也许是缺乏财产和地位不同的缘故；也许是他等待的时间过长，或是严守爱情秘密的要求使他感到屈辱，由此产生了逆反心理；也有可能是由于他的暴躁、多病和愤世嫉俗，不自觉地给心爱的人带来痛苦，从而使他自己也伤心绝望。【名师点睛：这里猜测两人分手的原因，但就是没有明确指出具体原因，吸引读者进行猜想和思考，也更让人对两人的分手感到唏嘘。】婚约解除了，但两人谁都没有忘记这段感情。直到生命的最后一天(1861)，特蕾泽·德·布伦瑞克还爱着贝多芬。

1816年，贝多芬曾经说："一想到她，我的心便像第一次看见她时那样怦怦直跳。"

这一年，他写了六支感人至深的献给远方恋人的曲子(作品第98号)。他在手记中写道：

一见这位佳丽，我便心潮澎湃，但咫尺天涯，她并不在我身边！【名师点睛：从他的话中可以看出，两人此时已经分开，但他依然对她充满爱意。】

——特蕾泽曾将自己的一幅肖像送给贝多芬，上面的题词是：

送给罕见的天才、伟大的艺术家、善良的人T.B.。

贝多芬死前一年，他的一位朋友无意中撞见他边吻这幅肖像边哭，像惯常那样大声说道："你这样美，这样伟大，简直和天使一样！"【写作借鉴：这处细节描写，再次体现了贝多芬对特蕾泽爱得深沉。】

那位朋友悄悄地退了出去，稍后朋友再次进屋，看见贝多芬正在弹琴，便对他说：

"我的朋友，你今天脸上没有了可怕的神色。"

"我的天使来拜访过我了。"

他对自己说：

"可怜的贝多芬，在这个世上你已经找不到幸福，你的幸福只有去理想的国度寻找。"

他在手记中写道：

屈服，无条件地屈服于你的命运：你不能再为你自己生存，只能为其他人生存；对你说来，只有在艺术里才能找到幸福。啊，上帝，请赐予我战胜自己的力量吧！

就这样，他为爱情所抛弃。1810年，他又陷入孤独，但荣誉纷至沓来，他意识到了自己的力量。

此时，他正当盛年，一任激烈而粗犷的性格充分展现，他无所畏惧，不再顾忌社会、习俗和他人的评判。有什么可顾忌、可斟酌的呢？爱情没了，野心也没了，剩下的只有力量和对力量的陶醉，他需要运用，几乎毫无节制地运用他的力量。"力量，就是使人有别于一般人的气势！"他又故态复萌，不注意衣着，举止比以前更加放肆。他知道自己有权爱说什么就说什么，即使在地位最高的人物面前也是如此。【名师点睛：再次成为孤身一人的状态，贝多芬恢复了自己原本不羁的品性，最大限度地发挥自己的力量。】

1812年7月17日，他曾这样写道：

除了善良，我不承认还有其他高人一等的标志。

当时见过他的贝蒂娜·勃伦塔诺说：

"没有一位皇帝、没有一个国王像他那样意识到自己的力量。"

她完全被贝多芬的气势震慑住了，写信对歌德说：

我第一次看见他的时候，感觉整个宇宙突然都消失不见了，贝多芬使我忘记了世界，也忘记了你，啊！歌德……我认为，我敢确定，我敢断言此人远远走在现代文明的前面。

歌德千方百计想要结识贝多芬。两人终于在1812年于波希米亚的特普利兹浴场见面，但并不十分相投。

贝多芬极为钦佩歌德的才华，（贝多芬经常流露自己对歌德诗歌的热爱和赞美，虽然贝多芬没有接受很多正规教育，但他的文学品味和鉴赏水平却非常高。在他眼里，歌德的诗歌"庄重、广博，永远像音乐中的D小调"。除了歌德，他还对荷马、普鲁塔克、莎士比亚赞赏有加，也非常欣赏刺杀恺撒的布鲁图和哲学家柏拉图。贝多芬也说过："苏格拉底和耶稣是我人生的风向标。"）但他过于狂放冲动、爱好自由的个性，与歌德的性格难以相融，而且无法避免会伤害到他。【名师点睛：两人都是闻名于世的伟人，也能彼此欣赏对方的才华，却因截然不同的性格难以相处融洽。】

他曾讲述了有一次他们一起散步的情形，这位心高气傲的共和派就人的尊严问题，教训了那位魏玛大公的枢密顾问官，歌德对此一直耿耿于怀。

贝多芬在致贝蒂娜的信中写道：

王公贵人尽可以造就一些教授和枢密顾问，可以赐给他们头衔和勋章，但却培养不出伟大的人物和超群脱俗的英才……像我和歌德这样两个人在一起的时候，那些老爷们应该意识到我们的伟大。歌德远远看见他们，就立刻挣脱我的手臂，在路边垂手而立，任凭我怎么劝说，也说不动他往前走哪怕一步，于是我整理了一下帽子，系好衣服扣子，背着双手，径直向密集的人群中走去。王公贵族这时已恭敬地站在两旁，鲁道夫公爵向我脱帽致敬，皇后也首先和我打招呼，那些官宦都对我很熟悉。当我看见那行人从歌德面前经过时不禁觉得好笑——歌德正拿着帽子深弯着腰站在路边。事后，我好不客气地数落了他一通。

歌德本人也对这件事印象深刻。他对朋友采尔特说："可惜贝多芬是个桀骜不驯的人。他认为世俗可憎并没有错，但他的做法也不能让世界变得更可爱啊！我们应该原谅并同情他，因为他是个聋子。"——歌德虽不攻击贝多芬，但也不为他说好话。对于贝多芬的作品，甚至他的名字，他都一直保持缄默。说到底，他既欣赏又害怕他的音乐，这种害怕源于贝多芬的音乐引起他的困扰，使他担心他会失去好不容易才得到的精神安宁。门德尔松的一封信件无意中透露出歌德如何用理智来控制自己烦乱的心绪："最初，歌德不想谈论贝多芬的音乐，但又做不到。听了《第五交响曲》的第一乐章之后，他十分激动，却又故作镇静，只说：'并不令人感动，不过让人吃惊罢了。'过了一会儿，他又说：'很有气魄，但跟疯子似的。'晚饭被端上来后，他边吃边若有所思，后来再次提到贝多芬时，他边询问我，边看我的反应……"

贝多芬的《第七交响曲》和《第八交响曲》也是在这个时期创作完成的。贝多芬在1812年的几个月的时间里便完成了这两部作品。前者是节奏的狂欢，后者则是幽默的交响曲。在这些作品里，他表现得也许最自然，用他自己的话说，"最放得开"。尽情地欢乐，尽情地疯狂，出其不意地对比，宏伟而令人惊愕地跳跃，使歌德和采尔特惊骇不已。这一切让德国的北方人觉得，《第七交响曲》是一部醉鬼的作品。的确，作者是醉了，陶醉于力量和才华之中。

他自己也说："我是为人类酿造玉液琼浆的酒神，是我给予人类至高的精神狂想。"

我不知道他是否像瓦格纳所说的那样，想在这部交响曲的终曲里描写一个酒神的盛会。但我特别明显地感觉到，在这首热情奔放的乡村狂放曲中，包含有来自弗朗德勒人的遗传因素，同时，在强调纪律和服从的国度，他那突兀的毫无顾忌的言谈举止，也是源于他自身的血统。

不管贝多芬的哪部作品里，都不具备《第七交响曲》中表现出的如此坦率和自由奔放的力量。这是超人精力的疯狂发泄，无任何目的，只是为了欢乐，宛如泛滥的河水淹没一切的欢乐。【写作借鉴:文中将贝多芬的《第七交响曲》中的欢乐意境比喻为泛滥的能淹没一切的河水,形象地描绘了乐曲中狂放的自由自在的随处可闻的欢乐。】

在《第八交响曲》中，虽力量没有那么宏大，但更加奇特，更具有作者本人的特色，混合着悲剧和闹剧、壮士般的刚毅和孩童般的任性。

1814年，贝多芬的荣誉达到极致，在维也纳会议上，人们把他视为欧洲之荣光，各类节日欢庆常能看到他活跃的身影，贵族们向他致敬，他高傲地接受他们向自己奉承谄媚，一如他向辛德勒吹嘘的那样。

1813年，他受到独立战争的鼓舞，创作了《惠灵顿大捷交响曲》，1814年初又写了一首战斗大合唱《德国的复兴》。1814年11月29日，他在各国君主面前，指挥演唱了爱国歌曲《光荣的时刻》，而在1815年，他为攻陷巴黎谱写了一首大合唱《大功告成！》。这些应时代而生的作品使他一时声名大噪，超过了他创作的其他音乐。

布拉西乌斯·赫菲尔根据法国人勒特奥讷的一幅素描制作的雕刻，以及1812年法朗兹·克莱因模塑的脸的造型，生动逼真地塑造了维也纳会议时期贝多芬的形象。

雄狮般的面容，牙关紧咬，脸上布满愤怒而痛苦的皱纹，而凌驾于这一切之上的，是意志，拿破仑般的意志。人们一看便能认出贝多芬其人。

耶拿[德国地名，1806年拿破仑曾在此打破奥地利军]之役后，他曾经说过：

"只可惜，我对战争不如对音乐那么在行！否则我一定能打败他！"

但他的王国不在这个世界，就像他给弗朗索瓦·德·布伦瑞克的信中所说：

我的帝国在空中。（贝多芬在维也纳会议期间写信对考卡说："我认为，精神的帝国最珍贵，在所有世俗的和宗教的王国面前，它才是最重要的。"）

但充满荣耀的时刻过后，贝多芬迎来了他一生中最艰难困苦的时期。【写作借鉴：这句话承上启下，上承贝多芬的荣耀时光，下列贝多芬的艰难时期。】

贝多芬对维也纳从来没有好感。这个城市浮华造作，为瓦格纳所深恶痛绝。（瓦格纳的《贝多芬传》中写道："维也纳，这不已经说明一切了吗？德意志新教的痕迹已经消失殆尽，连民族口音都消失了，全被意大利化了。德意志的言行和风俗人情也得通过从意大利和西班牙引进的书本中才能找到诠释……就这样沦为一个历史、学术、宗教都被篡改和抹灭的国家……热爱真理和荣誉、推崇独立的精神，被轻率地怀疑摧毁并埋葬！……"格里尔帕策曾写道："生为奥地利人真是不幸。19世纪末伟大的德国作曲家，凡是在维也纳居住过的，都深深地为弥漫在这座城市的伪善气息感到苦恼。")在这样的地方，一个恃才傲物、狂放不羁的天才人物是不可能心情舒畅的。

贝多芬想逃离维也纳已久。

1808年前后，他曾经认真考虑过离开奥地利，去威斯特发利王吉罗姆·波拿巴（拿破仑之弟）的宫廷。但维也纳毕竟有丰富的音乐源泉，说句公道话，那里总有一批高贵的音乐爱好者，他们深知贝多芬是个伟大的音乐家，不愿他们的祖国蒙上失去贝多芬的耻辱。

1809年，贝多芬的三位学生，鲁道夫公爵、洛布科维茨亲王和金斯基亲王，也是维也纳最富有的三位贵族，他们承诺只要贝多芬愿意留在维也纳，就每年给他四千弗洛林生活费。他们说："一个人只有在衣食无忧的时候才能全身心专注于艺术，才能创造出光彩夺目的伟大艺术作品，为扫除一切妨碍天才发挥的障碍，我们决定向路德维希·范·贝多芬提供物质方面的保障。"

不承想，诺言并未完全兑现，生活费未能如数提供，不久便干脆停发了。其次，1814年会议之后，维也纳的风气大变，社会重政治而轻艺术，音乐的品位被意大利化给破坏了，世人崇尚的是罗西尼，贝多芬被视为迂腐。【名师点睛：这一部分对社会背景的描写，点出了社会环境突变对贝多芬的音乐艺术造成很大的消极影响。】

贝多芬的朋友和保护人散的散，死的死。鲁道夫公爵精神方面出现疾病，他的监护人停止向贝多芬支付俸金。1812年，金斯基亲王去世了；1814年，利希洛夫斯基去世了；1816年，洛布科维茨亲王去世了。

1815年2月，受贝多芬题赠美妙的《四重奏》（作品第59号）的拉美莫夫斯基，举行了自己的最后一场音乐会。同年，贝多芬与埃莱奥洛尔的兄长，他儿时的好伙伴斯蒂凡·封·勃罗宁闹翻。更为不幸的是，他还失去了他的兄弟卡尔。而这个时候，玛丽娅·艾尔多迪伯爵夫人也染上了不治之症，她是他唯一的朋友。

他在1816年的手记中写道：

我一个朋友也没有了,在这个世界上,成了孤零零的一个人。

此时他已完全失聪。从1815年秋天起,他和其他人的沟通只能靠笔谈。最早的谈话记录是1816年。(从1816年的第101号作品开始,贝多芬的音乐风格变了。)关于1822年《费德里奥》的演出,辛德勒有一段痛苦的描述:

贝多芬要求指挥预演……从第一幕的二部唱起,很明显,他已听不见舞台上的演唱。他大大减慢了乐曲速度,乐队紧跟着他的指挥速度,而歌唱演员则自顾自往前唱,于是全都乱了套。

常任乐队指挥乌姆劳夫建议休息一会儿,并没有说明什么理由,只是和歌唱演员谈了几句又开始了。同样的混乱再度出现,不得不再次暂停。显然,不能再让贝多芬继续指挥下去了,但怎样才能让他明白呢?谁也不忍心对他说:"你退下吧,可怜的家伙,你不能再指挥了。"贝多芬迷惑不安,不停地左顾右盼,想从每个人的面部表情上找到问题所在。但大家都静默无声。忽然,他命令我过去,我走到他身边,他把记录本给我,示意让我写。我写了下面这几句:"我求您别继续了,回家我再给您解释。"他一跃跳下台,冲我叫道:"咱们快回家!"他一口气跑回寓所,一进去便倒在沙发上,一动也不动,两手捂着脸,就这样一直待到吃晚饭的时候。进餐时他一言不发,脸上一副沮丧和极度痛苦的表情。饭后,我欲告辞,但他挽留我,告诉我他不想孤零零一个人待着。分手时,他求我陪他去看医生,那医生看耳科很有名……在我和贝多芬的交往中,没有一天能和11月这致命的一天相比。他内心受到沉重打击,至死也无法忘记这可怕的一幕。

两年后,1824年5月7日,他指挥《合唱交响曲》(或者如节目单上所说,"参与音乐会的指挥")。全场响起雷鸣般的掌声,可是他什么都听不到,直至一位女歌唱演员拉起他的手,带他面对观众时,猛然发现观众全场起立,挥动着帽子,对他鼓掌致敬,他这才反应过来。一位叫罗素的英国旅行家说,他在1825年见过贝多芬弹钢琴,当他想表现柔和音乐的时候，没能将琴键弹出声音，在一片寂静中，只看见他一脸激动，面部表情和手指都随着情绪抽搐起来，那种场景，真叫人唏嘘不已。【名师点睛：由罗素口中得知贝多芬彻底失聪后的弹奏场景，一方面感动于贝多芬对音乐的投入和痴狂，另一方面又为他听不见琴键是否发音的场景感到揪心。】

他离群索居，自我封闭，唯有大自然能给他一些安慰。特蕾泽·德·布伦瑞克说，"大自然是他唯一的知己，是他的庇护所"。

1815年认识他的卡尔·纳特说，从未见过一个人像他那样热爱花草、云霞和大自然。（贝多芬喜爱并且怜悯动物。封·弗里梅尔的母亲说，她幼年时喜欢捉蝴蝶，而贝多芬出于同情，总是用手帕把蝴蝶全都赶走，放它们自由。）他似乎是靠这些活着。贝多芬自己也写道：

世界上没有一个人像我这样爱田野……我爱一棵树甚于爱一个人……

——在维也纳时，他每天都要沿着城墙转一圈。从黎明到黑夜，在田野里，他独自散步，不戴帽子，顶着太阳，或者淋着雨。"全能的上帝！在树林里我很快乐，很快乐，因为那里的每一棵树都传递着你的声音。——上帝啊，这真是太美了！森林里，山丘上，一片宁静，——这是奉献给你的宁静。"【名师点睛：贝多芬对大自然有着狂热的情怀，他将自己的情绪和志向寄托于大自然的山水中，纯净的大自然也与他桀骜不羁、自然不做作的个性巧妙相融，同时也应该是他的作品风格狂放自由、无拘无束的重要形成因素。】

他精神上的焦虑于是得到了暂时的缓解，但缺乏金钱的困扰却不断袭来。

1818年，他这样写道：

我几乎沦为乞丐，却必须装作并未捉襟见肘。

接着又说：

作品第106号的奏鸣曲是在紧迫的情况下写出来的，为糊口而创作实在是件苦事。

施波尔说，因为鞋子有破洞，他常常不能出门。他欠着出版商大笔债，作品又卖不出钱。

《D调弥撒曲》征订时只有七个订户（其中没有一个是音乐家）。他写了好几首优美的奏鸣曲，每首都花了他三个月的时间，但总共才挣得三四十个杜加。

加利钦亲王要他写的《四重奏》（作品第127、130、132号），也许是他作品中最深刻的，是他的呕心沥血之作。他写完了却没有得到分文。家庭生活的困窘和没完没了的诉讼——或是为了得到拖欠他的津贴，或是为了保住他侄子的监护权——耗尽了贝多芬的精力。

他兄弟卡尔于1815年死于肺病，留下一个儿子。他把自己对兄弟的满腔热忱都倾注到这个孩子身上。为此，他又遭受了残酷的折磨。【写作借鉴：这里的插叙，点到逝去兄弟留下的孩子，让贝多芬多出了很多牵挂，引出下文中对贝多芬困苦生活的描述。】——好像是命运的眷顾，为了让他不至于因为没有痛苦的滋养而丧失天才的灵感，特意源源不断地供给他越来越多的苦难。——他首先要和那个不称职的母亲争夺小卡尔的监护权。他写道：

啊，我的上帝，我的堡垒，我的护卫，我仅有的庇护所！你看穿了我灵魂深处，我不得不争夺我的宝贝卡尔，虽然和我争斗的人们很难受，但你知道，我也是很痛苦的。（"我从来不会报复。如果我不得不采取措施去应对别人时，那肯定是为了自我保护，我会适可而止，或者是为了不让他们继续做坏事。"贝多芬在给斯特莱歇尔的信中这样写道。）我不知如何称呼的神灵啊，请听我诉说，请答应我这个最苦的苦人儿的祈求吧！

啊，上帝！救救我吧！你看呀，因为我不愿和不公正的现象妥协，我遭到了全人类的抛弃！请满足我的请求，至少将来让我和我的卡尔生活在一起！……啊！残酷无情的命运！哦，哦，我的苦难永远无休无止！

但是这个被他爱得热烈的孩子，并不配受到伯父这般的信任。贝多芬写给他的信中充满悲愤，就像米开朗琪罗写给他的兄弟们的信一样，却又更加纯真，更加让人感动：

我还要再接受你的卑鄙无耻、忘恩负义的打击吗？好吧！如果我们之间的关系必须破裂，那就请便吧！一切公正的人知道了你的事情都会痛恨你！……如果你不堪忍受我对你的约束，那么以上帝的名义——但愿一切都按上帝的意志行事——我把你交给崇高的上帝了，我已做了我所能做的一切，我可以坦然面对最后的审判……

你是个被宠坏了的孩子，但努力做一个朴实真诚的人对你很有好处。你对待我的虚伪行径，让我心痛万分，难以忘怀……上帝可以做证，我但愿能离你十万八千里，远离我可怜的兄弟和这可厌的家庭……我再也无法相信你了。

下面落款是："你可怜的父亲，——或者最好不是你的父亲。"【名师点睛：一个落款，便可看出贝多芬对侄子爱恨交织的复杂心理。】

但宽恕紧随其后：

我亲爱的儿子！——不要再说了，——到我怀抱里来吧！我不再说你什么了……我会像从前那样爱你。你将来的事情该怎么办，我们好好地从长计议。我以名誉担保，绝不责怪你！责怪已经没有用了。我只会给你最深情的关怀和帮助。——来吧，到你父亲贝多芬温暖的怀抱里来吧。——来吧，一收到这封信便来吧，到家里来。（地址旁边又用法文写了两句："如果你不来，可就要我的命了。"）【名师点睛：透过贝多芬在信中希望侄子回家的急切语气，我们不难看出在他对侄子爱恨交织的情感中，还是爱更多一些。】

"别撒谎，"他哀求道，"要永远做我的好孩子！你若用虚伪来回报我，像别人想让我相信的那样，那就太不像话了！……别了，你虽然不是我亲生的孩子，但我养育了你，全心全意指导你精神上的成长，我对你的爱超过了父爱，我真心希望你走上善良和正直的唯一道路。你忠诚的父亲。"

贝多芬为他这个天资聪颖的侄子的前途做出过很多考量,希望他接受高等教育,到最后却又不得不同意他去经商。然而卡尔却总是沉溺赌场,欠下大笔赌债。

奇怪的是,有些现象让人难以解释,伯父对他的伟大情感,对他不但没有帮助,反倒有害于他,竟然激起了他的逆反心理,这句大逆不道的话足见这个浪子灵魂的可悲可耻:"伯父想要我变得更好,所以我变得更糟糕了。"

终于,在1826年夏天,卡尔试图开枪自杀。他并没有死,贝多芬却差点因此丧命。这一沉重的打击使他从此一蹶不振。(辛德勒当时看见他的时候,说他一下子变成了七十岁的人,步履蹒跚,有气无力,毫无情绪。如果卡尔死了,他也必死无疑。)卡尔的伤好了,活了下去,好让伯父继续受着折磨。伯父的死,不能说与他毫无关系。但伯父临终前他都不在身边。

——贝多芬去世前几年,曾写信对侄儿说:

上帝始终没有抛弃我,将来总会有人为我送终的。

——然而为他送终的并不是他称之为"我儿"的那一个。(我们这个时代有些人宽宏大量,设法帮这个混蛋开脱,这也是不足为奇的。)

即使处境悲惨,贝多芬仍然坚持讴歌"欢乐"。

这是他毕生的规划。从1793年他在波恩时便有了这个想法。

他一辈子都想谱写《欢乐颂》,并想以此作为他某部伟大作品的结尾。他一直拿不定主意,这样的颂歌用什么样的形式好,放在哪部作品里才合适,甚至在创作《第九交响曲》时还在犹豫。直到最后一刻,他还想将《欢乐颂》挪到第十或第十一《交响曲》里去。

值得注意的是,《第九交响曲》的原题,并非人们所说的《合唱交响曲》,而是《以欢乐颂为结局的合唱交响曲》,《第九交响曲》可能差一点就有了另一种结尾。

1823年,贝多芬曾考虑加一个用乐器演奏的《终曲》,后来却用在作品第132号的四重奏里。采尔尼和松莱纳很肯定地说，演出（指1824年5月《第九交响曲》的演出）以后，贝多芬还没有放弃这种想法。

将合唱引入到交响乐中，从贝多芬的创作手稿上可以看出来，这是一个很大的技术难题。他为此做了很多种尝试，想在作品的其他段落中将歌声以别的方式引入进来。

在《柔板》第二旋律的草稿本上，他写道：

也许在这里引入合唱比较合适。

但他却无法下狠心丢开他忠诚的乐队。他说："当我的灵感突然降临，我首先听见的总是乐器演奏的声音，而不是人唱的声音。"【名师点睛：贝多芬的这句话，表明他很看重乐器演奏在他的作品中的地位。】因此他总是把引人入胜的时刻尽量往后推。他甚至用乐器先行，不单《终曲》的宣叙调如此，《欢乐颂》的主题音乐也一样。

其实对贝多芬的这些推迟和犹疑，应该做更进一步的解释，因为还有更深层次的原因。这个不幸的人一生历经痛楚，始终渴望能讴歌欢乐的美妙境界。但是他年复一年地将这项工作一拖再拖，因为他总是不断陷入一个个激情与哀伤的旋涡，直到生命的最后时刻，才了却这桩心愿，并成就了一部伟大的杰作。【名师点睛：贝多芬一生不停地遭受磨难和痛楚，但他始终不放弃自己的音乐信念，坚持完成毕生所念——讴歌欢乐，体现了一个伟大音乐家对艺术的最高境界的执着追求的精神。】

当欢乐的主题即将首次出现时，整个乐队的演奏戛然而止，全场一片寂静，给即将引入的歌声笼罩上一种神秘的、天上人间般的气氛。的确，这一主题简直是神明。

欢乐之神在一种超自然的宁静氛围中从天而降，用轻柔的气息抚慰人间的伤痛。拂入病痛初愈的人心里时，一开始的爱抚又是那样的温柔，恰如贝多芬的一位朋友所说："他温柔的眼睛真是催人泪下。"当主题转由人声唱出时，最先听到的是一阵严肃而稍带压抑的低音。

逐渐地，欢乐传遍全身。这是一场与痛苦对垒的征战。接着是进行曲的节奏，浩浩荡荡的军队在行进，男高音传出激越急促的歌声，在所有这些沸腾的乐章里，我们可以听到贝多芬的气息，他呼吸的节奏和他发出的呼唤，似乎他在谱写这部作品时，正疯狂地在原野上奔跑，如同暴风雨中年迈的李尔王。战斗的酣畅之后，是宗教般的如醉如痴。接着是天宫的饮宴、爱的癫狂。全人类向天空伸出臂膀，发出洪钟般的欢呼，飞奔向前，将欢乐紧紧揽入怀中。【名师点睛：这段洋洋洒洒的文字，通过"轻柔的气息""激越急促的歌声"等表演，将我们引入想象中的欢乐天堂，最后的语句描述更是让人体会到贝多芬在《欢乐颂》里所表达的欢乐之致的酣畅淋漓感，那是生命的乐章。】

巨人的杰作终于征服了庸俗的听众，刹那间，动摇了维也纳在罗西尼和意大利歌剧影响下形成的轻佻浮华之风。

那个时候，贝多芬因多方受到冷遇，伤心失落之余，想要移居伦敦，演奏他的《第九交响曲》。几位贵族朋友又像1809年那样，再次写信恳求他千万别离开祖国。他们说：

我们清楚您刚完成了一部伟大的新作——圣乐曲(指《D调弥撒曲》)，表达了您对深沉的信仰所激发的热情。圣洁的光辉照进您伟大的心灵，也照亮了这部作品。而且您也知道，您伟大的交响曲的桂冠上又增添了一朵不朽的鲜花……您最近几年的隐遁使那些曾非常关注您的人感到怅然。(1816年到1821年间，贝多芬因为身处多种烦恼和困境，期间仅仅创作了三部钢琴曲。他的敌人说他已经才华尽失，不再被关注。但1821年之后他又开始全心投入创作。)人们都悲哀地想，当一种外国音乐设法移植到我们的舞台，渗透进我们的土地，想要德国艺术作品无人问津的时候，那位在人们心中地位崇高的艺术天才却保持沉默……整个民族都把希望寄托在您身上，期望您能为他们带来新的生活、新的光荣，撇开当今时尚，重建一个真与美的世界……但愿您不久就能让我们看到希望的实现……为了我们，也为了全世界，但愿即将来临的春天因您的天才绽开更多的鲜花！(在这封信后署名的大都是当时的皇亲贵族。）

这封信言辞恳切，从中可见贝多芬在德国精英们中间，不论在艺术方面，还是道德方面，都享有不容置疑的极高的威望。他的崇拜者们在称颂贝多芬的天才时，所想到的第一个词，既非学问，也不是艺术，而是信念。（1819年，贝多芬曾在维也纳市政大厦说："我的道德品质是有目共睹的，像魏森巴赫那样的杰出作家也认为值得为之大书特书。"）

贝多芬被这些话语打动了，决定留下来。1824年5月7日，在维也纳举行《D调弥撒曲》和《第九交响曲》首场演出，获得极大的成功，盛况空前。贝多芬一出场，观众掌声雷动，连续鼓掌五次，而在这个礼仪之邦，即使皇族驾临，按习惯也不过鼓三次掌。【名师点睛：这里通过当时皇族享受三次鼓掌礼的惯例，与贝多芬受到五次的鼓掌致敬相对比，衬托出贝多芬受到群众狂热的追捧。】最后不得不调出警察来维持秩序。听众对交响乐的演奏如痴如醉，许多人都听得激动落泪。贝多芬则在音乐会结束时因过分激动而晕倒，大家将他抬到辛德勒家里，他迷迷糊糊，和衣而卧，整夜未吃未喝，直到次日早晨。

胜利是短暂的，贝多芬没得到任何好处。音乐会无盈利可言，他生活的窘迫状况毫无改观。他依然疾病缠身，（1824年在给巴赫医生的信中，贝多芬一直担心自己会暴毙，"像我亲爱的祖父一样，我在各方面都太像他了。"1825年，他又写信给侄儿说："我衰弱了到了极点……想来要不久于人世了。"）贫困而孤独，——然而他是个胜利者。他战胜了人类的平庸，战胜了自己的命运，战胜了自己的痛苦。

"你要抛弃，抛弃生活中的庸俗与无聊，为了你的艺术——这个至高无上的上帝！"

他终于达到了他毕生追求的目标，他获得了欢乐。但他能一直稳坐在这凌驾于暴风雨的心灵顶峰上吗？当然，有些日子，他不得不重又跌入昔日的苦海；当然，他最后的几首四重奏充满异样的阴影。

但《第九交响曲》的胜利似乎在他心上留下了光荣的印记。他未来的计划(在1824年致肖特兄弟的信中,贝多芬说道:"阿波罗和缪斯还不愿死神带我走,因为我还欠他们太多!在我皈依天国之前,我身后必须留下神灵启发我并要我完成的作品,而我目前似乎才写了个开头。")是:《第十交响曲》,(1827年贝多芬在给莫舍勒斯的信中说:"我已经完成一部交响曲的草稿,此外还有一首新的序曲。"根据他的笔记,大概会把终曲大合唱留给《第十交响曲》而非《第九交响曲》。稍后,他说,想通过《第十交响曲》实现"现代世界与古代世界的和解",和歌德在《浮士德》第二部中想要达到的目的一样。)《为巴赫的名字谱写的序曲》,为格里尔帕策的《美卢西娜》,克尔纳的《奥德赛》和歌德的《浮士德》(贝多芬从1807年起打算为《浮士德》谱曲,并且是他最为重视的计划。)谱写的音乐,还有《扫罗与大卫的清唱剧》。

他的这些计划都显示出他的精神境界仍然倾向于德国古代艺术大师们的清淡恬静。他倾向于巴赫和亨德尔,尤其是倾向于南方的明媚,他也倾向于法国南部或者他梦想游历的意大利。

1826年见过他的斯皮勒医生说他变得容光焕发。而同一年里,当格里尔帕策最后一次见到他时,反倒是贝多芬在鼓励这位颓废的诗人。诗人感慨道:"啊!要是我有你千分之一的力量和意志就好了!"

时世艰难,反动的专制政治钳制着人们的思想。格里尔帕策叹息道:"言论审查真要了我的命。如果想要言论和思想自由,只有到北美洲去。"

但没有任何权势能束缚住贝多芬的思想。

诗人库弗雷写信对他说:

文字可以禁锢,所幸声音还是自由的。

贝多芬就是伟大的自由之声,也许是当时德国思想界唯一的自由之声。他感觉到了这一点。他经常谈到他必须履行的职责,要用他的艺术去为"可怜的人类""未来的人类"而斗争,为他们造福,给他们勇气，斥责他们的怯懦，把他们从迷梦中唤醒。他给侄儿写信说：

我们的时代需要强有力的思想来振聋发聩，去鞭策那些可悲的人们。

1827年，缪勒医生说："贝多芬总是肆无忌惮地议论政府和警察、贵族，甚至在公共场合也是如此。"（我们在贝多芬的谈话录里可以看到这样的语句："欧洲政治走上一条这样的道路，如果没有金钱和银行，他们就是一事无成。""处在统治地位的贵族什么都没学会，什么都没忘记。""五十年之后，世界上将到处都是共和国。"）虽然警察局也知道这一点，但他们绝对可以容忍他的批评和嘲讽，把它们视作无伤大雅的梦呓，因此对这位光芒四射的天才不予深究。（1819年，贝多芬因公然宣称"说到底，基督不过是一个被钉死在十字架上的犹太人"而差点被警察局逮捕。当时，他正在创作《D调弥撒曲》，可见其宗教思想非常自由。在政治上，他一样毫无顾忌：他大胆抨击政府的弊端，司法、警察、官僚体制、贵族阶层都逃不出他的批判。1815年起，在政治上他倾向英国。）

就是这样，没有什么能征服这桀骜不驯的力量，现在，这股力量似乎在耍弄痛苦了。尽管在最后几年里他创作的处境非常糟糕（指他侄子企图自杀的事情），但他所谱写的作品里，常常带有一种嘲讽的、傲然而又欢快的全新特性。1826年11月，他去世的前四个月，他完成了为四重奏写的《终曲》（作品第130号），这首作品非常欢快，是他的最后一首作品。严格来说，这不是常人所理解的那种欢快，而是如莫舍勒斯所说，时而是断断续续的苦涩的笑，时而是战胜痛苦后感人的微笑。不管怎样，他胜利了。他不畏惧死亡。

但是死神终于降临。1826年11月底，他患了胸膜炎。头一年冬天，为了侄子的前程，他冒着严寒四处奔走，回到维也纳就病倒在床。他的朋友们都离他很远，他只能请侄子叫医生。据说，那个冷血无情的家伙竟然给忘记了，直到两天后才想起来。医生姗姗来迟，病情被拖延，对治疗非常不利。

贝多芬凭着自己运动员般的体格和疾病斗争了三个月。1827年1月3日，他将心爱的侄儿立为全部遗产的继承人。此时他想起了莱茵河畔的好友，于是写信给韦格勒说："……我多想和你谈谈啊！可惜我的身子太虚弱了。我只能从心里拥抱你和你的太太洛亨，除此之外我什么都不能做。"他的最后时刻始终笼罩着贫困的阴影，幸好有几位英国朋友的倾囊相助，才没有让这种窘况变得更糟。他脾气变得温顺，也不再轻易急躁。

1827年2月17日，他进行了三次手术，等着做第四次手术，在他临终时刻，他很清醒地写道：

我耐着性子，心想：任何痛苦必会带来善果。

善就是解脱，正如他临终时所说："是喜剧的收场。"但我们要说，是他一生悲剧的终结。

那晚风急雨骤，暴风雪铺天盖地，电闪雷鸣中，他离开了这个世界，一个陌生人帮他合上了双眼。（陌生人指青年音乐家安塞姆·胡腾勃瑞奈。勃罗宁曾写道："赞美上帝，感谢终于让他结束了这段漫长而痛苦的受难历程。"）时为1827年3月26日。

亲爱的贝多芬，世人都称颂他艺术上的伟大。但他又岂止是音乐家中的翘楚？他还是现代艺术的最勇敢的一股力量，他是正在与痛苦做艰苦斗争的人们的最伟大最可靠的朋友。当我们遭受世界的劫难并感到痛苦难受时，他会在我们身旁，就像坐在一个失去了爱子的母亲身边，默默无语，在钢琴上弹着一首隐忍的歌，抚慰那位悲伤哭泣的女人。当我们疲于应对德善与庸俗之间的斗争却又收效甚微时，来到这个意志与信仰的海洋中徜徉吧！你将会有妙不可言的收获。他身上散发出来的是有感染力的勇气，是斗争的欢欣，（贝多芬在《致永恒的心上人》中写道："每当我战胜什么，便很快乐。"在《致韦格勒书》中又有："我真愿能活上千百次……我注定无法过安定的生活。"）是意识到心中自有神灵的陶然醉意。他似乎与大自然息息相通，（据辛德勒说：

"贝多芬教授给我大自然的学问,就像教我研究音乐一样自然,并非自然的规律,而是他所醉心的自然中天然的威力。")而终于领悟了其深邃的力量。格里尔帕策几乎以一种惊恐的心理欣赏贝多芬,他谈到贝多芬时说:"他达到一种可怕的境界,艺术竟和原始且变幻莫测的自然元素融为一体。"同样,舒曼谈到《第五交响曲》时也说:"尽管经常听到,但这支交响曲总带给我们一种永恒的威力,好比自然界的各种现象,虽然常常发生,但总使我们充满恐惧和惊讶。"他的密友辛德勒也说:"他抓住了大自然的精髓。"没错,贝多芬是一股自然力。自然界强大的原始力量和其他力量碰撞的结果,产生了《荷马史诗》般壮观的现象。

他的整个人生好比风雨交加的一日。【写作借鉴:文中用"风雨交加"一词,高度概括和形象地总结了贝多芬痛苦坎坷的一生,同时自然引出下文将他曲折一生渗透进他的作品的具体分析。】一开始是明媚清亮的早晨,仅有几丝似有若无的清风。但在静止的空气里,已有一种隐隐的威胁,一种沉重的预兆。猛然间,巨大的阴影席卷而来,雷声悲吼,狂风疾驰,使寂静的空间发出可怕的轰鸣,这就是《第五交响曲》和《英雄交响曲》。

可是,纯净的天光并未受损,欢乐依然存留,悲戚中总伴随着希望。不过,1810年以后,心灵失去了平衡,光也显得有些异样。明净如镜的思想里仿佛升起阵阵烟雾,它们散而复聚,忧郁和变化无常的烦恼使心灵蒙上了阴影。

往往,乐思从浓雾中浮现一两次之后,又完全隐匿和被淹没,直到曲终才像狂飙般重新出现。而快乐本身也带有苦涩和粗野的味觉,各种感受中都混有狂热这种毒素。

随着夜幕降临,暴风雨也在积聚。大块的乌云挟带着闪电,天色漆黑,暴雨倾盆,这就是《第九交响曲》的开始。疾风骤雨之际,忽然,黑幕被撕裂,黑夜被驱逐,天空复又晴空万里,意志的力量让我们得以重见光明。

什么样的胜利可与此相媲美？拿破仑的哪一次战役、奥斯特利茨哪一天的太阳能达到这一超人努力的光荣？这种胜利是精神力量所从未取得过的殊荣。

一个穷困潦倒、残废而孤独、生而痛苦、世界从未给予他欢乐的人，却创造了欢乐奉献给全世界！他用自己的苦难锻造欢乐。他以一句充满豪情的话概括了他的一生，这句话今天已成了一切勇敢人的座右铭：

唯其痛苦，才有欢乐。【名师点睛：文章最后以贝多芬的话高度概括他曲折多难的一生，卒章显志。】

知识考点

1. 作者笔下的贝多芬的形象是：身材_____，一副_____的身架，_____的大脸庞呈现_____色，只是到了晚年时期，他的皮肤才变成_____，尤其是在冬日，当足不出户的时候，更是如此。他前额_____且_____，深黑色的头发_____，乱蓬蓬地竖着，似乎从未梳理过，颇像"美杜莎的蛇发"。

2. 判断题。从《贝多芬传》中我们可以看出，贝多芬面临苦难时，一直保持着不惧艰难、顽强奋斗的精神。　　　　　　（　　）

3. 你从贝多芬身上能学到哪些崇高的精神？

4.《贝多芬传》一文中，作者向我们阐述了哪些道理？

阅读与思考

1.你最佩服贝多芬的哪一点精神？说说理由。

2.中国也有很多类似贝多芬的伟人，试着举出一位，将两人进行比较。

3.你认为你具有伟人身上的哪些品质？举例说明。

贝多芬遗嘱

给我的兄弟卡尔与约翰·贝多芬。

噢,你们这些人啊!认为我或让人以为我是一个心怀怨恨的、疯狂的或愤世嫉俗[指有正义感的人对黑暗现实和不合理习俗表示愤恨、憎恶。有时候也指一个人因有些事想不通,偏激地恨这个社会,讨厌这个世界]的人,你们真是诬蔑了我!你们看不透那些表象下面所隐藏的真实理由!

童年时期开始,我就有一种慈悲为怀的道德情操,甚至我一直想要去完成一些伟大的事业。可是你们认真想想,我的身体状况这六年来是多么糟糕!那个可恶的庸医加重了我的病情,我却一次次被蒙骗,空存着会被治愈的念想,最终不得不转移成一种"长久的病",即使有望痊愈,但也需要多么漫长的时间啊!我有着天生热情好动的性格,甚至也能够适应各种社会交际,却被迫与人类分开,过着孤苦伶仃的生活。如果有时我要冲破这一切,噢!我总是被这个悲惨的残疾挡住了路!可是我不能对人说:"讲得高声一些,叫喊吧,因为我是聋子!"啊!我怎能让人知道我的"一种感官"出了问题?而这感官对我来讲,应该是特别优异于他人的啊!事实上我这副感官从前确实比音乐界中的任何人都要出色。……噢!我办不到!……所以让你们看见我孤僻自处,请你们原谅,因为我心中是渴望与人做伴的。我的灾祸对我是加倍的难受,我因之被人误解。在人群的交集中,在微妙的谈话中,在彼此的倾吐中去获得安慰,于我是禁止的。孤独,完全的孤独。我越是需要在社会上露面,我越是不能冒险。我只能过着流亡者的生活。如果我走近一个团体,我的心就惨痛欲裂,唯恐人家发觉我的病。

因此我在乡下住了六个月。我那高明的医生劝我尽量保护我的听觉，他不过是想讨好我罢了。然而多少次我觉得非与社会接近不可时，我就禁不住要去了。但当我旁边的人听到远处的笛声而我听不见时，或他听见牧童歌唱而我一无所闻时，我觉得这是极大的屈辱！关于这段痛苦的怨叹，我要提出一些对谁都不曾提过的意见。大家知道在《田园交响曲》第二章之末，乐队奏出夜莺、杜鹃、鹌(ān)鹑(chún)[鸟，头小，尾巴短，羽毛赤褐色，不善飞]的歌声，而且可以说整个交响曲都是用自然界的歌唱与喁语组成的。（美学家们发表过许多议论，要决定是否应赞成这一类模仿音乐的尝试。没有一个人意识到贝多芬实际上并未在模仿，既然他什么都已无法听见，他只在精神上重造一个于他已经不复存在的世界。就是这一点使他乐章中唤引起群鸟歌唱的部分显得格外动人。要听到它们的唯一的方法，是使它们在他心中歌唱。）这样的经历使我几乎完全陷入绝望，甚至常常想要自杀……但是艺术将我留下来了。啊！在我觉得我的艺术使命还没全部完成之前，我还不可以离开这个世界……于是，我就一直延续着这种悲苦的……实在是悲苦的……生活，这个身体如此虚弱，一丝变化就会使健康变为病痛！忍耐啊！大家都这么说，如今我也不得不拿它当我的向导。耐心我已经有了……只愿我抵抗命运的决心常在，直到无情的死神割断我的生命线……或许这样更好，但也或许反之。反正我已经做好准备……我28岁就已不得不看破红尘，这对我来说是多么不易，而对一个艺术家来说，保持这种态度比别人更难。

神明啊！你在天上看透了我的心，你认识它，你知道它对人类抱着热爱，抱着行善的意愿！噢！人啊！要是你们有一天读到这些，别忘记你们曾对我不公平。但愿有一天，哪个不幸的人，当他知道曾经有一个人和他一样遭受苦难，却又克服重重障碍，竭尽全力想要成为一名伟大的艺术家的时候，希望我的经历能激励他超越他的痛苦。

你们，我的兄弟卡尔和约翰，我死后倘若施密特教授尚在人世的话，以我的名义去请求他，详细叙述我的病状，在我的病史之外再加上现在这封信，让社会在我死后尽可能地接纳我吧……同时我承认你们是我的一些薄产的继承者。公平分配，和睦相处，同甘共苦。你们曾经带给我的伤害，你们知道我早已原谅。你，兄弟卡尔，我特别感谢你近来对我的忠诚。我祝愿你们享有更幸福的生活，不要像我这样充满着烦恼。把"美德"教给你们的孩子，使人幸福的是美德而非金钱，这是我的经验之谈。在患难中支持我的是道德，使我不曾自杀的除了艺术以外也是道德……别了，相亲相爱吧！……我感谢所有的朋友，特别是李希诺夫斯基亲王和施密特教授……我希望李希诺夫斯基的乐器（李希诺夫斯基亲王送给贝多芬的一套弦乐四重奏乐器）能保存在你们之中任何一个的手里。但切勿为之而起争执。倘若能有助于你们，那么尽管卖掉它，不必迟疑。要是我在墓内还能帮助你们，我将非常乐意！

如果如此，我将怀着何等的欢心飞向死神……倘使死神在我不及展现我所有的才能之前便降临，那么，虽然我命运多舛，我还会有些不甘心，我祈祷能让它暂缓出现……但即便如此，我也很快乐了。它使我从无穷的痛苦之中得到解脱……死神愿意什么时候来就来吧，我将勇敢地迎接它……别了，切勿在我死后将我彻底忘掉！我是值得你们思念的，因为我在世时也常常思念你们，希望你们幸福。祝你们幸福！

路德维希·范·贝多芬
1802年10月6日于海林根施塔特

思想录

关于音乐

没有一条规律不可为获致"更美"的效果起计而破坏。音乐当使人类的精神爆出火花。音乐是比一切智慧、一切哲学更高的启示……谁能参透我音乐的意义，便能超脱寻常人无以振拔的苦难。

1810年致贝蒂娜

最美的事，莫过于接近神明而把它的光芒散播于人间。

为何我写作？……我心中所蕴蓄的必得流露出来，所以我才写作。

你相信吗：当神明和我说话时，我是想着一架神圣的提琴，而写下它所告诉我的一切？

致舒潘齐希

照我作曲的习惯，即在制作器乐的时候，我眼前也摆好着全部的轮廓。

致特赖奇克

不用钢琴而作曲是必须的……慢慢地可以养成一种机能，把我们所愿望的，所感觉的，清清楚楚地映现出来，这对于高贵的灵魂是必不可少的。

致公爵鲁道夫

描写是属于绘画的。在这一方面，诗歌相较于音乐，也算是幸运的了，它的领域不像我的那样受限制；但另一方面，我的领土在别的境界内扩张得更远，人家无法轻易达到我的王国。

致威廉·格哈得

自由与进步是艺术的目标，如在整个人生中一样。即使我们现代人不及我们的祖先坚定，至少有许多事情已因文明的精炼而大为扩张。

致公爵鲁道夫

我的作品一经完成，就没有再加修改的习惯。因为我深信部分的变换足以改易作品的性格。

致汤姆森

除了"荣耀归主"和类乎此的部分以外，纯粹的宗教音乐只能用声乐来表现。所以我最爱帕莱斯特里纳；但没有他的精神和他的宗教观念而去模仿他，是荒谬的。

致大风琴手弗罗伊登贝格

当你的学生在琴上指法恰当，节拍准确，弹奏音符也相当合拍时，你只需注意风格，不要在小过失上去打断他，而只等一曲终了再告诉他……这个方法可以培养成"音乐家"，而这是音乐艺术的第一个目的。（1809年特雷蒙男爵曾言："贝多芬的钢琴技术并不准确，指法常常出错；音的性质也被他忽视。但谁会想到他是一个演奏家呢？人家完全沉浸在他的思想里，至于表现思想的他的手法，没人多加注意。"）……至于表现技巧的篇章，可使他轮流运用全部手指……当然，手指用得较少时可以获得人家所谓"圆转如珠"的效果；但有时我们更爱别的宝物。

致钢琴家车尔尼

关于批评

在古代大师里，唯有德国人韩德尔和赛巴斯蒂安·巴赫真有天才。

1819年致鲁道夫

我的整颗心为赛巴斯蒂安·巴赫的伟大而崇高的艺术而跳动，他是和声之王。

1801年致霍夫迈斯特

我向来最崇拜莫扎特，直到我生命的最后时刻，我还是崇拜他的。

1826年致神甫斯塔德勒

我敬重您的作品，甚于一切其他戏剧作品。每次我听到您的一部新作时，总是非常高兴，比对我自己的兴趣更浓。总之，我敬重您，爱您……您将永远是我在当代的人中最敬重的一个。如果您肯给我几行，那将给我极大的快乐和安慰。艺术结合人类，尤其是真正的艺术家们；也许您肯把我归入这个行列之内。（这封信，我们以前提过，但凯鲁比尼置之不理。）

1823年致凯鲁比尼

在艺术家的立场上，我从没对别人谈论我的文字加以注意。

1825年致肖特

我和伏尔泰想法一致："几个苍蝇咬几口，决不能羁留一匹英勇的奔马。"

1826年致克莱因

至于那些蠢货，让他们去说吧。他们的嚼舌绝不能使任何人不朽，也绝不能使阿波罗指定的人丧失其不朽。

1801年致霍夫迈斯特

米开朗琪罗传

引 言

　　佛罗伦萨的国家博物馆里，有一座米开朗琪罗称之为"胜利者"的大理石雕像。这是一个裸体青年，长得身材匀称，低低的前额上覆盖着卷曲的头发。他笔直地站着，单膝跪在一个大胡子俘虏背上。俘虏蜷曲着身躯，头像牛一样伸向前方。但胜利者并没瞧着他。正要手起刀落之际，胜利者住手了，把略显凄苦的嘴巴和犹豫不决的目光转了过去，手臂弯向肩膀，身子后仰。他不再需要胜利，胜利让他恶心。他虽是征服者，而他自身也被征服了。

　　这个表示怀疑的英雄形象，这位折了翅翼的胜利之神，是米开朗琪罗的全部作品中唯一他至死还留在佛罗伦萨画室里的作品。他推心置腹的密友达尼埃尔·德·沃尔泰拉想用它装饰他的灵台，因为那正是米开朗琪罗自己，是他全部生涯的写照。

　　痛苦是没有止境的，它有各种各样的形式。有时是由于世事无常，如贫困、疾病、命运的不公、人类的恶意相向等；有时则源于人的本身，他也同样可悲和无奈，因为人无法选择自己的存在。他不曾要求活着，也不曾要求成为他现在这个样子。

　　米开朗琪罗的痛苦属于后一种。他有力量，得天独厚地生来能战斗，且能战而胜之。他胜利了。可是，怎么回事？他不想胜利，这不是他的愿望。真是哈姆雷特式的悲剧！有英雄的才能，却没有英雄的意志；有强烈的激情，却没有这样的愿望。这是多么令人痛心的矛盾！

　　不要以为我们在许多伟大之外又看到了另一种伟大！我们永远不会说因为一个人太伟大，世界就不能让他感到满足。精神焦虑并非伟大的标志。甚至在伟大人物身上，如果个人与世界之间、生命与生命法则之间缺乏和谐，则难以成就其伟大，反而是其弱点。——为什么要竭力掩盖这种弱点呢？软弱的人难道就不值得爱吗？——其实他更值得爱，因为他更需要爱。我绝不会把英雄抬到高不可攀的高度。我讨厌怯懦的理想主义者，他们不敢正视人生的苦难和心灵的弱点。应该告诉太容易被响亮的词句和幻想蒙骗的民众，唱高调的谎言不过是怯懦的表现。世界上只有一种英雄主义，那就是按世界的本来面目去看待它，并且爱它。

我要在此介绍的悲剧性命运，表现了一种与生俱来的痛苦，这种痛苦来自人的内心，不断吞噬着人的生命，直到将它完全毁灭。这是人类伟大族群最强有力的典型代表之一，一千九百年来，我们西方世界充斥着他痛苦与信仰的呼号。他，便是基督徒。

将来，多少个世纪过去之后，会有一天——如果人们还记得我们这个尘世的话——总有一天，未来的人类会俯身在这个种族绝灭的深渊旁，如同但丁俯身在第八层地狱的火坑边一样，心里怀着感叹、厌恶和怜悯。

但是谁能比我们对此感受更深呢？从孩提时代起，我们便对这种苦恼深有体会，我们亲眼看到我们最亲爱的人在那儿苦苦挣扎，我们的喉咙已经尝到了基督教悲观主义呛人而又醉人的味道，有时，在怀疑的时刻，我们不得不做出努力，才不像其他人那样被天国虚无的幻象弄得头晕目眩！

上帝啊！永恒的生命啊！你是下界受难的人们的庇护所！信仰往往只是生活中缺乏信心的表现，对将来、对自己缺乏信心，失去勇气和欢乐的表现！……我们知道，痛苦的胜利是多少次失败才换来的！……基督徒啊，正是为了这一点我才爱你们，因为我可怜你们，同情你们，赞赏你们的忧伤。你们使世界变得愁苦，却又把它装点得更加美丽。如果你们的痛苦不复存在，世界便会显得更落寞。现在是懦夫的时代，他们在痛苦面前瑟瑟发抖，大叫大嚷地索要幸福的权利，而这种幸福往往是他人的不幸。我们应该敢于正视痛苦，尊敬受苦的人。欢乐固然值得赞颂，痛苦何尝不该获得赞颂？这两者是姐妹，同时也是圣者。它们锻造世界，充实伟大的灵魂。它们是力量，是生命，是神明。谁要是不兼爱欢乐和痛苦，便是两者都不爱。谁懂得品尝它们，便能体会活着的价值和离开人生的甜蜜。

作者序

　　他是佛罗伦萨一市民。

　　——这佛罗伦萨，到处是阴沉沉的宫殿，塔楼高耸，酷似长矛指天；起伏的山峦，线条柔和而清晰，仿佛精工裁剪出来置于紫色的天际；低矮的柏树像黑色的纺锤，橄榄树似银色的披巾，波浪般微微起伏着。【写作借鉴：这里的环境描写，写出了文艺复兴时期的艺术之城佛罗伦萨的景观，给佛罗伦萨笼上一层神秘的艺术氛围，而背后也有狂热、焦躁在涌动。】

　　——这佛罗伦萨，典雅高贵。面色苍白而略带嘲讽表情的洛伦佐·德·梅迪契，嘴巴宽大、神态狡黠的马基雅弗利，与波提切利的《春》及颜色萎黄的金发维纳斯在那儿相聚在一起。

　　——这佛罗伦萨，是一个狂热、骄傲、神经质的城市，动辄耽于盲目的信仰，不断因各种宗教与社会的歇斯底里而动荡不安。在这里，人人都有自由，人人都是暴君，这儿的生活既快乐逍遥，又像极了地狱。

　　——佛罗伦萨的居民聪明、偏执、热情、易怒，嘴尖舌利，生性多疑，动不动相互窥伺，彼此嫉妒，互相吞噬。这个城市容不下具有自由思想的达·芬奇，波提切利也只好在苏格兰清教徒的神秘主义幻觉中了其一生。形似公羊、目光灼灼的萨伏那洛拉焚烧艺术品并要僧侣们围着火堆跳舞，三年之后，火堆死灰复燃，烧死的却是他这位先知。

　　他就是当时那个充满偏见、激情和狂热的城市的居民。

　　当然，他对他的同胞并不温情。他眼光开阔、志存高远，看不起他们那个艺术圈子，看不起他们矫揉造作的心态、平庸的写实主义风格、他们的感伤情调和病态的精雕细刻。他对他们态度粗暴，但他爱他们。他对待祖国不会像达·芬奇那样笑里隐含冷漠。离开了佛罗伦萨，他会为思乡所苦。他一生都千方百计地，竭力想留在佛罗伦萨，但都不能如愿。在战争的悲惨岁月，他曾想，"既然活着的时候不能在那里，至少死后要回去"。【名师点睛：米开朗琪罗很明显看不起家乡那些艺术家的格调，但他深深眷念并牵挂着这座城市，表达了他热爱故土的情怀。】

他们家在佛罗伦萨历史悠久，他对自己的血统和家族甚至比对自己的天才还感到自豪。（博纳罗蒂·西莫尼家族祖籍塞蒂雅诺，从12世纪开始在佛罗伦萨方志上就有记载。米开朗琪罗很清楚这一点："我们是有产者，是高贵的家族。"当他的侄儿想成为贵族，他很生气："这是不自尊，大家都知道我们是佛罗伦萨历史悠久的资产阶级，比谁都高贵。"他尝试振兴家业，恢复西莫尼这个旧姓。但是他的兄弟们都胸无大志。不过其家族确实有一些受到肯定的人物。1515年，其兄弟博纳罗托被授予伯爵称号，并获准在家族族徽上添加三朵百合花、教皇名字缩写及梅迪契圣爵盖章。）他不允许别人把他看作艺术家："我不是雕塑家米开朗琪罗……我是米开朗琪罗·博纳罗蒂……"（此外，他还说："我不是从事艺术买卖的雕塑家或者画家。为了家族的荣誉，我一直避免让自己成为这样的人。"）

他是精神上的贵族，具有这个等级的所有偏见。他甚至说："从事艺术的应该是贵人，而不是平民。"

他对家族怀有一种宗教般的、古老的、几乎是未开化蛮族的原始观念。他愿为家族牺牲一切，而且希望别人也这样做。如他所说："为了家族，我卖身为奴也在所不惜。"在这方面，一点小事也会让他动感情。他瞧不起他那些没出息的兄弟，瞧不起他的侄子——他的继承人，但仍会尊重他们作为家族代表的身份。他在信里不断提到他的家族：

我们的家族……La nostra gente[意大利语:我们的家族]……维护我们的家族……好使我们的家族不致后继无人……【名师点睛：尽管米开朗琪罗打心眼里瞧不起自己平庸的兄弟们和侄子，但他仍然因他们是家族身份的代表而尊重他们，表现出他重视血统，有很原始的家族观念。】

这个家族所具有的一切迷信、狂热，他都具备。他整个人就是用这些迷信和狂热的泥土塑造出来的。但从这泥土里迸射出一道光芒，将这一切都净化了，这就是——天才。

如果不相信天才，如果不知何谓天才，请看看米开朗琪罗吧！从来没有人像他那样为天才所俘虏。这天才似乎异于他的本性：那是一个征服者，冲进他的内心，牢牢将他攥住。他的意志对此却无法控制，几乎可以说，他的精神和他的心灵对此无能为力。这是一种狂热的亢奋状态，一种可怕的生命力，他的身心过分疲弱，无法掌控。【名师点睛：这里将米开朗琪罗的天才，说成是一股他自己都无法控制的强大力量，强调了他天赋异禀、异于常人。】

他的生活始终处于亢奋状态，聚集在体内的旺盛精力让他苦不堪言，那种精力迫使他行动，不停地行动，一刻也不休息。

"我干得精疲力竭，从来没有人这样干过。"他写道，"我日夜工作，其他什么也不想。"

这种病态的对工作的需求不仅使他工作量与日俱增，还使他接受了许多难以兑现的订单。他完全成了工作狂。他甚至想雕刻整座山。如果要建造某个纪念性建筑，他会亲自长年累月地跑到采石场里挑选石头，修筑道路运输石头。

他什么都想做：工程师、操作工、凿石工。他事必躬亲，修建宫邸、教堂，样样自己动手。简直是苦役犯的生活！连吃饭、睡觉的时间都没有。【名师点睛：米开朗琪罗是一个伟大的艺术家，却对选石料、修道路、运石头等每个细节都要亲自过问，以至于吃饭、睡觉都顾不上，由此可见他在艺术上精益求精、要求完美、追求极致的品质。】在他写的信里，经常可以看到这样的字句：

我几乎连吃饭都顾不上……因为没有时间……十二年来，我身体也累垮了，连日常必需的东西也没有……我一文不名，身无长物，浑身是病……生活在贫困和痛苦之中……我在和贫困做斗争……

这种贫困纯属臆造。他有钱，挣了很多钱，非常富有。（米开朗琪罗死后，人们在他罗马的家里发现了大笔藏金，相当于今日四五十万法郎。他还有大量存款在佛罗伦萨，各地还有大量田产。但是，他攒钱并非为了自己，而是为了别人，他自奉甚薄，什么都舍不得用。）可钱对他有什么用？他日子过得像穷光蛋，干起活来像拉磨的马。【写作借鉴：这个比喻非常形象地写出了米开朗琪罗的勤恳辛劳又艰苦的工作状态，也暗示他是自缚于工作。】谁也不明白他为什么这样自虐，没人明白他为什么要这样工作无度，谁都不明白他为什么貌似很需要这样自讨苦吃的工作。甚至许多特点与他极为相似的父亲也来信责备他：

你兄弟告诉我，你生活非常节俭，甚至到清苦的地步。节俭虽然好，自虐可就不对了，这是上帝和人类都不喜欢的事，会损害你的身心健康。年轻时还没关系，待年纪一大，贫苦生活带来的病痛会全部冒出来。别再紧巴巴过日子了，生活是应该适度节制，但必需的营养还是要的，千万别过分劳累……

但怎么劝也没用，他不想改善自己的生活，他只吃面包，喝点葡萄酒，每天只睡几个小时。在波伦亚忙着为尤利乌斯二世塑铜像时，他和三名助手一起挤一张床。睡觉时衣服、靴子都不脱。有一次他腿肿了，只好将靴子割开。脱靴时，腿上的皮也被扯了下来。【写作借鉴：这一细节形象地刻画出米开朗琪罗工作的艰辛、生活的清苦，也从侧面反映出他生活上的不讲究。】

这种不讲究的生活方式，的确如他父亲警告过的那样，使他经常生病。从他的信中可以看到，他患过十四或十五次大病。有几次高烧，差点要了他的命。他的眼睛、牙齿、头部、心脏，都有病。他经常被神经痛折磨，尤其是睡觉的时候，更是苦不堪言。他未老先衰，四十二岁便觉得老了。四十八岁时，他写信说，如果他工作一天，就要休息四天。但他顽固地拒绝就医。

这种不分昼夜的生活方式，对他精神的影响比对身体的影响更甚，悲观主义侵蚀着他。这是一种遗传病。青年时期，他想尽办法去安慰不时突发受迫害妄想症的父亲。（米开朗琪罗写给父亲的信中常有这样的字句："您别自寻烦恼。""您总是这么烦恼让我很难过，我求您别再这么想了。""您别惊慌，也别发愁。"但是他的老父亲似乎经常会神经错乱，惊慌不安。）米开朗琪罗自己比父亲的症状更重。永无休止的工作，难以承受的疲劳，使他一直得不到恢复，总是处于多疑的精神误区之中。他怀疑他的敌人，怀疑他的朋友（他在致朋友的一首十四行诗中写道："外表是温馨的友情，内心却隐藏了伤害你名誉和生命的祸心……"）、父母、兄弟和养子，总怀疑他们希望他早死。

一切都使他不安，（"我生活在不断的猜疑当中……我不相信任何人，即使睡觉也睁着眼……"）家人对他整天心神不定感到好笑。他自己也说，他总处于"一种忧郁甚至疯狂的状态"，（米开朗琪罗常常自称为"忧郁而疯狂的人""年迈但疯狂的人""是疯子也是恶人"。但在别的地方，他又为这种疯狂辩护，说"疯狂只对自己有害"。）久而久之，他竟把痛苦变成了一种嗜好，似乎从中找到了一种苦涩的快感：

越是加害于我，我越快乐。

一切的一切，乃至爱和善（"恋爱中的人只要略略品尝点幸福，就会感到满足，没有其他奢望。然而痛苦，会让一个人产生希望。""所有一切都让我感到悲伤，甚至是善，因为它的昙花一现，使我心灵的受伤和压抑，不亚于恶。"）都成了他痛苦的主题：

忧伤是我的享受。

没有一个人比他更乐少忧多的了。在广阔的宇宙中，他看到和感觉到的只有痛苦。世界上一切悲观情绪都概括在下面这声绝望和极度不平的呼喊之中：

万千欢乐比不上一种苦恼！

"他无处发泄的精力，"龚迪维说，"几乎使他与整个人类社会隔绝。"

他是孤独的。——他恨人，也遭人恨。他爱人，但无人爱他。人们对他既钦佩，又惧怕。最终他在人们心中引起了一种宗教般的崇敬。他凌驾于他的时代。于是，他稍稍平静了一些。他从高处俯视人，而人们则从低处仰视他。他始终单身。他从不休息，连最卑贱的人都能享受到的温柔他也不曾尝到，他一生中连一分钟都不曾在另一个人的温柔怀抱里入眠。他从未得到过女人的爱。

在这荒漠般的天地里，只有维多利亚·科洛纳的友情，曾闪过一道纯洁而冷峻的星光。【写作借鉴：这里用荒漠指代米开朗琪罗那颗缺乏爱情滋润的荒凉的心，而维多利亚·科洛纳给过的如星光般的友谊也只是一闪而过，转瞬即逝，更衬托出米开朗琪罗内心深处的孤独。】周围是一片黑夜，只有他炽热的思想流星——他的欲望和疯狂的梦境——飞驰而过。贝多芬从未经历过这样的黑夜，因为这黑夜就在米开朗琪罗的内心。贝多芬的悲愤是社会的过错，他本人却天性快活，且渴望快乐。米开朗琪罗则生性忧郁，令人害怕，使人本能地躲开他。他在自己周围造成了一片空虚。

这其实都还不算什么。最糟的并不是内心孤独，而是与自己过不去。他不能好好地生活，自控能力极差，总是否定自己、反对自己、摧残自己。他是天才，却长着一颗背叛这种天才的心。有人说这是他的宿命，命运使他激烈地反对自己，阻止他实施任何伟大的计划。这所谓的命运，其实是他自己。他不幸的关键，他一生的悲剧之所在——人们往往很少看到或最不敢看到的——是缺乏意志力和坚定的性格。

【名师点睛：米开朗琪罗的孤独和在艺术创作上所遭受的挫折，其实最根本的原因不在命运，而在于他意志力不够坚定的性格。承前启后，引出下文关于他优柔寡断的性格的描述。】

他在艺术上、政治上，在一切行动和思想上都优柔寡断。如果有两件作品、两个打算、两种决定，他便无法做出选择。尤利乌斯二世的纪念碑、圣洛伦佐宫的正门、梅迪契家族陵园等的修建都是典例。他一再开始，却总到不了头，既想做又不想做，刚做出决定又开始怀疑。直到生命结束，他什么也没有完成：他对一切都感到厌倦了。有人说，他的任务是别人强加给他的。有人说这种计划来回变的状况，应由他的东家负责。可是人们忘了，如果他拒绝，东家是毫无办法的。但他不敢。

他软弱，无论从哪方面说都是这样，既出于道德，也因为胆怯，亦因为过分认真。什么事他都要反复考虑，辗转不安，而换一个性格果断的人，这些考虑都可以抛开。他往往夸大自己的责任，自认为不能不干那些一般性的工作。（为了完成圣洛伦佐宫的正门的修缮工作，米开朗琪罗竟然在塞拉维扎采石场待了好几年。）其实，这类事情换了任何一个工头，都有可能比他干得更好。他不懂如何履行承诺，却又不肯放手让别人去做。

谨慎和恐惧使他变得软弱。尤利乌斯二世称他为"可怕的人"，瓦萨里却说他是"谨慎的人"。他实在是太谨慎了。这个"使所有人，甚至教皇害怕的人"却害怕所有人。他在王公贵族面前很懦弱，但却比谁都看不起在王公贵族面前懦弱的人，把他们称作"为王公贵族负重的驴"。——他曾想躲开教皇，却始终没走，还十分驯服。（1534年，米开朗琪罗原本想逃离保罗三世，但最终还是被教皇用新的任务套上锁链。）他容忍东家带侮辱性的信，回信时还态度谦卑。（1518年，尤利乌斯·德·梅迪契给米开朗琪罗写了一封带侮辱性的信。米开朗琪罗却回信说"只是想讨得他的欢心"。）有时，他也反抗，说话态度强硬，但最后总是让步。一直到死，他都在自我挣扎，却无力抗争。克雷芒七世是所有教皇中待他最仁厚的一个，和大众的看法恰好相反，他知道他的弱点，对他颇有怜悯之心。

他在爱情面前完全丧失了尊严。他对费博·迪·波吉奥之类的混蛋竟然低声下气，将托马索·德尔·卡瓦列里那样一个可爱但平庸的人称作"伟大的天才"。【名师点睛：爱情使人变得卑微，伟大艺术家米开朗琪罗也不例外，尤其是他从来没被爱情滋润过，没被人爱过，所以格外珍视爱的感觉。】

至少，爱情还使这些弱点变得颇为感人。而当这些弱点来自恐惧时，那就是一种可悲的痛苦了——若不敢说是可耻的话。他会突然惊慌失措，因为恐惧而在意大利到处乱窜。1494年，他被一种幻象吓得逃出了佛罗伦萨。1529年，佛罗伦萨被围，他受命承担城防重任，而后他又逃跑了，一直逃到威尼斯，甚至想逃往法国。

稍后，他觉得这种行为很可耻，决心弥补，便返回被围的佛罗伦萨，一直坚守到围城结束。佛罗伦萨沦陷以后，许多人被流放，他又吓得魂不附体！他竟去巴结那个刚刚处死了他的朋友——高贵的巴蒂斯塔·戴拉·帕拉——的法官瓦洛里。他甚至和朋友划清界限，与佛罗伦萨的流亡者断绝联系。（米开朗琪罗在罗马接到他侄儿给他的警报，说佛罗伦萨有人揭发他与流亡者交往，他立刻表示没有这样的事情，还说出"尤其不与佛罗伦萨人谈话"这样的话。他甚至否定自己在病中曾经受到过斯特罗兹一家的照顾这样的事实。）【名师点睛：因为恐惧而变得软弱甚至背弃朋友，这样的事发生在一个伟人身上确实是可耻的，但他首先是个人，然后才是伟人，他也会犯一些是人都会犯的错，同时他事后也会感到羞愧，引出下文。】

他怕，但又对自己的惧怕感到羞愧。他鄙视自己，又因厌恶自己而病倒。他想死。大家都以为他快死了。（1531年，佛罗伦萨沦陷之后，他重新归顺克雷芒七世并被迫讨好瓦洛里。）但他不能死，他体内有一股强烈的求生的力量，每天这样周而复始，痛苦便日甚一日。要是能无所作为该多好！但是他办不到。他不能不干事。他必须干事。他干了吗？干了，但却是被动地干。他像但丁笔下的罪人，被卷进激烈而矛

盾的感情旋风之中。【名师点睛：将米开朗琪罗与但丁笔下的罪人类比，突出他在矛盾中挣扎的痛苦。】

他不得不受苦！

哦，哦，我真不幸！

在我过去的日子里，

没有一天属于我自己！

他向上帝发出绝望的呼号：

啊，上帝！啊，上帝！啊，上帝！

谁能比我更了解我自己？

他之所以渴望死，是因为他认为死可以结束这种使人发狂的奴隶生活。他谈到已死的人时是多么羡慕啊！

您不必再担心生存状态和欲念的改变……

今后的日子不会再对您行使暴力，

需要和偶然不会再操纵您……

写到这里，我怎能不羡慕呢？

死！不再活着！不再是自己。逃出天地万物的掌心！摆脱自己的幻觉！【名师点睛：米开朗琪罗一生孤苦伶仃，工作艰辛，所处时代动荡不安，因为害怕做出让自己羞愧的事……这些都让他想要摆脱现状，不时产生想死的念头。】

啊！使我，使我不再回复为我自己吧！

卡皮托勒博物馆里，他惶恐的双眼还注视着我们，从他痛苦的脸上，我似乎听见了他发出的这凄怆的呼声。

他中等身材、宽肩、骨骼和肌肉发达。由于工作过于劳累，体形有些变形。他走路时仰着头，后背凹陷，腹部前突。这便是荷兰画家弗朗索瓦给他画的肖像：他侧身站立，身穿黑衣，肩披罗马式大氅；头缠布巾，巾上一顶宽宽的黑毡帽，压得很低。（1564年，他的遗体从罗马运回佛罗伦萨，打开棺材时看到的就是这个样子：他像是睡着了，头上盖着毡帽，脚穿马刺长靴。)他圆头方额，脑门上布满皱纹，黑色的头发有点稀疏，蓬松而略带卷曲。眼睛很小，目光忧郁而锐利，颜色像牛角，但常有变化，时而泛黄，时而发蓝。鼻阔且直，中间隆起，曾被托里吉雅尼一拳打破。从鼻孔到嘴角有很深的皱纹。嘴唇不厚，下唇略向前突。鬓毛很稀，牧神般的胡须不算浓密，长约四至五寸，环绕着颧骨凸出、两腮凹陷的脸颊。【写作借鉴：这里的肖像描写呈现给我们的是一张饱经沧桑的脸，米开朗琪罗终其一生工作辛劳，颠沛流离，内心孤独，缺少爱情，又饱受自己犹疑胆小的性格所折磨，这张肖像画将他的一生经历都画在了里面。】

整个脸部笼罩着忧郁和游移不定的神情，这是诗人塔索时代典型的脸庞，显得疑虑重重。凄凉的目光不由得唤起人们的同情。

我们别再和他计较了，就把他渴望了一生而始终未能得到的爱给他吧。他经历过一个人所能遭受的最大苦难。他曾目睹祖国受奴役，整个意大利沦入蛮族之手长达几个世纪。他眼见自由泯灭，眼见他所爱的人一个接一个地死去，眼见艺术的明灯一盏盏地熄灭。

在黑夜降临之际，他孤零零地留在最后。临终前，他回顾以往，甚至无法对自己说，已经做了该做的和能够做的一切来安慰自己。他好像虚度了一生，白白放弃了欢乐，白白为艺术这个偶像牺牲了自己。（米开朗琪罗的《诗集》里有："……热烈的幻想让我把艺术当成偶像和君王……"）【名师点睛：这个天才，常常觉得自己虚度了一生，虽然终其一生都在辛勤工作，但他觉得该做的很多都没做，最终米开朗琪罗是带着遗憾离开的。】

他活了九十岁，却一辈子没好好休息过一天，没真正享受过一天生活，长期艰苦的劳作竟没有实现一项伟大的计划。他眼里最重要的作品没一件能够完成。或许是命运嘲弄的结果，这位雕塑家只能完成一些他所不愿意画的绘画作品。曾经给他带来过希望、自豪和苦恼的伟大作品之中，有的在他生前已经被毁，如《比萨之战》的图稿、尤利乌斯二世的青铜雕像等，其他的可惜也都流产了，如尤利乌斯二世的陵墓、梅迪契家族的教堂等，留下的只是纸上谈兵的构思。

雕塑家格依贝尔蒂在其《回忆录》里，讲述了安茹公爵手下一位德国金银匠的故事。此人"足可与希腊的古雕塑家媲美"，到了晚年，却目睹耗去他毕生精力的作品被毁掉。——他看到他的全部辛劳均属徒劳，便跪下喊道："主啊，你是天地的主宰，万物都是你的创造，别让我再误入歧途，除了你我再也不追随其他人了！可怜可怜我吧！"他随即将所有的一切都给了穷人，从此隐居山林，了其余生……【名师点睛：这里写一位德国金银匠眼见自己辛苦一生的作品被毁，最后灰心隐居的经历，是为了类比下文米开朗琪罗与其相似的经历。米开朗琪罗的作品要么未曾完成，要么遭到破坏，对这个天才艺术家来说，等于虚度了一生。】

米开朗琪罗如同那位德国金银匠，到了晚年，痛苦地看到他的一生犹如虚度，他的努力全是徒劳，他的作品不是未曾完工，便是遭到毁坏，等于一事无成。

于是他隐退了。

文艺复兴时代的骄傲，宇宙间自由且至高无上的灵魂，无比自豪地与他一起返璞归真。

遁入上帝的爱的怀抱，

他正在十字架上张开双臂欢迎我们。

《欢乐颂》壮美的呼声没有喊出，直到生命的终结，依然是"痛苦颂"和让人得到解脱的"死亡颂"。他整个地被击败了。【名师点睛：这段文字将米开朗琪罗的死升华为一颗文艺复兴时期最璀璨明星的归隐。他的一生，《欢乐颂》还没唱响，就变成了"痛苦颂""死亡颂"，影射了他含恨而终的结局，让人不胜惋惜和唏嘘。】

这就是世界的征服者之一。我们在享受他天才的作品时，如同享受我们祖先的丰功伟业一样：

再也想不起

流过多少鲜血。

我愿将这鲜血呈现在所有人眼前,我愿举起英雄们红色的战旗,让它在我们头上飘扬。

上篇　搏斗

一　力量

M 名师导读

和很多孩子相比，米开朗琪罗的成长充满了波折和痛苦——母亲早逝，父亲暴躁固执，自己被送出去寄养。但是，凭着骨子里对梦想的坚持和那股不放弃的强大力量，米开朗琪罗成就了自己不平凡的一生，最终成为意大利文艺复兴时期伟大的绘画家、雕塑家、建筑师和诗人，文艺复兴时期雕塑艺术最高峰的代表，与拉斐尔和达·芬奇并称为"文艺复兴后三杰"。

大卫用他的弹弓，我用我的弓箭。

——米开朗琪罗

1475年3月6日，米开朗琪罗出生于加森汀省的卡普雷塞镇。这里土地崎岖不平，空气清纯。（米开朗琪罗常说他的天才得自于故乡"清纯的空气"。）岩石和山毛榉遍布小镇，亚平宁怪石嶙峋的山脊远近耸立。不远处，便是弗朗索瓦·达西斯看见基督在阿尔维尼亚山上显圣的地方。

其父是卡普雷塞和丘乌西的最高行政官，是个性情暴躁、焦虑不安、"敬畏上帝"的人。米开朗琪罗六岁丧母，留下他们兄弟五人：利奥纳多、米开朗琪罗、博纳罗托、乔凡·西莫内和吉斯蒙多。

他幼时被寄养在塞蒂雅诺一个石匠的妻子那里。后来，他打趣说，皆因吃了这个乳母的奶，他才选择当雕塑家。家人将他送进学校，但他在学校里一心一意画画。为此，他的父亲和叔伯们认为他没出息，经常狠狠地揍他，因为他们讨厌艺术家这个行业，觉得家里出了个艺术家是一种耻辱。就这样，他从小便备尝人生的无情和精神的孤独。

【名师点睛：对米开朗琪罗幼年时期的家庭环境和学习状况做了简单介绍，他对艺术的兴趣遭到了家人的强烈反对，不被理解和认可的孤独让幼小的他品尝了人间的冷暖，也让读者感受到伟人成长的不易，为其后他面对艺术的执着追求埋下伏笔。】

他的执着战胜了父亲的顽固。他十三岁就进入当时佛罗伦萨最大也最正规的多梅尼科·吉兰达约画室学艺。他最早的习作便获得极大成功，据说连他师父也嫉妒他。（十三岁的习作便能成功到让开多年画室的师父嫉妒，可见米开朗琪罗的艺术天赋几乎无人能及。但据说直到晚年，他都对他的第一位老师心怀尊敬。）一年之后，两人便分道扬镳了。

此时他已厌倦绘画，而心仪另一种更壮美的艺术。他转学到洛伦佐·德·梅迪契在圣·马可公园开办的雕塑学校。这位王公赏识他，让他住到王宫里，和自己的孩子们同席。

就这样，他一下子置身于意大利文艺复兴的心脏，为古代的珍藏品所环绕，沐浴于伟大的柏拉图派艺术家——如马西利奥·菲奇诺、贝尼维耶尼、安琪·波利齐亚诺等营造的博学多闻和诗情画意的氛围中。【名师点睛：这里介绍米开朗琪罗因为王公的赏识而早早受到多位艺术家作品的熏陶，为其后面创作风格以及信仰的形成做好了铺垫。】

他醉心于他们的思想，呼吸着古代的气息，怀古之情也油然而生，他成为一位崇尚希腊文明的雕塑家。

在"非常疼爱他"的波利齐亚诺的指引下，他雕了《马人与拉庇泰人之战》这组雕像。

这件英气勃勃的浮雕里，压倒一切的是无情的力与美，反映了作者的少年气盛以及与他那些粗野的伙伴们所玩的野蛮游戏。

他和洛伦佐·迪·克雷蒂、布吉阿迪尼、格拉纳契和托里吉雅诺·戴·托里吉雅尼一起到卡米内教堂临摹马萨乔的壁画，对不如他手巧的同学极尽讥讽之能事。有一天，他攻击虚荣心重的托里吉雅尼，被对方一拳打在脸上。

后来，他在班韦努托·切利尼面前吹嘘："我捏紧拳头，狠狠地打在他的鼻子上，只觉得他的骨头像蛋卷一样被打得粉碎。就这样，我给了他一个终生难忘的纪念。"

异教思想未能扑灭米开朗琪罗心中基督教信仰的圣火。两个敌对的世界展开了对他灵魂的争夺。

1490年，宣教士萨伏那洛拉开始狂热地宣传《启示录》。

当时教士三十七岁，米开朗琪罗十五岁。在他眼里，这位宣教士矮小瘦弱，却全身透着圣灵之气，用他那可怕的声音，在布道台上，对教皇发出猛烈抨击，把上帝那把鲜血淋漓的利剑高悬于意大利上空，米开朗琪罗被吓得浑身冰冷。整个佛罗伦萨都在颤抖。

人们在街上东奔西窜，疯了般地大喊大叫，最富有的公民也纷纷要求加入教派，如鲁切莱、萨尔维亚蒂、阿尔比兹、斯特罗兹等。博学之士和哲学家如皮克·德·拉·米兰多勒、波利齐亚诺都抛开了自己的理性。米开朗琪罗的兄长利奥纳多也加入了多明我会。

当那位先知口中的上帝之剑——居鲁士大帝[公元前六世纪的波斯政治家和阿契美尼德王朝的开国君王，依靠外交手段和军事实力建立起一个规模空前的大帝国]再世的法国国王查理八世逼近佛罗伦萨时，米开朗琪罗惊慌失措。

有一个梦尤其使他惊惶不安：他的朋友、诗人和音乐家加迪埃尔，某天夜里看见洛伦佐·德·梅迪契的阴魂出现，衣衫褴褛，几近半裸，还戴着孝。鬼魂命他预先通知他的儿子皮埃罗，他将被逐出国土，永远难回故里。加迪埃尔把幻象告诉米开朗琪罗，后者劝他把这一切报告大公，但加迪埃尔惧怕皮埃罗，不敢这样做。

另一天早上，他又来找米开朗琪罗，慌慌张张地告诉他那鬼魂再次出现，穿着同样的衣衫。加迪埃尔躺着，一声不响地盯着他，那鬼魂扇了他一个耳光，责怪他没有听从命令。【名师点睛：梦境预言之说虽为迷信的说法，但作者两次描写同一个梦境别有用意，预示着佛罗伦萨要发生重要的变革。】米开朗琪罗把加迪埃尔埋怨了一通，要他立即徒步赶往佛罗伦萨附近加莱吉的梅迪契庄园。

半道上，加迪埃尔遇见了皮埃罗，拦住他报告了事情的始末。皮埃罗听后哈哈大笑，命侍从揍了他一顿。

大公的总管比比埃纳对他说："你真傻。你以为洛伦佐最爱谁，他儿子还是你？如果洛伦佐要显灵，当然是向他儿子而不是向你显！"

加迪埃尔挨了一顿责备和奚落，回到佛罗伦萨，将此行的失败告知米开朗琪罗，并使他相信佛罗伦萨即将大祸临头。米开朗琪罗闻言，两天后便逃走了。

这是米开朗琪罗第一次因迷信而惊恐，大发神经，此类事情后来又发生了很多次，尽管他为此颇感羞愧，但无法自抑。【名师点睛：这里重点介绍米开朗琪罗第一次因迷信而恐惧并出现下文中介绍的出逃，其他类似事件一笔带过，主次分明，反映了他对希腊文化和基督教信仰之间的难以取舍的游移和挣扎，这是其作品的思想感情形成的心理基础，同时让读者对其胆小懦弱的性格有较深刻的认识。】

他一直逃到威尼斯。

一离开烽烟四起的佛罗伦萨，他惊恐的情绪便冷静了下来，他折回波伦亚，在那儿过了一个冬天，把那位先知和他的预言忘得干干净净。美丽的世界再度使他心醉。他阅读彼特拉克、薄伽丘和但丁的作品。

1495年春天，他重返佛罗伦萨，其时正值宗教节日嘉年华会，各党派之间的斗争十分激烈。【名师点睛：米开朗琪罗回到了佛罗伦萨，当时各派别争斗不止，引出下文。】

但他对周围那些你死我活的激情已经不感兴趣，而且为了挑战萨伏那洛拉派的狂热，他雕塑了著名的《熟睡的丘比特》，被时人评为颇具古风。

他在佛罗伦萨住了几个月，旋即赴罗马，直到萨伏那洛拉去世，他一直是艺术家中最具异教色彩的一个。

萨伏那洛拉下令焚烧散布"虚荣和邪说"的书籍、装饰品、艺术品的那一年，他雕塑了《醉酒的巴克科斯》《垂死的阿多尼斯》和巨型的《丘比特》。

他的哥哥，教士利奥纳多，因相信预言而被追究。萨伏那洛拉四面楚歌。

米开朗琪罗没有返回佛罗伦萨去捍卫他，萨伏那洛拉被焚而死，米开朗琪罗不置一词。在他的书信中找不到这个事件的任何痕迹。

米开朗琪罗一声不响，但他雕制了《耶稣之死》。

死去的基督躺在永远年轻的圣母膝上，似乎睡熟了。清纯的女神和骷髅地[耶稣受难之地]的神灵，线条中透着希腊古典艺术的朴实无华，却又渗入了一种难以言状的哀愁，浸润着这些美丽的躯体。此时忧伤已完全控制米开朗琪罗的灵魂。【名师点睛：对艺术家来讲，他的每一件作品都是有生命的，都是有感情的，那就是艺术家自己想要表达的思想感情。尽管不再对宗教那么盲目和狂热，但萨伏那洛拉之死让米开朗琪罗震惊，虽然他对萨伏那洛拉被教廷火刑不置一词，但《耶稣之死》可以让人感觉到他将自己对萨伏那洛拉的怜悯和崇敬注入了永恒的石头。】

让他变得忧心忡忡的，还不只是当时那种充满忧患和罪恶的景象。一股专横的力量进入他内心，而且再也不放松。天才的狂热控制了他，到死也没让他喘一口气。

他对胜利并不抱幻想，却发誓要赢得胜利，既是为自己的荣誉，也是为家族的荣誉。

整个家庭重担压在他一人肩上。他们缠着他要钱，他没那么多钱，但傲气使他从不拒绝他们，他宁肯把自己卖掉，也要把他们索要的款项给他们。【名师点睛：这里一方面可以看出米开朗琪罗的家庭境况，他没有幸福的家庭，只有家人不断地压榨他，但他很爱他们，总是尽力满足他们，即使以付出健康为代价；另一方面也可以看出他自尊心很强，导致他从不拒绝家人的要求，独自承担家庭重担。】

他的身体健康已经受到严重影响，他营养不良，长期住在阴暗潮湿的住所，常常工作劳累过度，他的健康渐渐走下坡路，头痛、胸闷，他父亲说他生活方式不健康，他却觉得这都不是他的错。他在给父亲的信里写道："我所受的一切罪，都是因为你们……我所有的牵挂和操心，都是因为爱你们。"

1501年春，他回到佛罗伦萨。

四十年前，佛罗伦萨大教堂管理机构曾委托阿格斯蒂诺·迪·杜乔雕制一座先知像，作品刚刚画出草图就停下来了。这样一块巨型大理石，没有人敢接手，此时便交给了米开朗琪罗，硕大的《大卫》像由此诞生。

据说，决定将任务交给米开朗琪罗的旗官[中世纪佛罗伦萨共和国首脑的称谓]皮尔·索德里尼去看雕像时，为了表现自己有品位，曾对雕像提出若干批评，他说鼻子显得有些笨拙。

米开朗琪罗于是拿了一把凿子和一点石粉爬上脚手架，用凿子轻轻晃动几下，慢慢撒下一些石粉，根本没碰那只鼻子，仍让它保持原样，然后转身问旗官：

"请看看现在如何。"

"现在嘛，"索德里尼说，"我觉得好多了，您让它显得活了。"

米开朗琪罗走下脚手架，心中暗暗觉得好笑。

在这件作品里，似乎可以看出默默的轻蔑。这是休憩状态下的一种骚动的力，饱含着鄙视与悲哀。【名师点睛：米开朗琪罗幽默式的无声的不屑和轻蔑，反映了他有点清高、不可一世的性格特征，也表现了他蔑视权贵的一面。】

这种力在美术馆的围墙之内感到窒息，它需要户外的空气，恰如米开朗琪罗所说，"需要直接照射的阳光"。（一位雕塑家为了让作品显得更完美，想要重新安排工作室的光线。米开朗琪罗则说："何必如此费事，最重要的，是直接接受阳光的照射。"）

1504年1月25日，有菲利比诺·利比、波提切利、佩鲁吉诺和达·芬奇参加的艺术家委员会，认真讨论了安放《大卫》像的位置，依照米开朗琪罗的请求，决定将它立在市政议会大厦前。

这座巨像的搬迁工作，交由教堂建筑师们去完成。5月14日晚，人们拆除了大门上方的墙壁，将这个庞然大物从板棚中移出。夜间，当地民众向石像投掷石块，想把它击碎，有关方面不得不严加防范。塑像慢慢移动，吊得笔直，以免摆动时碰到泥土。【名师点睛：几句话反映了在当时那个民众思想蒙昧的年代，人们对雕塑艺术的态度，而米开朗琪罗的创作无疑也受到很多外界阻力。】

从多莫广场搬到议会大厦前，整整花了四天。5月18日正午，雕像终于到达指定的地方。夜间的防护工作不敢有丝毫懈怠，尽管如此，一天晚上它仍然被石块击中。

这就是佛罗伦萨人，人们不时引以为典范的佛罗伦萨人。（大卫圣洁的裸体触犯了佛罗伦萨人的羞耻心，阿雷蒂诺在《最后的审判》中指责米开朗琪罗下流，还写信给他说："学学佛罗伦萨人的庄重吧，把他们身上可羞的部分用金叶遮起来。"不顾佛罗伦萨人的强烈反对，米开朗琪罗敢于接受挑战，勇于突破，用裸体来展现人体的健美和所蕴含的力量，一突破一反对进行对比，突出了米开朗琪罗敢于领时代之先的艺术精神和人文精神。）

1504年，佛罗伦萨市议会使米开朗琪罗和莱奥纳多·达·芬奇成为死对头。这两人原本不相投。同样的孤独本应使他们相互接近，他们彼此间却感到比其他人距离更远。两人中更孤独的是达·芬奇，他那时五十二岁，长米开朗琪罗二十岁。

莱奥纳多从三十岁起，就离开了佛罗伦萨，他生性柔和细腻，略带腼腆，难以接受这个城市的极端狂热。他性格平和又带有怀疑色彩，能包容一切理解一切的处事智慧，无法与佛罗伦萨的偏激相融合。

这位伟大的艺术爱好者，绝对自由且绝对孤独的人，对他的故国、宗教乃至全世界都很淡漠，只是在像他一样有自由思想的君主身边，他才感到自在。

1499年，莱奥纳多的保护人卢多维克·勒·莫雷倒台，他被迫离开米兰。

1502年，他投身恺撒·波基亚门下效力。1503年，这位亲王的政治生涯宣告结束，他不得不回到佛罗伦萨。在这儿，他讥讽的微笑迎面遇上米开朗琪罗的阴沉和狂热，大大激怒了后者。

米开朗琪罗沉溺于他的激情和信仰之中，痛恨与之敌对的人，尤其痛恨那些毫无激情且无任何信仰的人。莱奥纳多·达·芬奇愈是伟大，米开朗琪罗对他就愈反感，而且绝不放过表示其反感的机会。【名师点睛：通过对二人冲突事件的描写，很清晰地表现出米开朗琪罗对达·芬奇的反感，也凸显出米开朗琪罗的偏执与倔强。】

莱奥纳多长相俊美，举止温文尔雅。一天，他和一个朋友在佛罗伦萨街上闲逛，他身穿一件长达膝盖的玫瑰色上衣，修剪得极为美观的卷曲长须在胸前飘动。在圣三一教堂附近，几个市民正聊天，他们讨论着但丁的一段诗。他们唤住莱奥纳多，请他为他们阐明这段诗的含义。正巧此时米开朗琪罗从这里路过，莱奥纳多便说："米开朗琪罗会给你们解释这些诗句的。"米开朗琪罗以为这是有意嘲笑他，尖刻地答道："你自己去解释吧，你这做了铜马的模子却铸不成铜马的人，居然不知羞耻，在半路上停下。"说完，他转身走了。莱奥纳多站在那儿，脸红了。米开朗琪罗意犹未尽，还想进一步伤害他，嚷道："那些米兰阉鸡居然相信你做得了这样的活计！"【名师点睛：米开朗琪罗误将莱奥纳多的话当成嘲讽，反应非常激烈，说明他内心极其敏感、多疑且要强。】

然而，旗官索德里尼却要求这样截然不同的两个人去共同完成一件工作：市政议会大厅的装饰画。这是文艺复兴期间最强大的两股力量之间的奇特较量。

1504年5月，莱奥纳多开始准备他的画稿《安吉亚里战役》。

而米开朗琪罗于1504年8月被邀请创作《卡西纳之役》（又名《比萨之役》）。

佛罗伦萨为这两个对手分成了两派。——但时间把一切都扯平了，两件作品都已消失。（米开朗琪罗的壁画于1505年完成，但在1512年梅迪契卷土重来引起的战乱中被毁。至于莱奥纳多的那一幅，却是他自己毁的。他想要完整的壁画技巧，试用了一种油料，结果发现不能持久，于是1506年他最终灰心放弃了那幅作品，至1550年时，那幅作品已不复存在。）

1505年3月，米开朗琪罗被教皇尤利乌斯二世召到罗马，从此开始了他一生中最跌宕起伏的时期。

这两位都是气魄宏大且急躁的人，只要不发生激烈的冲突，教皇和艺术家还是很相投的。

他们的头脑中涌动着宏伟的计划，尤利乌斯二世要他建造一座与古罗马城相称的陵墓。

米开朗琪罗为这个气势磅礴的设想而热血沸腾。他胸怀巴比伦式的计划，想造出一座山一般的建筑，上面要安放四十多座硕大无朋的雕像。

教皇兴奋非凡，把他派往卡拉雷采石场，去开采所有必需的石料。

米开朗琪罗在山中待了八个月，完全为一种超人的狂热所控制。

【名师点睛：通过米开朗琪罗的宏伟计划以及他对计划的大量准备和快速展开，表现出他在天才的力量支配下所迸发出的狂热激情以及喜欢挑战艰巨任务的好强心理。】"一天，他骑马游逛，看见一座俯临海岸的山头，雕塑家突发奇想，要将它整个雕成一座巨像，让海上的航行者从远处也能望见……如果他有时间,如果人们允许,他定会这样做的。"

1505年12月,他回到了罗马,他所选的石料也开始从海路运抵,堆放在米开朗琪罗居住的桑塔·卡捷琳娜后面的圣彼得广场上。"石块堆得那么高,惊呆了所有的人,教皇为之狂喜。"米开朗琪罗开始工作,性急的教皇不断来看望他,"和他聊天,像兄弟般亲热"。

为了便于来往,教皇命人在梵蒂冈的走廊和米开朗琪罗的住所之间搭了一座吊桥,作为他的秘密通道。【名师点睛:这里强调教皇尤利乌斯二世对米开朗琪罗的重视,与其后面改变计划冷落米开朗琪罗形成鲜明对比,也刻画出教皇变化无常的性格特点。】

但这样的优遇并不持久,尤利乌斯二世的性格和米开朗琪罗一样不稳定。

他热衷于这样那样的计划。另一个计划在他看来更能让他流芳百世:他要重建圣彼得大教堂。这是受了米开朗琪罗的对手们的怂恿。

他们人数众多,实力雄厚,为首者是一个才能与米开朗琪罗不相上下而意志更坚强的人:乌尔比诺的布拉曼特,教皇的建筑师和拉斐尔的朋友。

布拉曼特和拉斐尔是两个极其理智的翁布里亚伟人,他们和佛罗伦萨那位带有野性的天才之间,是不可能产生好感的。

但他们之所以决心打倒他,(至少布拉曼特是有此想法的。拉斐尔和布拉曼特私交甚好,或许也不得不在行动上和他保持一致,但倒没有任何能证明拉斐尔反对米开朗琪罗的证据。而米开朗琪罗却以非常肯定的口吻指责他:"教皇和我之间的争执,都是布拉曼特和拉斐尔的嫉妒造成的,他们想要打垮我,拉斐尔这么做确实有他的理由,因为他在艺术方面的那些东西,都是从我这里学去的。")无疑是由于他曾向他们挑战。米开朗琪罗曾不谨慎地批评布拉曼特,也许有理也许无理地控告他在工程中舞弊。布拉曼特当即决定要除掉他。【名师点睛:米开朗琪罗不惧权贵,敢于批评,于是遭到打压,反映出他的性格造就了他

多舛的命运。】

布拉曼特使米开朗琪罗在教皇那里失宠。他利用尤利乌斯二世的迷信，提起人们普遍认为的观点，生前建造陵墓是不吉利的。

他居然成功地使教皇搁下了其对手的计划，而用自己的计划取而代之。

1506年1月，尤利乌斯二世决定修建圣彼得大教堂，陵墓的修建搁置了下来，米开朗琪罗不仅受到羞辱，还为作品上的花费欠下不少债。

他辛酸地诉苦，教皇却不再接见他。他再次求见时，尤利乌斯二世让他的马弁（biàn）[旧时称低级武官]把他赶出了梵蒂冈宫。【名师点睛：因为教皇的反复无常和无情，让米开朗琪罗遭受了前所未有的冷遇，这对敏感好胜的他来说，当然是不能接受的，由此产生要离开罗马的念头，自然引出下文。】目击这幕场景的卢奎斯主教对马弁说：

"你难道不认识他吗？"

马弁对米开朗琪罗说：

"请原谅，先生，我只是奉命行事。"

米开朗琪罗回去后立即上书教皇：

圣父，按教皇陛下的旨意，今晨我被逐出宫。现在我想告知您，从今天开始，如您对我有何差遣，可令人到罗马之外的任何地方找我。

他发完信，唤来一个住在他家的石材商和一个石匠，对他们说：

"去找一个犹太人，把我家里的一切全卖给他，然后你们到佛罗伦萨来。"

接着，他骑马出发。

教皇收到信，派出五名骑手去追他，晚上十一时许终于在波吉彭西追上了，交给他一纸命令：

"接到此令，立即返回罗马，否则严惩不贷。"

米开朗琪罗回答，他可以回来，只要教皇遵守诺言，否则，尤利乌斯二世永远不必希望再看到他。【名师点睛：通过米开朗琪罗与教皇讨价还价，再次凸显出他对自己宏伟计划的坚持，以及将其完成的决心。]

他寄给教皇一首十四行诗：
大人，如果俗谚说得不错，
那正是所谓非不能也，是不欲也。
你听信了谗言和无稽之谈，
还酬谢说假话的人。
至于我，我过去是，现在也是你忠实的老仆，
我依附你犹如光依附太阳；
我所浪费的时间不曾让你痛惜，
我愈辛苦，你愈不爱我。
我曾希望靠你的伟大而伟大，
曾希望你公正的天平和强有力的利剑，
成为我唯一的仲裁者，而不是谎言的回声。
然而上天把德行投放人世后，
却又嘲弄它们，
似乎德行应该在一棵干枯的树[喻指尤利乌斯家族徽章上的图案]上等待果实。

遭受尤利乌斯二世的侮辱还不是他决定逃离的唯一原因。在给朱利阿诺·达·圣·伽洛的一封信中，他透露了布拉曼特想派人暗杀他的信息。（原文是："这并不是我非要离开的唯一原因，还有别的事情，但还是不说为好。我只需要让您知道，如果我不离开佛罗伦萨，这里将是我的坟墓，而不是教皇的陵墓了。这就是我突然离开的原因。"）

米开朗琪罗离开了，布拉曼特成了唯一的大师。在米开朗琪罗离开罗马的第二天，布拉曼特就主持举办了圣彼得大教堂的奠基仪式。刻骨的仇恨使得他想要对米开朗琪罗的作品赶尽杀绝，企图彻底摧毁他的事业。

他让人将堆放在圣彼得广场的工地上、为尤利乌斯陵墓准备的石料抢劫一空。

此时，教皇正因雕塑家的反抗大为光火，接连向佛罗伦萨市政议会发出敕令，米开朗琪罗此时正躲在佛罗伦萨，市议会把他召来，说：

"你居然跟教皇捣乱，连法兰西国王也不敢这么干。我们可不愿意为了你和教皇发生争端。因此你得回罗马，我们会给你带去有相当分量的函件，说明对待你的一切不公正，无异于对佛罗伦萨市政议会不公正。"

米开朗琪罗很固执。他提出条件，要求尤利乌斯二世让他继续建造陵墓，且不在罗马而在佛罗伦萨工作。【名师点睛：米开朗琪罗多次以继续建造陵墓作为回罗马的条件，再次突出他对艺术的执着和对自己想要完成计划的坚持。】到尤利乌斯二世出征佩鲁斯和波伦亚时，他的警告愈来愈严厉了，米开朗琪罗想溜往土耳其，那里的苏丹曾托方济各派教士请他去君士坦丁堡，为佩拉河修建一座桥。

最后，他不得不做出妥协，1506年11月的最后几天，他极不情愿地来到波伦亚，因为尤利乌斯二世刚以胜利者的姿态攻陷并入驻了该城。

一天上午，米开朗琪罗去圣彼得罗尼奥教堂望弥撒，教皇的马弁瞥见并认出了他，把他带到正在赛泽宫用膳的尤利乌斯二世面前。教皇怒气冲冲地对他说："本当是你到罗马来晋谒(yè)[进见，拜见]我们，你倒等着我们来波伦亚找你！"米开朗琪罗跪倒在地，高声请求宽恕，说他的行为并非出于恶意，而是因为忍受不了被逐，一怒之下才出走的。【名师点睛：米开朗琪罗的一生就是"挣扎"的一生，由此可见一斑，而"挣扎"的结果却是不断的妥协，这里他见到教皇后的表现与之前倔强的态度形成对比，他自身的这一弱点使其无法与命运抗争。】教皇端坐在那里，垂着头，满脸怒气，索德里尼派来为米开朗琪罗说情的一位主教想居间调停，说道："望教皇陛下不要把他干的蠢事放在心上，他因愚蠢而犯错误。除了他们的艺术，所有艺术家都这样。"教皇雷霆大发，吼道："你竟对他说连我们都不曾对他说的粗鲁话，愚蠢的是你……滚！你给我见鬼去！"他待在那儿不走，教皇的侍从便一顿老拳撵走了他。教皇把气撒在主教身上以后，令米开朗琪罗走到他跟前，宽恕了他。

不幸的是，为了与尤利乌斯二世和睦相处，米开朗琪罗必须听从他任意摆布。教皇那具有绝对权威的意志又转了向，他不再提陵墓，而要在波伦亚为自己铸造一座巨型铜像。米开朗琪罗一再申明他不懂铸铜的事，可是没用。他只得从头学起，这又是一段顽强拼搏的时光。

他住在一间破屋子里，只有一张床，这唯一的一张床还得与两个佛罗伦萨助手——拉波和洛多维科，还有铸铜匠贝纳尔迪诺一起享用。十五个月在无尽的烦恼中过去了，他和两个助手闹翻了，因为他们对他行窃。【名师点睛：米开朗琪罗为了与教皇和好，不再坚持自己的立场，努力学习铸铜并受尽煎熬，反映出他意志力不太坚定，容易摇摆不定的性格。】

"拉波这无赖，"他写信告诉父亲，"到处说整个作品都是他和洛多维科做的，至少是与我合作的。他那颗脑袋怎么也不明白他并非这儿的主人，直到我把他撵出门，他才头一次发现他是我雇来的。我把他像畜生一样赶走了。"

拉波和洛多维科到处抱怨，他们在佛罗伦萨散布谣言，攻击米开朗琪罗，借口米开朗琪罗食言，跑到他父亲那儿勒索钱财。

接着，铸铜匠暴露出自己是个无用的家伙。

"我原本以为贝纳尔迪诺师傅会铸铜，甚至没有火都行，我真是太信任他了。"1507年6月，浇铸失败，铜像只铸到腰部。一切得从头开始。直到1508年2月，米开朗琪罗还在忙这件事。他的健康几乎毁在这上面了。

"我几乎没时间吃饭,"他写信向弟弟诉说,"我在极不舒服、极艰难的环境中生活,除了夜以继日地工作,我什么也不想。我已受过那么多磨难,而今还得这样忍受下去,我觉得,如果再让我做一座这样的雕像,我这条命都不够用了:简直是一桩巨人的工作。"

这样辛苦的劳作,结局却是可悲的。尤利乌斯二世的铜像于1508年2月落成,可惜在圣彼得罗尼奥教堂的正门前仅仅立了四年。

1511年12月,铜像毁于尤利乌斯二世的敌人班蒂沃利党人之手,其碎片被阿尔封斯·德·埃斯特买去,铸成了大炮。【名师点睛:艰辛劳作一年多,最终却以作品不复存在收尾,米开朗琪罗对当权者的软弱是他悲剧人生的重要原因之一。】

米开朗琪罗回到罗马。尤利乌斯二世要派给他另一项同样意想不到,却更加艰巨的任务。教皇命令这位对壁画技术一窍不通的画家,去画西斯廷教堂的穹顶。大家都认为这根本就是他无法执行的命令,而米开朗琪罗居然执行了。

好像又是那个布拉曼特,看见米开朗琪罗回来重新得宠了,便想出这一招来刁难他,好让他荣誉扫地。正是1508年,米开朗琪罗的对手拉斐尔开始了梵蒂冈宫大厅的那组壁画,获得无与伦比的成功。【名师点睛:拉斐尔的壁画已经取得极大成功,而米开朗琪罗在这之前还对壁画技术一窍不通,对比鲜明地突出了他所面临的非一般的挑战和可以想象的巨大的心理压力。】

这一来,米开朗琪罗面临的考验就更加严峻了。他竭力推辞这份可怕的光荣任务,甚至建议由拉斐尔取代他,他说这不属于他的艺术,他绝对是难以完成。然而教皇执意不肯松口,他不得不让步。

布拉曼特在西斯廷教堂为米开朗琪罗造了一个脚手架,还从佛罗伦萨召来几个有画壁画经验的画家给他帮忙。

米开朗琪罗开始是说布拉曼特造的脚手架根本不能用,自己另外造了一个。至于从佛罗伦萨来的那些画家，他打心眼里讨厌他们，不做任何解释就把他们赶出门外。"一天早晨，他让人把他们画的东西一概毁掉；他把自己关在教堂里，不愿再开门让他们进来，甚至在家里也不让人见到他。看来这场玩笑持续时间够长的了，那些画家深感受辱，决定回佛罗伦萨去。"米开朗琪罗独自留下，只有几个工人和他在一起。巨大的困难丝毫没有拦住他的大胆，他扩大了规模，决意在原定的穹顶之外，还要画周围的墙壁。【名师点睛：米开朗琪罗再次做出疯狂的举动，这种对艺术过度的用力造就了他劳动的艰辛，但也不断挖掘出他的艺术方面的天才，成就了他不平凡的人生。】

1508年5月10日，宏伟的工程开始了。幽暗的岁月，他一生中最黯淡也最崇高的年代！这是西斯廷的英雄，传奇式的米开朗琪罗，他伟大的形象应当永远铭刻在人类的记忆中。

他在烦恼中受尽折磨。

那时的信件表明，一种激愤的绝望情绪，并不能从他那些神奇的构思中获得满足：

我的精神极度沮丧，整整一年我没从教皇那儿拿到一文钱。我什么也没向他要，因为我的工作还没进展到一定的程度，似乎还不够资格索取报酬。工作中困难重重，皆因这并非我的本行，因此我白白浪费了许多时间而未见成效。上帝佑我！【名师点睛：米开朗琪罗自己也意识到工作的艰难，是因为这并非他的本行，和前面铸铜像时一样，白白浪费了很多时间。虽然他不怕困难，肯为艺术献身，但他的意志力不坚定，没有主见，多次被教皇动摇是造成他这段时期的艰辛的主要原因。】

他刚画完《洪水》，作品就开始发霉，人物的面貌都辨别不清了。他拒绝接着画下去。但教皇不听任何辩解，他只得继续投入工作。

在疲劳与焦虑之外，还有家人可怕的纠缠。他们全家都靠他养活，滥用他的钱，拼命压榨他。他父亲不断为钱的事情唉声叹气、焦虑不安。

在他自己早已不堪重负的情况下，还不得不花许多时间为老父排忧解难。【名师点睛：米开朗琪罗自己在工作中困难重重，生活拮据，但同时兼顾家人，开导焦虑不安的父亲，突出了艺术家善良孝顺的性格。】

您别着急，这不是什么性命攸关的事……只要我有，就不会让您缺什么……即使您所有的一切都让人夺走了，只要我活着，您就什么也不会少……我宁愿一贫如洗而您好好活着，也不愿拥有世上所有的财富而您不在人世……如果您不能像别人那样获得尘世的荣誉，尽可满足于有自己的一份面包，如同我现在这样，善良而贫穷地和基督生活在一起。我是个可怜人，但我既不为生活也不为荣誉焦虑，而是为了世界。我在极度的艰难困苦和无穷的猜忌中度日。十五年来，我不曾有一天好日子，我竭尽全力支持您，而您从未意识到，也从不相信。上帝宽恕我们所有的人！将来，我准备在我的有生之年，永远这样行事，只要我做得到！

他的三个弟弟都搜刮他。他们指望着他的钱，指望他带给他们一个好地位，肆无忌惮地挥霍他在佛罗伦萨攒下的那点小资产。

他们还跑到罗马来投靠他，博纳罗托和乔凡·西莫内要他替他们盘下一家商店，吉斯蒙多则要求买佛罗伦萨附近的地产。他们根本不管他是否愿意，仿佛这都是欠他们的。米开朗琪罗知道他们在盘剥他，但他太自尊太骄傲了，不愿阻止他们。而这些家伙还得寸进尺，行为不端，趁米开朗琪罗不在的时候虐待父亲。于是米开朗琪罗大发雷霆，把弟弟们当顽童一般敲打，必要时，甚至要杀了他们。（乔凡·西莫内对父亲施暴之后，米开朗琪罗写信给父亲："读了您最近的信，我知道了事情的全部以及乔凡·西莫内的行径。十年来，我还不曾得到这样坏的消息……如果我可以，收到信的当天我就会骑马回来，把一切都整治好。既然不能这样做，我就写信给他，如果他还不改变脾气，哪怕他拿走的只是家里的一根牙签，或者做了任何使您不高兴的事情，请您务必告诉我，我将会向教皇请假，立刻回家。"）【名师点睛：一方面

是工作的艰辛，一方面是家事的苦恼，读者可以感觉到米开朗琪罗在这个时间段的精神压力很大。】

乔凡·西莫内：

常言道，对善者行善使其更善，对恶人行善会使其更恶。多少年来，我总在对你好言相劝，希望你改恶从善，与父亲与我们好好相处，可你却越来越不像话了……我可以对你苦口婆心，但都是白费口舌。简单告诉你吧！你必须清楚，在这个世界上，你本来是一无所有的，是我看在上帝的分上来补贴你的生活，因为我像对其他兄弟一样也拿你当兄弟看。可是现在，我肯定你不是我的兄弟，因为，如果你是，就不会威胁我的父亲。你还不如是一头畜生，我将像对畜生般对待你。要知道，一个人眼见父亲受到威胁和虐待时，应当不惜为他冒生命危险……够了！……我告诉你，世上没有任何东西属于你，只要我再听说哪怕一点点小事，我会教你看着我如何毁掉你的财产，我要把不是你挣来的房屋、产业一把火烧掉。你并不是你自认为的那个人。如果我来到你跟前，我会给你看一些能使你热泪滚滚的东西，让你明白你凭什么敢这样飞扬跋扈……如果你愿改过自新，尊重和敬爱你的父亲，我仍会如帮助别的兄弟一样帮助你，不久后，还可为你盘下一家好店铺。但你若不这样做，我会回来好好收拾你，让你明白自己是个什么东西，让你确切地知道自己在世上究竟拥有什么……不多说了！没说到的地方，我会用行动来补足。

米开朗琪罗于罗马

又及：十二年来，我在意大利各地过着凄惨的生活，我忍受着种种羞辱，经受着种种磨难，因劳累而毁坏了健康，无数次拿生命去冒险，为的只是帮助我的家庭。现在我刚刚使家业略有起色，你就想把我多年来千辛万苦建立起来的事业毁于一旦！……哼！这不算什么！如有必要，我可以把你这样的人碎尸万段。因此，你得放明白点，不要把具有与你完全不同的激情的人，逼到无路可走！【名师点睛：为了父亲，米开朗琪

罗对一向有求必应的兄弟言辞激烈,恩威并施,表现了他对兄弟令人不耻行径的愤怒和指责,突出了他的孝心。】

随后,轮到吉斯蒙多:

我在这里过着极度劳累和烦闷的生活。没有一个朋友,我也不想有……极少有时间让我舒舒服服用餐。别再给我讲烦心事了,我没办法再多承受一丁点烦忧了。(1509年10月17日)

最后是博纳罗托,斯特罗商店的职员,他的第三个兄弟,无止境地、肆无忌惮地挥霍从米开朗琪罗那里要来的钱,还常常自诩花的比收的多。米开朗琪罗写信对他说:

我很想知道,你这个什么也不会干的人,你的钱是从哪儿来的?我很想知道,你从新圣马利亚银行支取我的二百二十八杜加金币,以及我寄回家的另外好几百金币时,是否意识到了我为养育你们操了多少心,受了多少苦?我很想知道你是否意识到了这一切!如果你有足够的聪明承认事实,就不会说"我花掉了自己那么多钱",也不会跑到这儿来和我纠缠,拿你那些事来烦扰我,而把我过去为你们做的一切忘得干干净净。你本可以说:"米开朗琪罗知道他对我们说过什么,如果他现在还没做,肯定是被什么我们不知道的事情耽搁了。耐心等等吧!"当一匹马正在尽全力奔跑时,还用马刺去激它是不好的,不能要求它跑得比它所能达到的速度还要快。可是你们过去不了解我,现在也不了解我。愿上帝宽宥你们!是他赐我恩宠,使我得以帮助你们。但只有到我不在人世时,你们才能认识到这一点。

就是在这样一个家人薄情寡义、备受同行嫉妒的环境,一边是见识短缺、一心盘剥他的家庭,一边是伺机而动、全心期待他失败的强劲的敌手,米开朗琪罗只能在其间苦苦挣扎。

在这段时期,他完成了西斯廷的英雄作品。可是他付出了何等绝望的努力!【名师点睛:在如此双重的强劲压力和残酷的现实环境下,米开朗琪罗却突破重重艰难,完成了英雄般的巨作,突出了天才的不平凡。】

他几乎要放弃一切再次逃跑。他觉得自己快要死了。

也许这正是他的愿望。

教皇因他的进度缓慢和固执地不让他看作品而发怒，这两个人性格同样高傲，像两团挟带着暴风雨的乌云，不时会发生碰撞。【写作借鉴：这里运用比喻的修辞手法，形象地写出米开朗琪罗和教皇同样的骄傲和冲动的性格特征，让读者自然想象两人发生冲突时犹如暴风雨降临的情景。】"一天，"龚迪维述说，"尤利乌斯二世问他何时能画完，米开朗琪罗按他的习惯回答：'当我能够的时候。'教皇怒不可遏，用手中的权杖打他，连连重复：'当我能够的时候！当我能够的时候！'米开朗琪罗跑回家，打点行装准备离开罗马。尤利乌斯二世赶紧派人去见他，带给他五百杜加金币，尽其所能地抚慰他，并代表教皇道歉。米开朗琪罗接受了道歉。"

但是第二天，冲突再次重演。

一天，教皇终于怒气冲冲地对他说："你是想要我命人把你从脚手架上扔下来吗？"

米开朗琪罗只好让步，他让人撤去脚手架，展露出他的作品，这天恰是1512年的诸圣瞻礼节。

盛大而阴郁的节日，接待着亡灵节忧伤的幽灵，与这件骇人的作品的落成礼正好相配。

作品充满掌握生杀予夺之权的神灵，神明如急风暴雨般横扫一切，吞没了所有生的力量。

知识考点

1.判断题。米开朗琪罗对权势的一再妥协和退让，是造成他悲剧人生的重要原因之一。　　　　　　　　　　　　　　（　　）

2.判断题。尤利乌斯二世的铜像是因为贝纳尔对米开朗琪罗的嫉妒而被毁坏的。　　　　　　　　　　　　　　　（　　）

3.从米开朗琪罗与达·芬奇的冲突里表现了他什么性格特点?

4.他的雕塑作品《耶稣之死》是在什么社会背景下创作的?

5."夜间,当地民众向石像投掷石块,想把它击碎,有关方面不得不严加防范。塑像慢慢移动,吊得笔直,以免摆动时碰到泥土。"民众的这些举动反映了什么?

阅读与思考

1.本章反映出米开朗琪罗的哪些性格特征?请举例说明。
2.米开朗琪罗在创作《创世纪》时,遇到了哪些困难?
3.米开朗琪罗为什么痛恨自己的弟弟们?

二　力的崩溃

> **M 名师导读**
>
> 　　一腔热血的米开朗琪罗对所有创作都投入了十分的热情，但上帝似乎并不因此而垂青于他，相反让他经历了很多磨难。《创世纪》完成之后不久，尤利乌斯二世去世了，米开朗琪罗开始专注于尤利乌斯二世的陵墓修建。随后三年中，他创作出了诸多著名的雕塑作品。然而，新教皇的上任又开启了米开朗琪罗新的痛苦之旅……

　　从这桩赫刺克勒斯式的作品中解脱出来时，米开朗琪罗既满载荣誉，又精疲力竭。

　　经年累月仰面朝天地画西斯廷教堂的天顶画，"他的视力已经坏到极点，以致很久以后，他读一封信或看一件东西时，必须把它们放在头顶才能勉强看清楚"。他拿自己的病态自嘲：

这宗苦刑把我变成了臃肿的怪物，

好似那些让水泡涨的伦巴第猫，

……我的肚子几乎抵住下巴，胸部像鹰隼般肥厚，

我的胡子朝天，头倚着后背；

画笔上滴下的颜料，

给我的脸涂上了五颜六色的彩绘。

我的腰部缩进身体，全靠臀部维持平衡。

我偶尔也走路，却看不见自己的脚背。

我的皮肤在前身拉长而在后背缩短，

活像拉开的叙利亚弯弓。

我的智力也和身体一样古怪：

因为已折弯的芦苇很难耍弄……【名师点睛：这段文字，从字里行间可以看出他的身体健康在创作中损伤严重，米开朗琪罗运用比喻以幽默的自嘲的语气写出来，读者可以感觉他的痛苦，也能感觉他深深的无奈。】

可千万不要被这种幽默语气所蒙蔽，米开朗琪罗很是苦恼于自己因为工作艰辛而变得这般丑陋。像他这样的艺术家，比任何人都在乎外形美，他将丑陋视为一种耻辱。

在他的某些恋歌中，可以找到其自卑心理的痕迹。（在其诗集里可以看到诸如"……既然上帝让人在死后把肉体交付灵魂，让它们去享受安宁或者永远受难，我祈求他把我的留在你身边，尽管它在天上和在人间一样丑陋，因为一颗爱心足以配上一张漂亮的脸""上天似乎因我在你美丽的眼中如此丑陋而震怒"。）他终生为爱情备受折磨，似乎从未得到回报，因而他的痛苦格外深。于是他变得内向，只在诗歌中倾诉他的柔情和悲苦。

他从童年时代就开始写诗，写诗成为他欲罢不能的需要。他的素描、信件、散页上，涂满了他反复修改加工的思想。【写作借鉴：这里插叙了米开朗琪罗童年时代就喜欢写诗，可见天才从小就有文学方面的兴趣和天赋。】

遗憾的是，1518年，青年时代诗稿大部分都被他焚毁了，还有一些在他死前也被销毁了。不过，留存下来的少量诗歌，已足以让我看出他当年对诗歌的激情。

最早的诗似乎是1504年前后在佛罗伦萨写的：

爱啊！只要成功地抵挡住你的狂热，

我的生活便多么幸福！

唉！而今我涕泪沾襟，

皆因感受到了你的力……

1504和1511年间写的两首情诗，很可能是给同一位女子的，词句令人揪心：

是谁硬把我带到你面前，
唉，唉，唉，
使我紧紧套上锁链？
而我还是自由的！

我怎会不附属于我自己？
啊，上帝！啊，上帝！啊，上帝！
是谁把我和我自己分离？
……是谁占据我胜于我自己？
啊，上帝！啊，上帝！啊，上帝！……【名师点睛：从米开朗琪罗的诗中能感受到他对爱情充满激情和向往。】

1507年12月从波伦亚发出的一封信的背面，写有一首充满青春气息的十四行诗，诗中故作风雅的肉欲表白，令人想起波提切利笔下的幻象：

鲜艳的花冠戴在她的金发上，它是多么幸运！
谁能第一个亲吻她，如同鲜花紧贴她的天庭！
下摆撒开的长袍终日紧裹她的胸脯，它真幸福！
金丝般的长发永不厌倦地轻抚她的脖颈和脸颊。
金丝织成的饰带更加走运，它温柔地轻压她的胸部，
似乎在说："我愿永远搂紧她……"
啊！……那么我的手臂又当如何！

在一首含自省意味的带隐私性质的长诗中——在此很难精确地引述，米开朗琪罗以格外露骨的词句描述了他的爱情苦恼：

我一日不见到你，便处处不得安宁。

若是见到你,我便仿佛久旱逢甘霖……

每当你向我微笑,或在街上向我致意,

我便如火药般燃起……

每当你和我说话,

我总是红着脸,一句话说不出,

我强烈的欲念顷刻间无影无踪……

接着是痛苦的呻吟:

……啊!无休止的痛苦,

撕裂着我的心,

想到我如此爱恋的人儿根本不爱我,

我怎能在人世苟活?……

在梅迪契圣堂的圣母像画稿的白边上,还写有这样几行:

当阳光普照大地,

唯我独在黑暗中受煎熬。

人皆欢乐,我却躺倒在地,

在痛苦中呻吟、哭泣。

在米开朗琪罗强有力的雕刻和绘画中,你却找不到爱,人们只能在他作品中看到他最具英雄气概的思想。他似乎觉得在作品中流露软弱情绪很可耻,他只在诗中倾诉,我们只能到诗中去寻找他粗犷外表下温柔而胆怯的内心秘密。【名师点睛:米开朗琪罗的外在和内心是矛盾的,他给人展现的英雄式作品都是强有力的,而内心里却是懦弱、温柔,有些许自卑,渴望爱与被爱的,越是情感缺失越是渴望爱。】

我爱,为何我来到人世?

西斯廷工程圆满成功,尤利乌斯二世也死了。米开朗琪罗返回佛罗伦萨,回到他一心牵挂的计划上——建造尤利乌斯二世的陵墓。

他签订了七年之内完工的合同。三年间,他几乎全力以赴从事这项工作。

在这段相对平静——伤感而宁静的成熟时期，西斯廷时期沸腾的热情平复了下来，犹如波涛汹涌的大海重归平静，米开朗琪罗制作出了他最完美的作品，其热情与意志达到最佳均衡状态的作品：《摩西》和现藏卢浮宫的《奴隶》。

然而这只是短暂的平静，生命的狂澜几乎立即卷土重来，他再度陷入黑暗。【写作借鉴：承上启下的过渡段，米开朗琪罗在短暂的平静期里创作了他最完美的作品，可是好景不长，他再次陷入"黑暗"，是什么样的黑暗？又是什么原因导致的黑暗呢？吸引读者关注艺术家接下来的生活和工作状态。】

新任教皇利奥十世力图把米开朗琪罗从颂扬其前任的事业中拉出来，转而为自己那个家族树碑立传。这对他来说只不过是自尊心问题，并不意味他对米开朗琪罗有特别的好感。以他那种伊壁鸠鲁般的气质，绝不可能理解米开朗琪罗这种忧郁的天才，（并不是他对米开朗琪罗完全没有关爱的意思，但米开朗琪罗让他感到害怕，和他在一起他觉得很压抑，皮翁博给米开朗琪罗的信里如是说："教皇谈到你时就像谈到他的兄弟一样，几乎眼含热泪。他和我说，你和他一起长大，他却觉得自己并不了解你和爱你，所有人对你感到害怕，教皇也是。"）他的全部恩宠都给予了拉斐尔。

然而完成西斯廷大教堂的人是意大利的光荣，利奥十世想要这个人成为他的奴仆。

他要米开朗琪罗建造圣洛伦佐教堂——即梅迪契教堂的正门。米开朗琪罗见拉斐尔趁他不在时成为罗马的艺术权威，想要和拉斐尔一比高低，便不由自主地让人给套上了新任务的枷锁。

事实上，要完成新任务而又不放弃原来的工作是不可能的，这又造成了他无穷无尽的烦恼。

他竭力让自己相信他可以同时进行尤利乌斯二世的陵墓和圣洛伦佐教堂这两项工作。他打算把大部分工作交给助手，自己只做那些主要的雕像。

然而按他的老习惯，他越来越为他的计划着迷，不久他就不能容忍和旁人分享荣誉，何况他还担心教皇收回成命，于是他央求利奥十世把这条新锁链给他锁上。（米开朗琪罗在1517年给多梅尼科·博宁塞尼的信中说："这个教堂的正门，我要做成可供整个意大利的建筑和雕塑作为借鉴的一面镜子，究竟要不要我做，教皇和大主教必须速速做出决定。如果需要我做，就必须和我签合约……多梅尼科阁下，请尽快将他们的意向明确告知我。"）当然，他不可能继续尤利乌斯二世的纪念性建筑了。最可悲的是，他也没能更多地完成圣洛伦佐教堂的建设。他赶走了所有的合作者还不算，以他事必躬亲的可怕怪癖，他不待在佛罗伦萨制作他的作品，却跑到卡拉雷去监督采石工作。

在那儿他遇上了各种各样的麻烦。梅迪契家族想用佛罗伦萨最近购得的皮耶特拉桑塔采石场的石材，而不乐意用卡拉雷的。

因为米开朗琪罗主张用卡拉雷石材，被教皇指责被卡拉雷人收买；为了服从教皇的命令，他又受到卡拉雷人的刁难，他们和航运人员串通一气，从热那亚到比萨，他找不到一条船肯为他运石料。他不得不在崇山峻岭之间和遍地沼泽的平原之上修筑一条道路做运输线。当地人不肯拿出钱来帮助筑路，工人也不懂怎样干活。

采石场是新的，工人也都是新手。米开朗琪罗不禁诉起苦来：

我想要开山筑路，好把艺术运到此地，这真好比是做一件让死人复活的事情。

然而他一直坚持着：

我所承诺的，必不惜一切代价去做；我将做出意大利从未有过的最美的作品，愿上帝助我！

多少努力、激情和才华，就这样白白耗费掉了！而由于操心和劳累过度，1518年9月末，米开朗琪罗病倒在赛拉韦扎。【名师点睛：呼应前面的过渡段，已经可以看出，米开朗琪罗又开始陷入黑暗，工程刚刚

开始就困难重重。他软弱胆小，容易动摇，又争强好胜，急于想要展现天才的性格也注定了他命运的坎坷。】

他知道他的健康和梦想在这操劳的生活中已日趋衰竭。他因渴望有朝一日重新工作而焦虑，为迟迟不能如愿而悲哀。他一直为他那些未能履行的契约受折磨。

"我烦得要死，因为我那该死的命运总是不让我做我想做的事情……我痛苦得要死，我的行为像个骗子，尽管这不是我的错……"

回到佛罗伦萨，他心急如焚地等待石材运抵码头。谁知阿尔诺河干涸，满载石材的船只无法溯河而上。

终于，石材运到了。这次，他可以开工了吗？不，他又回到了采石场。和上次为尤利乌斯二世修建陵墓一样，在石材堆积如山之前，他固执地不肯动工。【名师点睛：自问自答，意味深长，强调了米开朗琪罗开工碰到重重障碍，迟迟无法进行，也为后面作品的结局做了铺垫。】

他把开工日期一拖再拖，或许是因为害怕，当初夸下海口是不是太不谨慎？急于签下这项宏伟建筑的修建合同是否过于鲁莽？这本不是他的专长，他去哪儿学习呢？现在他进退两难，却也没有退路。

历尽千难万苦，仍然未能保障石材的安全运送。运往佛罗伦萨的六根整体立柱中，有四根在路上断裂，有一根在佛罗伦萨当地折断。他受到他那些工人的欺骗。那么多宝贵的时间白白浪费在采石场和泥泞的道路上，教皇和梅迪契大主教终于不耐烦了。

1520年3月10日，教皇一道敕令，取消了1518年与米开朗琪罗签订的建造圣洛伦佐教堂正门的合同。直到派去接替他的工人队伍到达皮耶特拉桑塔，米开朗琪罗才得知这一消息，他深深地受到了伤害。【名师点睛：在米开朗琪罗自己看来，修建圣洛伦佐教堂正门是他好不容易争取来的机会，也耗费了他长达三年的心血，过程也非常艰辛，而教皇一道敕令，将他三年的辛劳一笔勾销了，可以想象他所受到的打击该有多大。可是这一切该怪谁呢？】

"我不跟大主教计较我在此花掉的三年光阴。"他说,"我不跟他计较我为这圣洛伦佐教堂的作品破了产。我也不跟他计较对我的侮辱:一会儿委任我做这件事,一会儿又不让我做。我只是不明白,这究竟是为什么!我不跟他计较我所损失的一切、所耗费的一切……现在,此事可归结为:教皇利奥把采石场和那些切割好的石块收回,我手中是他给我的五百杜加金币,还有人家还给我的自由!"

可是米开朗琪罗应该指责的不是他的保护人,而是他自己。他心里很明白,这正是他最大痛苦之所在。【名师点睛:正如米开朗琪罗自己感觉到的那样,他痛苦的根源很大程度来源于他自己,他软弱、意志力不坚定,又过分好强,以至于被教皇套上了枷锁还不自知,最后浪费了大把时间却无法胜任工作,被无情的教皇抛弃。】

他和自己搏斗,从1515年到1520年,正当他精力充沛、才华横溢的时期,他干了些什么?——平淡无奇的《弥涅瓦的基督》,一件毫无米开朗琪罗特色的米开朗琪罗的作品!而且还没有完成。(这件作品最后的工作,米开朗琪罗交给了他那笨拙的学生乌尔巴诺,结果他把作品搞毁了,罗马雕塑家弗里兹把他教训了一通。然而,米开朗琪罗依然坚持在超负荷的工作之外去寻觅新的任务,这所有的挫折也无法阻止他。)

从1515年到1520年,伟大的文艺复兴运动最后几年中,在大动乱尚未葬送意大利的春天之前,拉斐尔创作了《画室》《火室》《法内西娜》等各种各样的杰作,建造了圣母宫,主持了圣彼得大教堂的修建,领导着文物的发掘、节日的庆典、纪念性建筑的建立,掌管着艺术,创立了一个从者无数的画派,然后在他的辉煌业绩中去世。

幻灭的苦涩,枉费时日的绝望,希望破灭,意志被摧毁,在后来那些阴郁的作品中反映了出来:梅迪契的陵墓、尤利乌斯二世纪念碑上的新雕像(指其作品《胜利者》)。【名师点睛:米开朗琪罗终其一生都在忙碌艰辛中创作或为创作做准备,却并没有如他所愿的创作出多少优秀的作品,于是苦恼、绝望,甚至意志崩溃。而拉斐尔却留下了不少杰作,创造了辉

煌的业绩，最后在荣耀中死去，两者对比更突出了米开朗琪罗一生的悲哀。】

自由的米开朗琪罗，终其一生，总是从这副桎梏转到另一副桎梏，不断更换着主人。【名师点睛：米开朗琪罗的性格似乎注定了他的痛苦会源源不断，这里为下文他将遭受新的苦难埋下伏笔。】红衣主教尤利乌斯·德·梅迪契，不久后成为教皇克雷芒七世，从1520年至1534年一直主宰着他的命运。

人们对待克雷芒七世颇多非议，但他也和所有教皇一样，想把艺术和艺术家用作显耀其家族的工具。不过米开朗琪罗对他没有太多怨言，任何一个教皇都不像这位教皇那么喜爱他。没有一个教皇曾对他的作品怀有如此持久的兴趣和热情。没有人比他更了解米开朗琪罗意志的薄弱，知道必须时时给他鼓励，阻止他浪费精力。

甚至在佛罗伦萨叛乱和米开朗琪罗造反以后，克雷芒对他的态度也没有改变。（皮博翁在写给米开朗琪罗的信中说道："他热爱你所有的作品，他对你的喜爱无人能及，每次谈及你他都那么亲切和慈爱，胜过一个父亲说到儿子时所到达的程度……""只要你愿意来罗马，大公或者王侯……你想要什么就能有什么。你可以在这位教皇的庇护下拥有自己的名分，你可以成为主人，可以自由自在……"）然而平息他内心的焦虑却不取决于教皇，狂热、悲观、致命的忧郁，啮噬着这颗伟大的心。一个主人的仁慈有什么用？他毕竟是主人啊！……

"我为教皇服役，"米开朗琪罗后来说，"完全是不得已。"

少许的荣誉和一两件美丽的作品算得了什么？这和他的梦想相距太远了！老境将至，他周围的一切都黯淡下来。文艺复兴正在消亡，罗马即将遭受蛮族的蹂躏。一个哀神的可怕阴影渐渐压住意大利的思想。

米开朗琪罗感觉到悲剧时刻的来临，他忍受着令人窒息的哀伤。【名师点睛：这里对米开朗琪罗自感梦想渐远的悲哀和文艺复兴的即将终结做了简单描述，让我们深深体会到他自我感觉老境将至的无奈绝望和自己的天才并没有得到充分展现的痛苦。同时也为后面意大利政治大动乱埋下伏笔。】

把米开朗琪罗从令他焦头烂额的困境中拔出以后,克雷芒七世决心把他的天才引上一条新路,还要就近监督他。他让米开朗琪罗承建梅迪契教堂和陵园的建筑,要他全身心为他服务。

他甚至建议他参加教派,好送他一笔教会的俸禄。米开朗琪罗拒绝了;但克雷芒七世仍然按月给他薪俸,三倍于他要求的数额,还送给他一座邻近圣洛伦佐教堂的房子。

看似一切都很顺利,教堂的建筑也在积极推进,但是,1524年3月,米开朗琪罗突然莫名其妙地放弃了教皇给他的别墅,也不接受克雷芒七世给他的薪俸。又一次灰心丧气的危机向他袭来。尤利乌斯二世的继承人宣称要控告他,因为他放弃了承诺过的对尤利乌斯二世陵墓的建造。【名师点睛:米开朗琪罗之前在冲动中放弃了陵墓的建造,导致现在不能安心享受新教皇给他的宠爱,还备受良心的谴责,让自己再次陷入痛苦,真有点性格决定命运的意味。】

一想到打官司,米开朗琪罗害怕了;他的良心承认对手们占着理,责备自己没有遵守诺言,他觉得在没有清偿尤利乌斯二世这笔欠账之前,绝不能接受克雷芒七世的金钱。

我干不下去,也活不下去了。

他写道,他恳求教皇在尤利乌斯二世的继承人面前为他居间调停,并帮助他偿还他欠他们的一切:

我要卖掉一切,我会竭尽所能去补偿他们。

或者,允许他全力以赴去从事尤利乌斯二世的纪念性建筑:

我企盼从这桩义务中解脱出来,比求生的愿望更强烈。【名师点睛:米开朗琪罗是个信守承诺的人,答应的事一定要想办法完成,如果没有兑现承诺,会觉得良心不安,愿意不惜一切代价去弥补。】

想到克雷芒七世一旦驾崩,他将受到敌人们的追诉,竟像孩子般绝望地哭了起来:

如果教皇扔下我,我也不会再活下去……我不知道我在写些什么,我的脑子全乱了……

克雷芒七世倒没把艺术家的绝望看得多么严重，只是坚持不让他中断梅迪契教堂的工作。

他的朋友们一点都不理解他那些顾虑，都劝他别拒绝薪俸，以免出洋相。有的人对他这种欠考量的行为很不以为然，希望他今后千万别再这么任性。有的人写信对他说：

听说你拒绝你的薪俸，放弃了你的住房，还中止了你的工作，在我看来，这纯粹是疯狂行为。我的朋友，我的伙伴，你这是在和自己作对……别再管尤利乌斯二世的陵墓，收下你的俸银吧，他们给你薪俸完全是好心。

米开朗琪罗十分固执，【名师点睛：对教皇的坚持、朋友的劝告和关心，他一概视而不见，一心想着弥补欠下的债，这里表现出了米开朗琪罗很情绪化、容易意气用事、不理智的性格。】教皇的司库戏耍他，当真按他的请求撤销了他的薪俸。可怜的人，陷入了绝境，几个月后他不得不重新申请他曾拒绝的钱。起初他很胆怯，羞答答地说：

亲爱的乔凡尼，既然羽笔总是比舌头更大胆，我就把近来屡次想对您说，却又没勇气亲口说出的话写信告诉您：我还能得到月俸吗？……即使我确信不再有薪俸，我也不会改变自己的安排，我将一如既往尽力为教皇工作，但我将相应地调整我的业务。

接着，因生活所迫，他再次写信：

经过仔细考虑，鉴于教皇如此关注圣洛伦佐教堂这件作品，且主动给我一笔月俸，想让我更有条件加快工程进度，那么我若不接受月俸便无异于延宕工期了，所以我改变了主意。迄今不曾申请薪俸的我，现在，出于一言难尽的理由，我要提出申请了……您能否从答应我的那一天算起，把这笔钱给我……请告诉我何时能拿到这笔钱。

司库想给他点教训，便装聋作哑。两个月以后，他还是什么也没拿到。他不得不再三提出申请。【名师点睛：米开朗琪罗先是意气用事，一心还债，拒绝教皇的住房和俸禄，随后又后悔，迫于生计，几次三番申

请俸禄，自己当初的不理性导致了今天为钱所困。】

他在烦恼中工作，他抱怨这些烦心事把他的想象力都扼杀了：

……烦恼对我有很大影响……一个人不可能手上做一件事，脑子里想着另一件事，尤其是雕刻。听说这是为了给我点刺激，可我觉得这是一种不好的刺激，它使人退而却步。我已经一年多没拿到月俸，我在贫困中挣扎，我独自一人应对这些困难，何况麻烦事那么多，令我无暇顾及艺术，我找不到一个给我帮忙的人。

后来，教皇知道了这件事，了解了米开朗琪罗的窘迫，托人向他转达深切的同情和歉意，并保证在有生之年一定会好好待他。但教皇的恩宠不能阻拦梅迪契族人对他的刁难和烦扰。他们不断给他增加新的工作任务。他为一件古怪的作品又耗费了若干时间，那是一座荒谬的巨像，头顶一座钟楼，手臂是根烟囱。

此外，他那些工人、泥瓦匠、车夫，受到宣传八小时工作制的诱惑，也不断和他闹纠纷。与此同时，他家里的麻烦事有增无减。他父亲岁数越大，脾气越坏，也越不讲理。

一天，他竟从佛罗伦萨家中出逃，说是他儿子将他逐出家门。米开朗琪罗给他写了这封动人的信：

我至爱的父亲，昨天回家没看见您，我很奇怪。今天我听说您抱怨我把您赶出了家门，我就更加惊异了。自我出生到现在，我自问不曾做过任何——无论大小——使您不快的事；我所受的一切磨难，都是为爱您而受的……我一直为您着想……几天以前，我还对您说过，只要我活着，就会以我全部精力为您做奉献，在此我不妨再对您说一次。您这么快就忘了这一切，真让我惊骇。三十年来，您已经考验了我，您和您的儿子们，都知道我一直待您很好，无论思想上还是行动上，我都已尽我所能。您怎么能到处说，是我把您赶走的呢？您难道看不出这会给我带来什么样的名声吗？现在，我的烦心事够多的了，实在不能再增添任何烦心的事，而所有这些烦心事，都是因爱您才揽上的！您真是给了我一个好回报！……唉，爱怎么着就怎么着吧！我愿意使自己相信我不断地给您带来羞辱和损害，我请求您原谅这一切，好似我真的做过这种事一样。宽恕我吧！如同对待一个生活一贯放荡、对您做尽世上所有坏事的儿子那样。我再次请求您，原谅我这个可怜人，别给我造成逐您出门的名声，名誉对我的重要性是您所意想不到的。无论如何，我总还是您的儿子吧！【名师点睛：这里的语言描写，突出了米开朗琪罗对父亲的无情感到无奈，但又不得不恳切地请求父亲考虑他的名声，不再说些破坏他名誉的话。艺术家工作不顺，家庭也诸多烦恼，令人唏嘘。】

这样的爱心，这样的恭顺，只能暂时安抚老人乖戾的个性。过了些时日，他又说儿子偷了他的钱，米开朗琪罗忍无可忍，写信对他说：

我不知道您究竟想要我怎么样。如果我活着成了您的负担，您已经找到了摆脱我的好办法，您不久就可以拿到您认为由我掌管的金银财宝的钥匙。您做得对，因为佛罗伦萨人人知道您是一位巨富，我一直在偷您的钱，我应该受到惩罚，为此您会受到高度赞扬！……您愿说我什么，嚷嚷什么，尽管去说，去嚷吧，就是别再给我写信，因为您让我没法工作。您逼得我想起二十五年来您从我这儿得到的一切。我不愿说起这个，但终于被逼得不能不说！……请注意……人只能死一次，他不可能死后再回来补赎他的不公正行为。您是要等到临终时才肯改正错误了，愿上帝助您！

这，就是他从家庭得到的"支持帮助"。【写作借鉴：这里用反讽的手法，强调米开朗琪罗一生命运坎坷，他的家族从来没有给予过任何帮助，反倒不断给他添麻烦，严重影响他的创作。】

"忍耐！"他给一个朋友的信中这样叹息着说，"但求上帝别让使他不快的事搅得我不痛快！"

在这些痛苦忧烦中，工作难有进展。到1527年意大利发生政治大动荡时，梅迪契教堂的雕像一座也没有完工。这样，1520年至1527年这个新阶段，只是在他前一时期的幻灭和疲惫上增添了新的幻灭和疲惫。

十年来,没有一件成品、没有一个完成了的草图给米开朗琪罗带来欢乐。

Z 知识考点

1.判断题。《弥涅瓦的基督》这件作品最后的工作,米开朗琪罗交给了他那笨拙的学生乌尔巴诺,结果他把作品搞毁了。（　　）

2.选择题。下列哪件作品的作者为米开朗琪罗?　　　（　　）

　A.《画室》　　　　B.《奴隶》　　　C.《安吉亚里战役》

3. 在一段相对平静的时段,米开朗琪罗制作出了他最完美的作品,他的热情与意志达到最佳均衡状态的作品:《摩西》和现藏罗浮宫的《奴隶》。这个时段指的是哪个时段?

4.他为爱情而写的那些诗,体现了他什么样的性格特征?

5."然而这只是短暂的平静,生命的狂澜几乎立即卷土重来,他再度陷入黑暗。"文中这句独立成段的句子,在文章结构上有什么作用?

Y 阅读与思考

1.米开朗琪罗承受着哪些来自外界的压力?

2.圣洛伦佐教堂的计划为什么被取消?计划的取消给米开朗琪罗带来什么样的影响?

3.后来,是一些什么原因导致他的工作没有进展?

三　绝望

> **M 名师导读**
>
> 　　痛苦充斥着米开朗琪罗的一生，此时，他更是步入了人生的低谷。他本希望能静下心来好好创作，可随后又在危险时刻逃离了佛罗伦萨，其实这一切，皆源于他不同于别人的性格特征。

　　哦，哦，我背叛了他……

　　对自己和对一切事物的厌恶，使他卷入了1527年佛罗伦萨爆发的革命。【名师点睛：意大利政治革命一爆发，米开朗琪罗就卷入了革命的洪流，可见米开朗琪罗对自己现状的厌恶，自然引出下文。】

　　迄今为止，米开朗琪罗在政治思想方面，同样是犹疑不定的，他在生活和艺术上一直处于这种痛苦的精神状态。他个人的感情和他对梅迪契家族承担的责任从来不曾协调一致。这位强劲的天才在行动上总是畏缩不前，他不敢对抗人世间政治和宗教的权势。

　　他的书信总是流露出对自己、对家庭的担忧，唯恐一时冲动，说出反对某个专制行为[指梅迪契的同盟者——罗马帝国士兵洗劫普拉图一事]的大胆言辞而惹祸上身。他时时刻刻写信给家人，嘱咐他们多加小心，别多嘴多舌，一有风吹草动就赶快逃：

　　要像瘟疫传播的时候那样，尽快逃跑……生命重于财产……安分守己，切勿树敌，除了上帝，别信任任何人，不要议论任何人的是非，因为谁也无法预料事情的结局……最好独善其身，不要介入任何事端。

【名师点睛：可以看出米开朗琪罗很在乎家人，生怕家人惹祸上身，也表现出他比较胆小怕事，不敢与权势对抗，遇到危险首先想到的是逃跑这一特点。】

他的兄弟和朋友们都笑话他的惊恐不安，拿他当疯子看待。

"你别嘲笑我，"米开朗琪罗伤心地回答，"不应该嘲笑任何人。"

这个伟人无休止的提心吊胆的确没什么可笑之处，倒是他那可怜的神经很值得同情，它使他成为恐怖玩弄的对象，尽管他一直与之搏斗，却从未战胜过。遇到危险时，他的第一个举动就是逃跑，这丢脸的冲动过去以后，他会更着意强制他病态的身心去面对危险。【名师点睛：这句对米开朗琪罗的心理分析，为后文他无所畏惧地参加革命，加入起义队伍的举动埋下伏笔。】

何况他比别人更有理由恐惧，因为他比别人聪明，他的悲观主义也只会让他对意大利的厄运看得更清楚。【名师点睛：这里解释了他为什么总是胆小怯懦，总是态度悲观，这样看来，似乎他在凡人眼里所表现出来的过度的恐惧也是可以理解的。】但是，以他怯懦的天性，要卷入佛罗伦萨这场革命，真得有一种绝望的激愤，才会揭开他灵魂的底蕴。

这颗灵魂，那么战战兢兢地深藏不露，却满怀热烈的共和思想。有时候，在知己朋友面前，或情绪格外激动时，这种思想会在火热的言辞中流露出来。特别是后来与他的朋友路易吉·德尔·里奇奥、安东尼奥·佩特莱阿和多纳托·吉阿诺蒂的谈话，吉阿诺蒂在他的《关于但丁〈神曲〉的对话》中曾加以引述。朋友们奇怪但丁为何把布鲁图和卡西乌置于地狱最后一层，而恺撒倒在他们之上（意为受罪更重）。米开朗琪罗被问及此事，便为弑君者辩护道：

如果你们仔细读过头几章，就会发现但丁对暴君的本性非常了解，他清楚他们应该受到什么样的惩罚，他将暴君归入"残害人类"一族，将他们罚入第七层地狱，投入沸水接受煎熬……既然但丁是这样认为的，那他就肯定认为恺撒是该国暴君，而布鲁图斯和卡修斯刺杀他是完全正确的。因为杀死暴君，并不是杀死一个人，而是杀死一个长着人面的野兽。

所有的暴君都丧失了人所共有的人类之爱，他们已失去人的本性，而只有兽性。他们显然对同类没有任何爱心，否则不会强取豪夺他人之所有，也不致成为践踏他人的暴君……显然，杀死暴君并未犯杀人罪，既然他没有杀人，而只是杀了一头野兽，因此，杀死恺撒的布鲁图和卡西乌并没有犯罪。首先，他们杀掉的是每个罗马公民依照律法坚持要杀的人；其次，他们杀掉的不是人，而是一只人面野兽。（米开朗琪罗还小心地将暴君和世袭君王以及合法的王公加以区分："这里我不是指那些拥有百年权威或民意所属的大公，他们用与人民协调一致的精神统治着城市……"）

【名师点睛：通过米开朗琪罗对但丁作品中暴君与刺客的罪行的评价，读者可以看出他的共和思想。】

因此，随着罗马被查理五世大军攻陷（1527年5月6日）、梅迪契王族被逐（1527年5月17日）的消息传到佛罗伦萨，唤醒了佛罗伦萨人的民族意识及共和观念，他们揭竿而起，米开朗琪罗冲到了起义队伍的前列。

同样是这个人，平日嘱咐家人远离政治犹如逃避瘟疫，此刻竟兴奋狂热到天不怕地不怕的境界。【名师点睛：米开朗琪罗对敏感的政治一向胆小怕事，嘱咐家人也要远离政治，但佛罗伦萨人的起义却一下子点燃了他的狂热激情，为什么呢？其实一方面与他刻意强制自己对抗自己胆小的病态心理有关，最重要的还是因为他本来深藏心底的火热的共和思想被唤醒，所以他迅速加入了起义大军。】他留在瘟疫与革命肆虐的佛罗伦萨，他的弟弟博纳罗托染上瘟疫，死在他的怀抱里（1528年7月2日）。

1528年10月，他参加了守城事宜的讨论，1529年1月10日，他被选为城防工作民兵组委会委员。4月6日，他被任命为佛罗伦萨城防工事的总督造，任期一年。6月，他去视察比萨的城堡和阿雷佐、里窝那的防御工事。7月和8月，他被派往费拉拉，考察那儿著名的防御工程，和当地的大公、著名的防御工程专家一起讨论问题。

在米开朗琪罗看来，佛罗伦萨防御的重中之重是圣米尼亚托高地，他决定在这里建棱堡。然而不知道为什么，他和佛罗伦萨的旗官卡波尼发生了分歧，卡波尼一心想要从佛罗伦萨把米开朗琪罗赶走。米开朗琪罗怀疑卡波尼和梅迪契余党想要撵走他，达到干扰城防工作的目的，于是他哪里都不去，就留在圣米尼亚托。

他病态的猜疑，助长了这个被围之城中的流言，【名师点睛：本来看似顺利的参与革命之路，在他的猜疑症犯了之后，一切又开始发生改变，引出描写米开朗琪罗仓皇逃亡的后文。】而这一次的流言还并非毫无根据，受到怀疑的卡波尼被撤职了，弗朗切斯科·卡尔杜切取代他担任旗官，同时任命让人不大放心的马拉特斯塔·巴利奥尼为佛罗伦萨守军的统领和总司令，此人后来果然向教皇献城投降。

米开朗琪罗提前预感到了这一点，且将他的疑虑告诉了市政厅。【名师点睛：其实米开朗琪罗大多数时候的猜疑并非毫无道理，正如前文说到的因为他比别人聪明，他的悲观主义总能让他提前预知厄运的降临。】"旗官卡尔杜切非但不感谢他，反责骂了他一顿，责备他总是这样多疑和胆怯。"马拉特斯塔听说米开朗琪罗告发了他，一个具有这等素质的人，为了除掉一个危险的对手，是什么事都干得出的。何况他是佛罗伦萨的总司令，其权势自然炙手可热。米开朗琪罗觉得自己完蛋了。他写道：

我已决定无所畏惧地等待战争结束。但9月21日，星期二早晨，有人来到圣尼古拉城门外我所在的棱堡，悄悄对我说，如果我想逃命，就得赶快离开佛罗伦萨。他随我回到家里，和我一起用餐，为我弄来马匹，直到目送我走出佛罗伦萨才离开我。

瓦尔奇对这些消息做了进一步的补充，他说米开朗琪罗"在三件裙式衬衣中缝进了一万两千弗洛林金币，而且他和里纳尔多·柯尔西尼及安东尼奥·米尼一起从防守最松的正义门逃离佛罗伦萨时，并非没遇到困难"。【名师点睛：这个细节，至少表明当时米开朗琪罗理性尚存，并没有完全疯掉，只是天性多疑加之胆小怯懦才导致了这次众人皆知的大

逃亡。】

几天以后，米开朗琪罗写道：

天知道究竟是神灵还是魔鬼在驱使我。

这是习惯性的恐怖精灵在作怪。如果人们所说的属实，他在路过卡斯泰尔诺沃时，曾在前旗官卡波尼处停留，他把自己的遭遇讲得那么惊心动魄，吓得老人几天后便一命归西。【写作借鉴：带点夸张的描述，更凸显了米开朗琪罗的胆小、敏感、当时过度恐怖乃至于神经兮兮。】

9月23日，米开朗琪罗到了费拉拉。由于精神紧张，他拒绝了当地大公的盛情邀请，不肯留在城堡，而是继续逃窜。

9月25日，他到达威尼斯。当地市政厅知道后，立即派遣两名使者去见他，愿意提供一切服务以满足他的需要。但米开朗琪罗因心怀愧疚，加之性情孤僻，拒绝了人家的美意，躲到了吉乌得卡。

他唯恐躲得不够远，想要逃往法国。就在他抵达威尼斯的那一天，就发了一封忧心忡忡且十万火急的信件，给法王弗朗索瓦一世在意大利采购艺术品的代理人——巴蒂斯塔·戴拉·帕拉：

巴蒂斯塔，我亲爱的朋友，我已离开佛罗伦萨，打算去法国。到威尼斯后，我打听了一下路径，人家告诉我，要去那儿必须经过德国国土，这对我来说既危险又困难。你还有意去趟法国吗？……望能告诉我，你希望我在哪儿等你，我们好一道去……收到我这封信后，望尽快给我一个回音，因为我急于到那边去。如果你不打算再去，也望告诉我一声，以便我做出决定，不惜一切代价，独自前往……

法国驻威尼斯大使拉扎尔·德·巴依夫，赶紧给弗朗索瓦一世和蒙莫朗西的陆军司令写信，督促他们抓住这个机会，将米开朗琪罗留在法国宫廷。法国国王当即表示，愿给米开朗琪罗提供一笔年金和一幢房子。【名师点睛：各地政府都愿意付出一定代价来将米开朗琪罗留在自己的地盘，表现了各国王公权贵对他的器重和赏识。】

但信札往返毕竟需要一段时间，当弗朗索瓦一世的回信到达时，米开朗琪罗已经回到了佛罗伦萨。

在吉乌得卡的隐居生活中，他的紧张情绪逐渐消退，他为自己的恐惧感到羞愧。他的逃亡在佛罗伦萨已传得沸沸扬扬。

9月30日，市政厅宣布：所有逃亡者如在10月7日前不返回，将以叛逆罪论处。到了指定的那一天，逃亡者果然被判为叛逆，其财产一概没收。

然而米开朗琪罗的名字没有列入名单，市政厅给了他一个最后期限，佛罗伦萨驻费拉拉大使加莱奥托·吉乌尼通知佛罗伦萨共和邦，说米开朗琪罗得悉命令太晚了，如能对他网开一面，他准备回来。市政厅答应原谅他，还让石匠巴斯蒂阿诺·迪·弗朗切斯科把一张安全通行证带到威尼斯交给他。巴斯蒂阿诺还转交给他十封朋友们的信，都是求他回去的。在这些人当中，仁厚的巴蒂斯塔·戴拉·帕拉对他的召唤尤其充满爱国热忱：【名师点睛：这里特别提到朋友巴蒂斯塔·戴拉·帕拉写给他的言辞恳切的信，表现了这位朋友对米开朗琪罗的忠诚和喜爱，更反衬出后面这位朋友被杀害之后米开朗琪罗所做的自觉羞愧不已的事。】

你所有的朋友，不管政见如何，都毫不犹豫地一致劝你回来，为了保住你的性命，你的故土，你的朋友、财产和你的幸福，为了享有一个你曾热烈渴望和企盼的新时代。

他相信佛罗伦萨回到了黄金时代，毫不怀疑美好正义的事业已经成功。而梅迪契家族重新上台以后，这可怜人却成为第一批受害者之一。【写作借鉴：设置悬念，引出后面再次的动乱，米开朗琪罗的朋友以为好时代到来了，他自己却成为动乱的第一批受害者。】

他的话对米开朗琪罗起了决定作用。他回来了，但行动缓慢。巴蒂斯塔·戴拉·帕拉在他之前到达卢奎斯，等了他多日，简直就要绝望了。

终于，11月20日，米开朗琪罗回到了佛罗伦萨。23日，市政厅撤销了对他的判决，但三年之内，他不得进入议会。

从此，米开朗琪罗勇敢地恪尽职守，直至最后。他重返圣米尼亚托的岗位，那儿已被敌人炮击了一个月，他重新加固了山冈上的工事，创造了一些新的器械，听说他还将羊毛和被褥挂在绳上，保护钟楼幸免于难。关于围城期间他最后的活动，1530年2月22日得到的消息是，他爬到教堂的圆顶上，窥测敌人的动向，或者是检查穹顶的状况。

预感到的灾祸终于成为事实。1530年8月2日，马拉特斯塔·巴利奥尼叛变，12日，佛罗伦萨投降，当局把城市交给了教皇的使者巴乔·瓦洛里。屠杀开始了。

最初几天，什么都无法阻止战胜者的报复行为，巴蒂斯塔·戴拉·帕拉，米开朗琪罗最好的朋友是第一批被杀害的。据说，米开朗琪罗躲进了阿尔诺河对岸的圣尼古拉教堂的钟楼。他完全有理由害怕，因为传言说他曾想捣毁梅迪契宫。

不过克雷芒七世并没失去对他的喜爱。据塞巴斯蒂安·德尔·皮翁博说，教皇知道了米开朗琪罗在围城期间的表现后，非常不高兴，但只是耸耸肩说："米开朗琪罗不该这样，我从没有伤害过他。"

<u>一待最初的怒气缓解，克雷芒七世立刻写信到佛罗伦萨，命人寻找米开朗琪罗的下落，且说只要他愿意继续为梅迪契陵墓工作，便可获得应有的待遇。</u>【名师点睛：对米开朗琪罗的艺术生活渠道来说，他有时又是幸运的，虽然与初衷相悖，但总算能继续创作，抛开精神层面不讲，也算是一种幸运。】

米开朗琪罗走出他的隐蔽所，重新为他反对过的人们的荣耀工作。不仅如此，这可怜人还答应为巴乔·瓦洛里——那个为教皇干坏事的工具，那个杀害其好友巴蒂斯塔·戴拉·帕拉的刽子手，雕刻一座《拔箭的阿波罗》。

不久，他还进一步和那些佛罗伦萨的流亡者断绝了关系（1544）。<u>一个伟人可悲的弱点，竟迫使他卑怯地在凶残的物质暴力面前低头，</u>

为的是保全其艺术梦想的生命,而这种暴力恰可以任意扼杀他的梦想!

【名师点睛:米开朗琪罗是凡人,更是天才,有着所有天才对艺术的狂热,因为自己前半生的艺术生涯曲折坎坷,晚年的他更希望能献身于艺术,为梦想做最后的打拼,即使不得已需要向现实妥协和低头,这也是其他很多天才艺术家都会面临的难题,不得不说,这一切是他再次陷入痛苦的根源。】他将自己的晚年完全奉献于为使徒彼得建造一座超人类的纪念碑,并不是没有道理的;和彼得一样,他不止一次听见鸡鸣而痛哭。

被逼说假话,迫不得已去讨好瓦洛里,颂扬洛伦佐和乌尔比诺大公,他痛苦和羞愧得要崩溃了。他只好全身心投入工作,把他毫无作用的狂怒发泄在工作中。(在他一生最惨淡的那几年中,米开朗琪罗那一向被基督教悲观主义所压抑的狂放的天性产生了逆反的效应,他制作了一些大胆的带着异教色彩的作品。)他并没有雕刻梅迪契们的像,而是雕刻他绝望的形象。

当人们提出他的尤利乌斯和洛伦佐与他们本人并不相像时,他傲慢地回答道:"十个世纪以后,谁能看出像不像?"

一个,是表现行动;另一个,是表现思想。底座上的那些雕像,给它做着注释——《昼》与《夜》,《晨》与《暮》——道出了生活中全部令人精疲力竭的苦恼及其可鄙。这些人类痛苦的不朽象征于1531年完成。这真是莫大的讽刺!可惜没有人懂。【名师点睛:整天活在烦恼和羞愧中的米开朗琪罗,将他的所有痛苦发泄在疯狂的工作中。】意大利诗人乔凡尼·斯特罗兹看到那座妙不可言的《夜》,写下了这样的诗句:

夜,你所看到的
妩媚地熟睡着的夜,
由一位天使在岩石上雕刻而成,
她熟睡着,
却充满生命活力。
你若唤她醒来,

她将和你交谈。

米开朗琪罗回答：

睡眠对我来说弥足珍贵。

成为顽石却更加有福，

只要世上还有罪恶和耻辱，

不见不闻，才是最大的幸福。

因此，别叫醒我，

啊！说话轻声点！

在另一首诗中，他又写道：

人们只能在天上安睡，

既然那么多人的幸福只有一个人能体会。

被奴役的佛罗伦萨也与他的哀鸣相呼应。

你圣洁的思想切勿迷惘，

相信把我从你那儿夺走的人，

由于心怀恐惧，

并不能从他的滔天罪行中获得享受。

些许欢乐就能使情人们无比快乐，

从而平息欲念，

而不幸则使希望膨胀，欲念增强。

应该想一想罗马被掠和佛罗伦萨失陷给人们心灵带来的影响：理性的彻底破产和崩溃，使许多人从此一蹶不振。

塞巴斯蒂安·德尔·皮翁博陷入一种及时行乐的怀疑主义中：

我已到了这种地步，哪怕宇宙崩裂，我也无动于衷，我嘲笑一切……我觉得我已不是那场浩劫前的巴斯蒂阿诺，我再也不能还原为过去的我。

【名师点睛：这里写许多人包括朋友皮翁博因为佛罗伦萨失陷而理性崩溃、一蹶不振，为了引出叙述米开朗琪罗也和大多数人一样感到失意，甚至绝望到想要自杀。】

米开朗琪罗想自杀：

如果允许自杀，那么，满怀信仰，却过着悲惨的奴隶生活的人，最应享有这个权利。

他一直处于精神的高度紧张中，在1531年6月终于病倒。克雷芒七世竭力抚慰他，却毫无效果。他命秘书和塞巴斯蒂安·德尔·皮翁博转告他切勿过劳，要有所节制，工作不妨从容一些，不时散散步，别把自己弄得像个服刑的犯人似的。

人们为他的生命担忧。1531年秋，他的一个朋友写信给瓦洛里：

米开朗琪罗衰弱且消瘦，我最近和布吉阿迪尼及安东尼奥·米尼谈过，我们认为如不仔细照料他，他将活不了多久。他工作太累，吃得太差太少，睡得更少。一年来，他老是头痛、心痛。

克雷芒七世真的很担心了，1531年11月20日，教皇下令米开朗琪罗在尤利乌斯二世陵墓和梅迪契陵园之外不准再承担别的工作，否则以逐出教门论处，希望他爱惜其健康，"以便更长久地为罗马、为梅迪契宗族以及他自己的光荣做奉献"。

<u>他保护他，使他免受瓦洛里和一些有钱的化缘者纠缠，这些人老是向米开朗琪罗讨艺术品，给他增加新的工作。"人家再向你求画，"教皇让人写信告诉他，"你就把画笔绑在脚上，随便画上四条线，便说：画完了。"尤利乌斯二世的继承人对米开朗琪罗施压时，教皇还出面居间调停。</u>【名师点睛：尽管是为了让米开朗琪罗长久为他服务，但不管怎样，克雷芒七世对他还算仁慈，担心他的身体，也各方面保护他，为后面克雷芒七世去世后米开朗琪罗的遭遇做下铺垫，突出教皇去世后他的落寞境况。】

1532年，乌尔比诺大公（即尤利乌斯二世的继承人）的代理人和米开朗琪罗签订了第四份契约，米开朗琪罗答应为他们制作一个新的小型陵墓模型，三年之内完成，费用由米开朗琪罗个人负担，还要付两千杜加金币，以偿还尤利乌斯二世及其继承人过去所付的款项。塞巴

斯蒂安·德尔·皮翁博在信中给他说：

只要在作品中闻到你的一点气息就行了。

可悲的条款！既然米开朗琪罗所签的契约说明了大计划的破产，他就只好为此付出代价！年复一年，米开朗琪罗在他每件绝望的作品中，实际上阐明了他生命的破产，人生的破产。

尤利乌斯二世陵墓的计划流产后，梅迪契陵园的计划也泡汤了。

1534 年 9 月 25 日，克雷芒七世驾崩，幸运的是，米开朗琪罗当时不在佛罗伦萨。【名师点睛：这里对社会环境的描写，交代了当时的时局变化，为后面事件的发生创设了环境。】

很长一段时间，他在佛罗伦萨一直恐惧不安，因为亚历山大·德·梅迪契大公恨他，要不是因为敬重教皇，早就派人杀了他。自从米开朗琪罗拒绝帮他建造一座君临佛罗伦萨的要塞，他越发怀恨在心。对米开朗琪罗这样一个胆小怯懦的人来讲，这已经算得上是一个英勇之举了，表明了他对祖国崇高的爱。（因为这样一座要塞，就意味着梅迪契大公可以实现对佛罗伦萨的奴役和压迫。）

从这时起，米开朗琪罗便随时准备面对来自大公的一切打击。克雷芒七世死时，他刚好不在佛罗伦萨，他认为完全是托上帝的福。

他不再回佛罗伦萨，他不打算再见到它。梅迪契教堂算是完了，它永远不会完工。我们今日所谓的梅迪契陵园，和米开朗琪罗原来的构想相距甚远，只剩下极少的一点联系。它留给我们的，只有壁上装饰的大致轮廓。【名师点睛：讲述因米开朗琪罗的离开，致使那么大的工程和计划最后却与艺术家的设计初衷相差十万八千里，真是可悲啊！】

米开朗琪罗不仅没能完成计划中雕塑和绘画的一半，而且他的弟子们后来努力想要寻回和补全他的设想时，他甚至说不清原来的设想是怎么回事了。他就这样放弃了他的一切事业，把一切都忘记了。

1534 年 9 月 23 日，米开朗琪罗回到罗马，在那儿一直住到去世。

他离开这个城市已经二十一年了。

在这二十一年中，他为未完工的尤利乌斯二世陵墓制作了三座雕像，为未完工的梅迪契陵园制作了七座未完成的雕像，还有洛伦佐教堂未完成的过厅，弥涅瓦圣马利教堂未完成的基督像，为巴乔·瓦洛里制作的未完成的《阿波罗》。

他丧失了他的健康，他的精力，失去了对艺术、对祖国的信仰，还失去了他最爱的那个弟弟，失去了他所热爱的父亲。【名师点睛：这里用一个长句子，将米开朗琪罗在艺术与生命都接近尾声时的悲惨、痛苦和无奈进行了高度概括。】他为他们各写了一首痛苦感人的悼念诗，和他其他的作品一样没有写完，但充满火一般的对死亡的憧憬：

上天把你从我们的苦海中救出，/可怜可怜我吧，我这虽生若死的人！……/你是死去的死者，你已成为神明，/你不用再担心生存状态和欲念的改变。/写到这里，我怎能不羡慕呢……/命运和时代，只给我们带来不可靠的快乐/和确切无疑的苦难，却不敢跨进你们的门槛。/没有一片云彩使你们的光明变得晦暗，/今后的日子不会再对你们行使暴力，/需要和偶然不能再操纵你们的行为。/黑夜不能扑灭你们的光辉，/白昼无论怎样明亮，也不会增加它的光度……/我亲爱的父亲，你的去世让我学习了死亡……/死，并不像人们想象中那样是件坏事。/对死者而言，在人世的最后一天，/就是在天国永生的第一日。/我希望，且相信，我能靠上帝的恩宠再见到你，/只要我的理性将我冰冷的心从尘世的污泥中拔出，/只要理性如同所有德行一样，/能在天上增进父子间至高无上的爱。

尘世间已没什么让他可留恋的了，无论是艺术、野心、温情，或是任何一种希冀。他已经六十岁了，人生似乎就要终结了。【名师点睛：两句话高度总结米开朗琪罗晚年生活的凄凉，一个天才艺术家，对艺术不再有期冀，不再有雄心，只等着生命终结，实在是一件可悲又无奈的事。】

名人传

他孤苦伶仃，不再去记挂他的作品，他向往死亡，一心渴望能最终摆脱"生存与欲望的改变""岁月的暴力"和"需要与偶然"的统治。

唉！唉！我被已逝的生活抛弃……我有过太多等待……时光飞逝，我已垂垂老矣。我不复能在死者身旁忏悔和自省……我枉然地哭泣，没有任何不幸能与逝去的时间相比……

唉！唉！当我回首，我找不出一天曾属于我自己！扭曲的希望，虚妄的欲求——此时此刻我算是意识到了——将我羁绊，让哭、爱、激情燃烧、悲哀叹息（没有一种致命的情感我不曾体验过），都远离了真理……

唉！唉！我不知何去何从；我害怕……如果我没弄错的话，（啊！上帝，让我弄错吧！）我看到，主啊，我看到了永恒的惩罚，因为我明知有善却去作恶。我只能希望……

知识考点

1. 被逼说假话，＿＿＿＿去讨好瓦洛里，＿＿＿＿洛伦佐和乌尔比诺大公，米开朗琪罗＿＿＿＿和＿＿＿＿得要崩溃了。他只好全身心＿＿＿＿＿＿＿＿，把他毫无作用的狂怒＿＿＿＿在工作中。他并没有雕刻梅迪契们的像，而是雕刻他＿＿＿＿的形象。

2. 判断题。米开朗琪罗的弟弟博纳罗托死于瘟疫。（   ）

3. 什么原因使米开朗琪罗卷入了1527年佛罗伦萨爆发的革命？
＿＿＿＿＿＿＿＿＿＿＿＿＿＿＿＿＿＿＿＿＿＿＿＿＿＿＿＿＿＿
＿＿＿＿＿＿＿＿＿＿＿＿＿＿＿＿＿＿＿＿＿＿＿＿＿＿＿＿＿＿

4. "他在生活和艺术上一直处于这种痛苦的精神状态"，这种"精神状态"指的是什么样的精神状态？
＿＿＿＿＿＿＿＿＿＿＿＿＿＿＿＿＿＿＿＿＿＿＿＿＿＿＿＿＿＿
＿＿＿＿＿＿＿＿＿＿＿＿＿＿＿＿＿＿＿＿＿＿＿＿＿＿＿＿＿＿

5. "他的兄弟和朋友们都笑话他的惊恐不安，拿他当疯子看待。"这句话中，他的兄弟和朋友们笑话他什么？

语文新课标课外阅读必读丛书

Y 阅读与思考

1.米开朗琪罗到了费拉拉为什么拒绝了当地大公的邀请,不肯住进大公的城堡,而是继续逃窜?

2.他抵达威尼斯,当地市政厅获悉,派遣使者去接见他,并提供一切服务以满足他的需要,但米开朗琪罗为何还是拒绝了人家的好意?

3.从本章中,你又能发现米开朗琪罗的哪些性格特点?

下篇　放弃

一　爱

M 名师导读

在被工作的艰辛、家人的烦扰、对手的暗算、权势的控制折磨得喘不过气来时,是爱让米开朗琪罗的生活充满生机,他的爱是一种精神交往,是对美的东西的发自内心的欣赏和崇拜,不关乎任何私利和欲望。他的爱包括爱情、亲情、友情,更有那悲天悯人的博爱之情,米开朗琪罗沉浸其中,并将自己的全部热情投入进去……

我爱死亡,我的生命就在其中。

当一切能带给他生机的都被剥夺,这颗屡遭蹂躏的心里,开始孕育出一种新的生活,就像百花齐放的春天,燃起了耀眼的爱的火焰。

【名师点睛:幸好还有爱,不然米开朗琪罗的人生就像没有春天,漫满了寒意。】

但这爱几乎没有任何自私和肉欲的成分。这是对卡瓦列里的俊美的神秘崇拜,对维多利亚·科洛纳的虔诚友谊——在上帝面前两个灵魂热诚的沟通;这是对成为孤儿的侄儿们慈父般的温情,对穷人和弱者的怜悯,即神圣的爱德。

米开朗琪罗对托马索·德尔·卡瓦列里的爱,一般人——不论是正派人还是不正派的人——都会感到困惑。即使在文艺复兴末期的意大利,也会引起一些令人恼火的流言。当时的作家阿雷蒂诺写了侮辱性的讽喻诗影射此事。

但是阿雷蒂诺的诬蔑(他向来如此)不能伤及米开朗琪罗,"他们是在以自己的小人之心来捏造一个米开朗琪罗"。

没有一个灵魂比米开朗琪罗的更纯洁,没有一种爱的观念比他的更虔诚。【名师点睛:一句话概括了米开朗琪罗爱的纯洁和虔诚,引出下文对他的爱情生活的具体描述。】

龚迪维说:

我常听米开朗琪罗谈起爱,听到的人都说他所谈的全是柏拉图式的。对我来说,我不知道柏拉图说了些什么,但我知道,在与米开朗琪罗那么长时间的亲密交往中,我从他口中只听到最值得尊敬的言语,这些言语能够消除那些使年轻人心神不定的不轨欲念。

可是这种柏拉图式的理想无不具有文学意味,也不显得冷酷无情,米开朗琪罗迷恋一切美的事物,对柏拉图的思想也是这样。他自己知道这一点,有一天,他谢绝了友人吉阿诺蒂的邀请:

每当我看见一个具有某种才能或某种智力天赋的人,一个其言或其行胜过旁人的人,我都会为他着迷,我会完全献身于他,而不再属于我自己……你们都是那么才华横溢,我若接受您的邀请,必将失去我的自由;你们每个人都将分去我的一部分。乃至跳舞和弹琴的人,只要他们精通自己的艺术,也可以对我为所欲为。你们的聚会非但不能使我休息、振奋和恢复平静,反会使我的灵魂化为碎片,随风飘零,以致几天之后,我不知会死在何处。【名师点睛:米开朗琪罗在信里,将他对朋友的优秀面的欣赏和爱写得很具体形象,读者已能初步感受到他对一切美好事物的热烈的爱。】

既然思想、言谈或声音的美都能如此这般地征服他,躯体的美对他的影响又当如何?

美貌的威力,怎样地刺激着我!

世间没有任何事物能让我这样快乐!

这位伟大的美妙形体的创造者,同时又是一位伟大的信徒,对他而言，美的躯体是神圣的，一个美丽的躯体，是神灵在肉身覆盖下的显现。

如同摩西面对荆棘丛，只能颤抖着走近它。他所崇拜的对象，恰如他自己所说，真正是他的偶像。

他拜倒在他脚下，这位伟人刻意的卑躬屈膝，让高贵的卡瓦列里难以忍受。

让人更难理解的是，美的偶像常常有着卑俗的灵魂，如费博·迪·波吉约，而米开朗琪罗视而不见……真的什么都看不见吗？——他是什么都不愿意看见，他要在心中完成已勾画出轮廓的雕像。【写作借鉴：这里运用设问，一问一答，深刻地表现出米开朗琪罗对美的痴迷程度以及其以一个艺术家的角度对美的热爱。】

他那些美梦中最早的理想情人，是 1522 年前后的格拉尔多·佩里尼。

后来，1533 年，米开朗琪罗迷上了费博·迪·波吉奥，1544 年，是切奇诺·戴·布拉齐。

所以米开朗琪罗对卡瓦列里的友谊并不是一心一意的，但却最持久且达到了狂热程度。这位朋友不仅长相俊美，高尚的道德也值得他尊重。

瓦萨里曾经说：

他爱托马索·卡瓦列里甚于其他所有的人。卡瓦列里是一位罗马绅士，年轻，热爱艺术，米开朗琪罗曾为他画过一帧肖像，这是他一生中唯一的一帧肖像画，因为他讨厌描绘活人，除非此人的确美貌无双。

瓦萨里还说：

我在罗马看见托马索·卡瓦列里先生时，他不仅绝顶俊美，而且举止谈吐温文尔雅，思想出众，行为高尚，的确值得人爱，特别是当人们越来越了解他的时候。【名师点睛：通过瓦萨里的语言，侧面描写了卡瓦列里的外在和内在美都令人崇拜，这么美好的人物当然值得米开朗琪罗喜爱。】

1532年秋天，米开朗琪罗在罗马与他相识。他在写给他的第一封信里对他进行热情的表白，卡瓦列里的复信则极其沉稳端庄：

收到您的来信，由于完全出乎意料而对我来说弥足珍贵。我说出乎意料，是因为我实在没有资格让您这样的人给我写信。至于您对我的赞美，您对我工作的非常高的评价，我认为，一个像您这样举世无双的天才——我的意思是除您以外世上没有第二个，给一个初出茅庐，还懵(měng)懂无知的青年写信，是不合常理的。我当然不会认为您在说谎，是的，我确信您对我的情感，正是您这样一个作为艺术化身的人，对那些献身艺术、热爱艺术的人必然具有的情感。我是这些人中的一个，就热爱艺术而言，我的确不逊于任何人。我会回报您对我的盛情，我向您保证，我从未像爱您那样爱过别人，从未像希冀您的友情那样希冀过别的……请您在需要我为您效劳的时候，尽管吩咐我，我永远仰仗着您的帮助。

您忠实的托马索·卡瓦列里

卡瓦列里似乎对他一直保持着这种尊敬且矜持的情感。直到米开朗琪罗临终，他一直忠实于他，且为他送终。

他一直为米开朗琪罗所信任，而且被认为是唯一能影响他的人，而卡瓦列里最难能可贵的是始终为他朋友的伟大和利益竭力效劳。

是他，使米开朗琪罗下决心完成圣彼得大教堂的木雕模型。是他，为我们保存了米开朗琪罗为卡皮托勒山的建筑所画的图样，并努力使之付诸实施。【名师点睛：这里介绍了卡瓦列里对米开朗琪罗的情感是尊敬、忠诚但又有距离有分寸的，没有辜负米开朗琪罗对他的爱，同时引出米开朗琪罗对卡瓦列里不一样的感情的描写。】

最后，也正是他，在米开朗琪罗死后，按亡友的意愿，继续监督工程的实施。

但米开朗琪罗对他的友谊犹如一种爱情的疯狂。他给他写一些癫狂的信，把他当偶像般顶礼膜拜。

他称他为"强有力的天才……一个奇迹……我们的时代之光"。他恳求他"不要蔑视他，因为他不能与他相比，没有人能达到他的高度"。

【名师点睛：这里的近似于乞求的语言，表现出了卡瓦列里在米开朗琪罗心中高不可及的地位，以及米开朗琪罗对他的倾慕之情。】

他把他的现在与未来全部献给他，他又说道：

不能把我的过去也奉献给你，不能更长久地为你效劳，于我是一种无尽的痛苦，因为来日不多，我太老了……我相信没有什么东西能摧毁我们的友谊，我出言甚狂——因为我远不如你。……就像忘记我赖以生存的食粮，我可能忘记你的名字，是的，比起滋养着我的身体和灵魂的你的名字，我更易忘记那毫无乐趣的、仅仅使我的肉身得以存在的食粮。你的名字使我全身心感到温馨甜蜜，只要想着你，我就感觉不到痛苦，也不畏惧死的来临。我的灵魂掌握在我把它给予的人手中……如果我必须停止思念他，我相信我会当场死去。【名师点睛：米开朗琪罗甚至愿意将自己降低，以仰视的姿态看待卡瓦列里，这封信言辞恳切甚至谦卑，用形象的比喻表达了米开朗琪罗对卡瓦列里近乎痴迷的感情。】

他送给卡瓦列里最精美的礼物是令人惊叹的素描，用红黑铅笔画的精美头像，是他准备教他素描时勾画的。他还为他画了一幅《该尼墨得斯被化为鹰的宙斯掠到上空》，一幅《被鹰啄食肝脏的提堤俄斯》，还有法厄同驾着太阳神的金车坠落，儿童的酒神节等，所有的作品都美妙绝伦，想象不到的完美。

他还寄赠他一些十四行诗，有时极美，但常常会显得晦暗而哀伤，其中一些不久后就在文学圈内广为传诵，闻名于全意大利。人们说这首十四行诗是"16世纪意大利最美的抒情诗"：

你的慧眼，使我看到了，

我这盲眼所不能见的柔和光线；

你的足，

助我承受，

我这行动困难的双足难以承受的重负；

你的智慧，

使我感到正向天上飞升；【写作借鉴：这几行诗，运用夸张的手法，突出米开朗琪罗对卡瓦列里的感情之深，以至于他觉得卡瓦列里对他产生了如此大的影响。】

你的意志，

包括了我所有的意志。

我的思想在你的心中形成，

我的话语在你的呼吸中诞生，

我只身一人犹如月亮，

唯有太阳照射到它时，

人们才能看见它在天上。

另一首更著名的十四行诗，是赞颂完美友谊的最美的诗篇之一：

如果两个情人之间，

存在着贞洁的爱情，

最高的敬爱，同等的处境，

如果残酷的命运打击一个也打击另一个，

如果同一种精神、同一种意志驾驭着两颗心，

如果两个肉身的同一灵魂成为永恒，

以它的双翼将两人都带往上空，

如果爱神以它的金箭

一下子同时射中两颗心，燃起它们的激情，

如果一个热爱另一个，谁也不爱他自己，

如果两人都把他们的欢愉和快乐寄望于同一憧憬，

如果千千万万的爱情都不及这桩爱情的百分之一，

那么一个气恼的举动，

会不会永远割断和解除他们的联系？

这种忘我的，全身心融入他所热爱的人的献身式的热情，并不总是那么宁静祥和，忧郁又占了上风，被爱情掌控的灵魂，在呻吟中挣扎。【写作借鉴：这段文字承上启下，体现了米开朗琪罗对卡瓦列里狂热的感情，也是对下文米开朗琪罗情感发展变化的铺开描写进行铺垫。】

我哭泣，我在燃烧，我已被毁，

我的心沉浸在痛苦中……

他对卡瓦列里说："你带走了我生的欢乐。"

对这些过于热情的诗，那位"温和的被爱的主"——卡瓦列里，却报以冷淡而平静的感情。这种过分夸张的友谊使他暗中不快，米开朗琪罗求他原谅：【名师点睛：可见米开朗琪罗对卡瓦列里的感情有点超出常人眼里普通的友谊之情，让卡瓦列里感到尴尬和别扭，他又求他原谅，体现出米开朗琪罗非常在乎这段友谊。】

我亲爱的主，你别因我的爱而生气，这不过是谈及你身上最优秀的品质，因为一个人拥有思想才智，全靠他能热爱他人的思想才智。我从你美丽的容貌中所向往、所获得的，绝非常人所能理解。谁要想理解就得先理解死亡。【名师点睛：米开朗琪罗用理解死亡来比喻理解卡瓦列里的美貌，可见在他眼里，卡瓦列里的外貌是何等出众，而他对他何等痴迷，又何等重视这份感情。】

当然，这种对美的激情毫无虚假的成分。然而这有着热烈、癫狂，却又纯洁端正的爱的狮身人面怪物，没有流露丝毫令人不安的迷惘心态。

这种病态的友谊——可说是为了否定生命的虚无，试图创造他所渴望之爱的绝望的努力——之后，幸而有一位女性明朗安详的友情（这位女性善于理解这个孤独的、在世上迷失了方向的老小孩）给他那垂死的灵魂注入了些许平静、信心、理性，以及令人伤感的对生与死的承受。

1533年和1534年间，米开朗琪罗对卡瓦列里的友情达到了顶峰。

名人传

1535年，他开始结识维多利亚·科洛纳。

她生于1492年。她的父亲法布里奇奥·科洛纳，是帕利阿诺的领主，塔利阿柯佐亲王。她的母亲阿涅丝·德·蒙特费特罗，是乌尔比诺亲王——伟大的费德里戈的女儿。其家族属于意大利最高贵的门第之一，也是受文艺复兴精神熏陶最甚的家族之一。

十七岁时，她嫁给了大将军费朗特·弗朗切斯科·达瓦洛斯，佩斯卡拉侯爵，帕维亚的征服者，她爱他，但却得不到他的爱。因为她长得不美。

从纪念章的浮雕上，人们看出她长着一张男性的脸，显得很有主见，略有些严厉，额头很高，鼻子长且直，上唇较短且后缩，下唇稍稍前突，嘴紧闭，下巴突出。【写作借鉴：这里刻意进行细腻的外貌描写，突出维多利亚的外貌粗陋，与前面卡瓦列里美丽绝伦的外表形成鲜明的对比，同时为后文描写她丰富的内涵做好铺垫，并让读者感觉到米开朗琪罗不只会崇拜朋友俊美的外表，也会被朋友美丽的内在所吸引。】

认识她且为她作传的菲洛尼科·阿利卡纳塞奥尽管措辞委婉，仍让人明白她的长相颇丑。"她嫁给佩斯卡拉侯爵的时候，"他说，"正致力于提高自己的聪明才智，因为她不算很美，于是她研修文学，以获得不朽的美，这种美不会像别的美那样易于消逝。"她是热切追求心智发展的人，在一首十四行诗中，她写道：

粗俗的感官，不能促成产生纯洁爱情和高贵心灵的和谐，既不能唤起她的欢愉，也不会使她痛苦……明亮的火光，使我的心灵升华，它上升得那么高，以致卑下的思想会使它难受。【名师点睛：维多利亚的诗表明了她的志向，她长相丑陋，更深知内在美的重要，于是决定提高自己的聪明才智，升华心灵，为后面她的经历，为米开朗琪罗对她的爱的产生做好铺垫。】

无论从哪个方面来看，她都不适合与那位引人注目且放浪形骸的佩斯卡拉侯爵相爱，但爱情总是不理智的，她始终爱着她的丈夫，一直为他遭受着痛苦。她丈夫欺骗她，甚至在自己家里对她不忠，并且在整个那不勒斯众人皆知，她一直忍受着这种残酷的折磨。

1525年，她的丈夫去世，可是她丝毫没有从痛苦中解脱出来。她一心潜入宗教和诗歌，在罗马，稍后在那不勒斯，过着修道院式的生活。

她一开始并没有弃绝尘世的想法，她只不过是寻求孤独，以便沉浸在爱情的回忆中，如她在诗中所吟咏的那样。

她和意大利所有的大作家都有来往，如萨多莱特、班博、卡斯蒂廖讷，后者把他的《侍臣》手稿赠送给她，阿里奥斯托在他的《疯狂的奥兰多》里称颂她，还有保罗·若维、贝尔纳多·塔索、洛多维科·多尔切等。

自1530年以来，她的十四行诗在整个意大利传诵，在当时的女作家中，唯有她享有这份荣耀。【名师点睛：这里叙述维多利亚因为注重内在修养，因为丈夫的死而遁入诗歌，于是成了意大利的知名诗人。暗示米开朗琪罗后来是因为她的内在美而被他吸引。】隐居到伊西亚后，在那发出悦耳声响的大海中面目全非，在那荒僻而美丽的岛上，她仍然不倦地歌唱她那已经改头换面的爱情。

然而1534年以后，她彻底沉迷于宗教。宗教的改革思想，当时为避免分裂而倾向于复兴宗教自由的宗教精神，完全地征服了她。

我们不知道她是否在那不勒斯认识了胡安·德·瓦尔戴斯，但她确实被锡耶纳的贝尔纳迪诺·奥基诺的宣道鼓动了起来。

她是皮耶特罗·卡尔内塞基、吉贝尔蒂、萨多莱特、高贵的雷吉纳尔德·波莱，以及改革派最伟大的高级教士，1536年建立教会改革协会的红衣主教加斯帕雷·孔塔里尼的朋友，孔塔里尼主教曾徒劳地竭力想与新教徒达成团结一致，他竟然敢于写出如下有力的语句：

基督的律法是一种自由的律法……凡以一个人的意志为准绳的政

府均不能称之为政府，因它实质上倾向于恶，而且为无数情欲所驱动。不！任何最高权力都是理性的权力。其目的是以正确的途径，引导服从它的人达到正确的目标：幸福。教皇的权威，也是理性的权威。一个教皇应该知道，这权威是行使于自由人的。他不应该随心所欲地下命令，或禁止，或豁免，而只应根据理性的规则、神明的戒律和爱——一种将一切引向上帝，引向共同幸福的准则行事。

维多利亚是这个理想主义小团体最狂热分子中的一员，【名师点睛：一句话写出维多利亚对于信仰的狂热，暗示出她和米开朗琪罗在这方面有点相近，同时也为下文其对米开朗琪罗的宗教影响做了铺垫。】这个小团体联合了意大利最纯粹的良心。她和费拉拉的勒内、纳瓦尔的玛格丽特的通信，被后来变成新教徒的皮埃尔·帕洛·维尔杰里奥称作"一道真理的光"。

但是，由残忍的卡拉法领导的反改革运动开始以后，她陷入了致命的怀疑中。

她有一个激烈但软弱的灵魂，和米开朗琪罗一样：她需要信仰，无力抵御宗教的权威，"她坚持苦修，坚持吃斋、节食，饿成皮包骨"。红衣主教波莱，她的朋友，让她强迫自己归顺，克制作为智者的那种高傲，舍身向神，这才让她渐渐归于平静。她以一种献祭般的热忱做着这一切……她若是只拿自己献祭也罢了，然而她却让朋友们与她一起牺牲，她背弃奥基诺，把他写的东西交给罗马异教裁判所。

和米开朗琪罗一样，这伟大的灵魂被恐惧吓破了胆。【名师点睛：正因为她与米开朗琪罗有着这么多相似，所以后来他们才自然而然地相互吸引。】她把良心的责备埋入一种绝望的神秘主义中：

您看见我处在无知的混沌之中，迷失于错误的歧路；为了寻求休息，肉体一直不停地活动；为了觅得平静，灵魂总是动荡不宁。上帝要我意识到，我一文不值，要我明白，一切在于热爱基督。

她呼唤死亡，犹如呼唤解放。1547年2月25日，她告别了人世。

正当她受瓦尔戴斯和奥基诺的神秘主义自由思想影响最深的时候，她认识了米开朗琪罗。【名师点睛：这里交代了两人相识的时代背景，自然引出后文里对两人交往的描述。】

这个忧伤、苦恼的女子，始终需要一个向导可依傍，同时也永远需要一个比她更软弱、更不幸的人，以便把洋溢在她心中的母爱倾洒在他身上。

她在米开朗琪罗面前藏起她的惶恐不安，表面上显得平静、持重，稍有点冷淡，她将自己求之于人的祥和传递给了米开朗琪罗。

他们的友谊始于1535年，自1538年秋趋于亲密，但完全建立在对神的信念上。【名师点睛：一句话概括米开朗琪罗和维多利亚的友谊，最后一句引出后文。】

那时维多利亚四十六岁，米开朗琪罗已六十三岁了。她住在罗马平乔山下的圣西尔维斯特罗修道院，米开朗琪罗住在卡瓦洛山附近。

他们每个星期日在卡瓦洛山圣西尔维斯特罗教堂聚会。修士阿姆昂勃罗吉奥·卡泰里诺·波利蒂给他们朗读《圣保罗书简》，他们一起讨论。

葡萄牙画家弗朗索瓦·德·奥朗德在他的四部《绘画对话录》中，为我们留下了这些谈话的记忆。这些生动的画面，是他们之间严肃而温馨的友谊的见证。

弗朗索瓦·德·奥朗德第一次去圣西尔维斯特罗教堂，看见佩斯卡拉侯爵夫人和几个朋友在那里聆听诵读圣书。米开朗琪罗当时不在场。

诵读完毕后，可爱的夫人微笑着对画家说：

"和讲道相比，弗朗索瓦·德·奥朗德大约更乐于听米开朗琪罗的谈话。"

弗朗索瓦被这句话刺伤，傻呵呵地回答：

"怎么，夫人，阁下您以为我除了绘画，对其他任何事情都一窍不通吗？"

名人传

"别多心，弗朗索瓦先生，"拉唐齐奥·托洛梅说，"侯爵夫人恰恰深信画家样样精通。我们意大利人多么敬重绘画！她那样说可能是想让您听听米开朗琪罗的谈话，好让您更加高兴。"

弗朗索瓦尴尬地道了歉，侯爵夫人对她的一个仆人说：

"<u>到米开朗琪罗那儿去，告诉他宗教仪式结束后，我和拉唐齐奥先生还待在教堂里，这儿凉爽宜人，如果他愿意耗费一点时间，我们将获益匪浅……但是，</u>"她深知米开朗琪罗的性格孤僻，便补充道，"<u>别告诉他西班牙人</u>（应为葡萄牙人）<u>弗朗索瓦·德·奥朗德也在这儿。</u>"【**名师点睛**：从维多利亚与仆人的对话中，表现出维多利亚的聪慧以及她对米开朗琪罗的了解，同时也可以看出维多利亚与米开朗琪罗那时已经关系很亲密了。】

等待仆人回来的时候，他们商量用什么办法把谈话引到绘画上，而不让他察觉他们的意图。因为他一旦发现他们的用意，会立刻拒绝继续谈下去。

静寂了片刻，有人敲门了。这么快就有了回音，大家都很担心大师不来。原来侯爵夫人福星高照，住在附近的米开朗琪罗正巧往圣西尔维斯特罗教堂的方向走，他沿着埃斯齐丽娜街往台尔梅斯走去，一路上和他的学生乌尔比诺聊着哲学。侯爵夫人派去的仆人遇见他，便把他带来了，此刻正是他本人站在门槛上。侯爵夫人立起身，站着和他谈了好一会儿，才请他在她和拉唐齐奥之间就座。

弗朗索瓦·德·奥朗德坐在他旁边，可是米开朗琪罗根本没有注意到他的邻座，奥朗德大受刺激，愤愤地说：

"真是，要让人看不见他的最好办法，就是直挺挺站在这个人的眼前。"

米开朗琪罗吃惊地看向他，立刻向他道歉，态度十分谦恭：

"对不起，弗朗索瓦先生，我真的没看见您，因为我的眼睛一直望着侯爵夫人。"

125

侯爵夫人稍微顿了一下，开始用一种巧妙艺术，开始同他谨慎地东扯西拉，巧妙地避开绘画的话题。就像在围攻一座严防死守的城池，费劲却需要技巧。米开朗琪罗则像是一个保持高度警惕的被围困者，到处设岗，拉起吊桥，遍布陷坑，严密守卫着各处城门和墙垣。但侯爵夫人最终攻下了这座城。说实话，没人能抵御得了她。【写作借鉴：这段中运用比喻，形象地描绘出侯爵夫人怎样引导米开朗琪罗打开心扉，一座城池的比喻说明了引导过程的艰难，由此更突出了侯爵夫人高超的交际艺术，给人留下深刻的印象。】

"那么，"她说，"应该承认，当我们用与他同样的武器，即诡计，去攻击米开朗琪罗时，我们总是失败的。所以，拉唐齐奥先生，如果想要使他不得不开口，由我们来下结论，就应当和他谈诉讼，教皇的敕令，或者……绘画。"

这巧妙的绕弯把话题引向了艺术领域。维多利亚和米开朗琪罗谈及她计划建造的宗教建筑物，米开朗琪罗立刻自告奋勇去查看场地，草拟图样。侯爵夫人回答：

"我可不敢对您提出这么多的要求，虽然我知道您在一切问题上都听从抑强扶弱的救世主的教导……因此，了解您的人都尊重您的为人，更甚于尊重您的作品，而不似那些不了解您的人，只称颂您最弱的一部分，即您用双手制成的作品。不过我也没少赞扬您经常抽身躲到一旁，避免参与我们无聊的谈话，您并不是老画那些向您求画的王公贵人，而是几乎把整整一生都奉献给一件伟大的作品。"

对这些恭维话，米开朗琪罗谦虚地表示婉谢，并表达了他对那些多嘴且有闲者——大贵人或教皇的反感，在他终其一生还完成不了任务时，这些人居然自以为可以把他们的社会强加于一个艺术家。【名师点睛：如此大胆直白的话语，说明米开朗琪罗毫不避讳对维多利亚的崇拜和热爱。】

接着，谈话转到艺术的最高主题上，侯爵夫人以虔诚的严肃态度对待这个问题。对她而言，如同对米开朗琪罗一样，一件艺术品，就是信念的行动表现。米开朗琪罗说：

"好的绘画，必走近神并与之结合……它只是复制了神的完美形象，只是神的画笔、音乐、旋律的影子……因此画家成为一个伟大而灵巧的大师还不够，我想他的生活也应当尽可能是圣洁的，以便圣灵能控制他的思想……"【名师点睛：米开朗琪罗的这番话说出了他对绘画和宗教的理解，可见他信仰坚定，是一个注重精神层面感受的圣洁的人。】

日子就这样在圣西尔维斯特罗教堂里，在庄严平静、真正神圣的谈话中度过。有时，朋友们喜欢到花园里继续谈，弗朗索瓦·德·奥朗德描绘道：

"在喷泉旁，在月桂树的浓荫下，我们坐在石凳上，背靠爬满常春藤的墙壁。"在那儿，他们俯瞰罗马，整个古城展现在他们脚下。

可惜，这些美妙的谈话没有延续多久，佩斯卡拉侯爵夫人的宗教信仰危机使之突然中断。【写作借鉴：这是一个过渡句，承上启下，引出下文。】

1541年，她离开罗马，把自己幽禁在奥尔维耶托的一个隐修院，随后又转至维特尔贝隐修院。

但她常常离开维特尔贝回到罗马，专程看望米开朗琪罗。他沉迷于她那超凡脱俗的气质，她则给予他抚慰。他收到且保存着她的许多信，恰如这样一个高洁的心灵所能写出的，每封信都充满圣洁而温柔的爱。

按照她的意愿，他画了一幅裸体的基督像，基督已被从十字架上放下来，如果没有两个天使扶掖着他的胳膊，他会像一具毫无生气的尸体般倒在圣母脚下。圣母坐在十字架下面，痛苦的脸上淌着泪，她张开双臂，举向上天。在十字架的木头上，可以看见这样一行字：Non vi si pensa quanto sangue costa。（此句是意大利文：再也想不起流过多少鲜血。米开朗琪罗后来创作了一系列圣母哀恸耶稣之死的作品,就是受到了这幅画的启发,如佛罗伦萨的《圣母哀恸基督》,隆达尼尼的《圣母哀恸基督》,还有在帕莱斯特里纳发现的《圣母哀恸基督》。)由于对维多利亚的爱,米开朗琪罗还画了一幅十字架上的基督,和人们惯常表现的不同,基督不是死的,而是还活着,他把脸转向圣父,喊道:"Eli! Eli!"他的身体并未瘫软,而是痉挛着在临终时最后的痛苦中挣扎。

现藏卢浮宫和大不列颠博物馆的两张出色的素描《复活》,很可能也是受维多利亚的启发创作的。【名师点睛:维多利亚温柔而圣洁的爱,带给米开朗琪罗精神上的抚慰,让他获取创作的灵感,不少艺术作品都是在她的影响下完成的。】

卢浮宫的那一张,大力士般的基督,正在奋力掀开盖在坟墓上的沉重石板,他还有一条腿埋在墓穴里,抬着头,举着臂,在热情冲动中欲奔向上空,令人想起卢浮宫藏的《奴隶》。回到上帝身边!离开这个世界,离开他不屑一顾的这些愕然且惊骇的人们!终于,终于摆脱这可厌的人生!……大不列颠博物馆的那张素描比较宁静祥和,基督已经走出坟墓,翱翔在天上,健壮的身躯在轻抚他的熏风中飘浮,两臂交叉,头向后仰,双目紧闭,犹如心醉神迷,他像阳光一样,上升到那光明的世界。【名师点睛:通过这段对卢浮宫的《复活》的刻画,表明米开朗琪罗创造作品时都寄寓了感情于其中,反映出他的一部分内心世界。】

维多利亚就这样为米开朗琪罗的艺术重新开启了信仰之门。不仅如此,她还激励他的诗才,那由于对卡瓦列里的爱而被唤醒的诗才。(这个时候米开朗琪罗想要出版自己的诗集,实际上在此之前,他一直没怎么在意自己所写的东西,他的两位朋友总是鼓励他,于是他动心了。简洁精炼是他的诗的风格,而使之富有活力的思想感情则是柏拉图式热烈的理想主义。)她不仅为对宗教怀有阴暗预感的米开朗琪罗揭示了宗教的默启，而且恰如托德所说，还为他在诗歌中歌唱宗教激情做了示范。

在他们结交的初期，维多利亚就写出了《灵性的十四行诗》。她一面写，一面寄送给她的朋友。

他从这些诗中汲取到一种温柔的慰藉，一种新的活力。

在一首回赠她的优美的十四行诗中，他表白了动人的感激之情：

令人幸福的精灵，

以热烈的爱，

使我垂死的衰老心灵保持活力，

在你的善举和乐趣中，

于诸多高贵的生灵之间，

竟对我另眼相待。【名师点睛：诗中米开朗琪罗将维多利亚比喻成幸福的精灵，说她救活了自己垂死的心灵，表达了他对她强烈的感激之情，同时也流露出他因为这段感情而感到幸福。】

过去你这样出现在我眼前，

现在你又这样显现于我的心灵，

为的是给我以安慰……

你想到了生活在忧患中的我，

我也当感谢得之于你的恩惠。

如果我以为送给你几幅微不足道的绘画，

就足以回报你那些美丽且生动的创作，

那真是最大的耻辱和妄自尊大。

维多利亚于1544年夏回到罗马，住进圣安娜修道院，直到去世。

米开朗琪罗常常去探望她。她深情地思念他，总想暗中送一些小礼物给他，好让他的生活稍稍惬意和舒适一些。可是这位多疑的老人"不愿接受任何人的礼物"，（曾有某位朋友送他礼物，让米开朗琪罗感到不快。他说："你过分的好意，比你偷窃我更让我难堪。朋友之间应该平等相处，如果一个人给得多，另一个给得少，就会发生矛盾了。就像一个是征服者，而另一个绝不会原谅他。"）哪怕送礼者是他的至爱，他拒绝了她的馈赠。

她死了。他眼睁睁看着她死去，而他所说的几句感人肺腑的话，表明他们之间伟大的爱情是何等纯洁和克制："眼看着她死去，而我不曾如吻她的手那样吻她的额和脸，每想到此，我都感到悔恨遗憾。"

"维多利亚之死，"龚迪维说，"使他长时间处于痴騃(ái)状态，似乎失去了知觉。"【名师点睛：通过朋友的话语更能突出米开朗琪罗因为维多利亚的死而遭受的打击之大，可见维多利亚在他心目中的地位之重。】

"她希望我成就大的事业，"后来他哀痛地说道，"我也一样，死亡夺去了我一个伟大的朋友。"

他为她的死写了两首十四行诗。一首渗透着柏拉图学派的思想，仿佛黑夜中划过一道闪电，表现了一种狂热的理想主义和极其高雅讲究的风格。

米开朗琪罗把维多利亚喻为神明的雕刻家手中的锤子，它使物质材料中迸发出崇高的思想：【写作借鉴：这里米开朗琪罗将维多利亚比喻成是他创作时的"神明的雕刻家手中的锤子"，形象地突出她给米开朗琪罗的艺术创作方面带来的重要影响。】

如果我粗重的锤子，把坚硬的岩石，
时而打造成这样，时而打造成那样，
这是握着它的那只手在引导和操纵，
锤子接受着手的运动，驱动它的是一种外力。
但神明的锤子在上空举起，
仅凭它自身的力量，
创造着自身的和其他事物的美丽。
没有任何别的锤子能不用锤子就打造自己，
唯有它能使其他所有的一切富有活力。

作坊里的锤子举得越高,

打击在铁砧上就更有力,

神锤高举在上空,直达天庭。

只要神锤助我,便能引导我的作品获得完美的结果。

迄今为止,在这大地上,它仍是唯一的。(米开朗琪罗曾说:"这世上,唯有维多利亚能以高贵的德行激起他人的德行,任何人都无法像她那样能给人以鼓励。")

另一首十四行诗更温柔,且宣告了爱情对死亡的胜利:

当那引起我频频叹息的人儿,

从人世,从她自身,从我眼前消遁,

对她有过恰当评价的天理为之愧疚,

所有见过她的人为之哭泣。

死亡啊,而今你且慢得意!

你扑灭了这一太阳的光辉,她却衍生出别的!

爱战胜了,使她在大地,在天庭,

在圣者的行列中重生。

万恶的不公正的死亡,

自以为磨灭了她灵魂的美丽,

遏制住了她德行的回响。

她的诗文却得出相反的结论:

它们使她比生前焕发出更明亮的光华,

死亡让她征服了以往未能征服的天国。【名师点睛:在米开朗琪罗心中,维多利亚是无人能及的,即使死后,她的诗依然给世界带来改变,比生前更加焕发出光芒,照亮并征服了世界。】

在这严肃而平静的友谊中,米开朗琪罗完成了他最后的伟大绘画与雕塑作品:《最后的审判》、保利内教堂的壁画和尤利乌斯二世的陵墓。

米开朗琪罗于1534年离开佛罗伦萨赴罗马时,心想克雷芒七世一死，他终于可以摆脱其他工作，安安静静地完成尤利乌斯二世的陵墓，卸下他这辈子一直压在良心上的重担之后再死去。哪知他刚到罗马，立刻被新主人的锁链缚住。【写作借鉴：这句话承上启下，自然引出下文的故事情节，也暗示米开朗琪罗后面的生活不会太顺。】

保罗三世召见他，要他为他工作……米开朗琪罗拒绝了，说他不能这样做，因为合同规定他必须受乌尔比诺大公的约束，直到尤利乌斯二世的陵墓完成为止。教皇发怒了，说道："三十年来，我一直有这个愿望，现在我成为教皇了，难道还不能满足我这夙愿吗？我可以撕掉那张合同，我要你无论如何都得为我效劳。"

米开朗琪罗差一点又要逃跑。

他想躲进热那亚附近的一座修道院，那里的主教阿莱里亚是他的朋友，也是尤利乌斯二世的朋友，他或许能在邻近的卡拉雷采石场很方便地完成他的作品。他也曾想过躲到乌尔比诺，那里环境安静，他希望那儿的人能因怀念尤利乌斯二世而善待他。他已经派去一个人，想在那里买一所房子。

但是，真正到了要下决心的时候，他却像往常一样犹疑不定了，他在担心行动的后果，他本可借助某个折中方案从那儿溜走，却仍为永恒的幻想，永远破灭的幻想所蒙骗。他重又让人捆绑着，继续承受着沉重的负荷，直至生命终止。

1535年9月1日，保罗三世一道敕令，任命他为使徒宫雕塑与绘画的总建筑师。【名师点睛：米开朗琪罗对艺术存留的幻想，对权贵的恐惧，使得他接受了保罗三世的任命，便有了《最后的审判》。】

此前，从4月以来，米开朗琪罗已经接受了《最后的审判》的工作。

从1536年4月至1541年11月，也就是说，正是维多利亚在罗马小住的时候，他把全部的精力都投入了这件作品。在从事这项宏伟事业的过程中，大概是1539年，老人从脚手架上摔下来，腿部受了重伤。"他又痛苦又气恼，不让任何医生为他治疗。"他讨厌医生，听说亲友中有人冒失地求医时,他的信中便表现出一种可笑的担心。

所幸的是,他的朋友,佛罗伦萨的巴乔·隆蒂尼,一个非常聪慧的人,他倾慕米开朗琪罗,对他很是同情。一天,他去敲米开朗琪罗的房门,没有人应声,他上楼,挨个房间去找,一直找到米开朗琪罗睡觉的那一间。艺术家一看是他,不大高兴。但巴乔却再也不愿离开,直到把他治愈为止。

和从前的尤利乌斯二世一样,保罗三世也来看他作画,还要发表自己的意见,他的司仪长比阿吉约·达·切塞纳陪着他。

一天,教皇问司仪长对作品有何看法,这位比阿吉约,据瓦萨里说,是一个极迂腐的人,宣称在这样一个庄重的场所,画上这么多下流的裸体是极不恰当的,还说这种画只能装饰浴室或者旅店。

米开朗琪罗被激怒了,待他走出门,便凭着记忆,把他画进了地狱,成为弥诺斯的形象,在一座魔鬼的山中,一条巨蛇缠着他的腿。【名师点睛:通过这一处米开朗琪罗对比阿吉约的肖像的处理,表现了他对迂腐的比阿吉约点评自己作品的愤怒,将米开朗琪罗疾恶如仇、直白的性格生动地凸显出来。】比阿吉约到教皇面前告状,保罗三世嘲弄地说:

"倘使米开朗琪罗把你放在炼狱,我还可以想想办法救你。可是他把你放进了地狱,那我就无能为力了:在地狱里肯定是没救的了。"

认为米开朗琪罗的绘画下流的,可不止比阿吉约一个人。意大利正在整肃世风,那时离韦罗内塞因《西门家的最后晚餐》被异教裁判所传讯已为时不远。不少人在《最后的审判》面前大呼有伤风化,叫得最响的是阿雷蒂诺。【写作借鉴:这是一个过渡段,承上启下,引出后文米开朗琪罗因为《最后的审判》所遭遇的非议。】

这位道貌岸然、内心污秽的作家,想要给纯洁、正派的米开朗琪罗上修身课,(其实这是阿雷蒂诺对米开朗琪罗的报复。因为阿雷蒂诺之前曾多次向米开朗琪罗讨要艺术品,后者都直接无视他的要求,因此他怀恨在心，要米开朗琪罗为当初对自己的轻蔑和无视付出代价。）给他写了一封无耻的信，指责他描绘"一些让娼家也会脸红的东西"。他向新设立的异教裁判所控告其亵渎宗教的罪行。"因为，"他说，"侵害他人的信仰，其罪恶更甚于自己无信仰。"他请求教皇毁掉这幅壁画；他指控米开朗琪罗是路德派教徒，卑鄙地暗示他道德败坏，（信中还含沙射影地侮辱了无辜的佩里尼和卡瓦列里。）临了还谴责他盗窃了尤利乌斯二世的钱。

这封卑鄙无耻的信把米开朗琪罗灵魂深处最珍视的东西——虔诚、友谊、爱惜名誉等情操——玷辱殆尽，他读时不禁报以轻蔑的微笑，又因受辱而痛哭，但对这封卑鄙的讹诈信，米开朗琪罗不予理睬。

他大概想起了自己提及某些敌人时，以压倒人的蔑视说过的话："不值得和他们去斗，胜了他们也不是什么了不得的事情。"

阿雷蒂诺和切塞纳对《最后的审判》的意见日益得势，他仍不置一词，也不采取任何行动去阻止他们。

他的作品被视为"路德派的垃圾"，他什么也不说。保罗四世想要除掉他的壁画，他依然什么也不说。直到达尼埃尔·沃尔台雷奉教皇之命，来给他的主人公们"穿裤子"时，他还是什么话也不说。

人家征询他的意见，他毫无怒气地回答，语气中交织着嘲讽和怜悯："告诉教皇，说这只是小事一桩，很容易整治，只要圣上愿意，他可以整治世界，修理一幅画不过是举手之劳而已。"【名师点睛：在米开朗琪罗这段看似轻描淡写的语句中，表现出他根本不屑与那些道貌岸然、内心下流的误解他的人解释，暗藏他对那些人的愚昧无知和迂腐的嘲讽。】

他知道，在和维多利亚虔诚的交谈中，在这颗纯洁无瑕的灵魂庇护下，自己是怀着何等热诚的信仰完成这幅画的。他羞于为这些寄予了他的英雄思想的纯洁裸体辩护，以反驳那些下流的猜度和伪君子及小人的含沙射影。

名人传

西斯廷的壁画完工以后，米开朗琪罗以为终于有权去完成尤利乌斯二世的陵墓了。而不知足的教皇却逼着这位七十岁的老人画保利内教堂的壁画。（这些壁画包括《圣保罗谈话》《圣彼得殉教》等，事实上，米开朗琪罗这个时期的身体健康状况很不好，1542年着手工作，直到1550年才勉强完成，中间曾有两次因患病中断工作。瓦萨里说："这是他一生中最后完成的一组绘画作品，且付出了极大的努力和心血，因为绘画，尤其是壁画，对老人来说并不相宜。"）

他差一点没能制作预定安放在尤利乌斯二世陵墓的几座雕像，那是用来装饰其小圣堂的。

米开朗琪罗庆幸自己得以和尤利乌斯二世的继承人签订了第五份，也是最后一份合同，根据这份合同，他交付出已经完成的那些雕像，并出资雇用两名雕刻家完成陵墓的扫尾工作。这样一来，他便永远卸下了其他一切义务。【名师点睛：米开朗琪罗以为他可以永远卸下自己欠下的义务，卸下心理负担，可是苦难远远没有到头，这段文字欲抑先扬，引出后面的苦难。】

然而，他的苦难并没有到头。尤利乌斯二世的继承人贪婪地不断索要他们认定他以往收下的预付款。教皇让人告诉他，不要为这些事分心，专心做好保利内教堂的事情。他回答道：

"但是，我们是用脑子而不单是用手作画。做事不动脑子的人是要丧失荣誉的。因此只要我有这些操心事，我就创造不出好作品……我这辈子给捆在这座陵墓上了，我因在利奥十世和克雷芒七世面前竭力表明自己无罪而葬送了全部青春，我因为过分讲良心而毁了自己。【名师点睛：的确如此，米开朗琪罗因为在道德方面对自己要求太高，将一些旁人看来可以推卸的责任全部揽在身上并要求自己负责到底，从而浪费了很多时间和精力，也让自己心累不已。】这就是我的命运使然！我看见许多人年收入高达两三千埃居（古代意大利的一种金币单位），我呢，历尽艰辛，却仍然贫穷。而别人还把

135

我当窃贼！……在人前——我不说在神面前——我自认为是个诚实的人，我从未欺骗过任何人……我不是窃贼，我是佛罗伦萨的士绅，出身高贵，是一个受尊敬的人的儿子……当我不得不在那帮混蛋面前自卫时，我真要发疯了！"

为了补偿他的对手，他亲手制作了《行动生活》和《冥想生活》这两座雕像，虽说合同上并没要求他这样做。【名师点睛：米开朗琪罗所做的比对方所要求的多出了很多，这也正表现了他对自己的道德要求和做人准则，同时也能看出他对艺术的负责任的态度和对美好艺术的无止境的追求。】

1545年1月，尤利乌斯二世的纪念建筑终于在文柯利的圣彼得教堂落成。与最先的宏伟计划相比，这座陵墓已经大打折扣了，《摩西》在原计划中只是一个陪衬，现在却占据了中心位置，真是一个伟大计划的讽刺画。

毕竟，这件事了结了。米开朗琪罗从他一生的噩梦中解脱了出来。

Z 知识考点

1. 判断题。米开朗琪罗为维多利亚的死写了两首十四行诗。一首渗透着柏拉图学派的思想，表现了一种狂热的理想主义和极其高雅讲究的风格。另一首更温柔，且宣告了爱情对死亡的胜利。（   ）

2. 判断题。米开朗琪罗对艺术存留的幻想，对权贵的恐惧，使得他接受了保罗三世的任命，便有了《最后的审判》。（   ）

3. 本有机会逃跑的米开朗琪罗，为什么又被"新主人的锁链缚住了"？

4. 本章中主要讲述了米开朗琪罗的哪两位重要的爱人？

5.米开朗琪罗对卡瓦列里的友谊并不是专一的或排他的,但却最持久且达到了狂热程度。在文中找出值得他这样对卡瓦列里的原因。

_____
_____
_____
_____

阅读与思考

1.米开朗琪罗面对外界对《最后的审判》的中伤,为什么什么话也不说?

2.维多利亚是具有怎样性格的一位女性?

3.爱情对米开朗琪罗的艺术创作起着怎样的作用?

二　信念

M 名师导读

　　维多利亚的离开，让米开朗琪罗再次陷入精神上的孤独。他仿佛一生都在各种痛苦中挣扎——当权者的逼迫、家庭的烦扰、艺术之路的坎坷……而他又总是顾及太多，太在乎自己的荣誉，于是不断向这些磨难屈服，做一些自己并不愿意做的事。对于别人的误解和诽谤，他总是沉默以对，不屑解释，他高傲的姿态，引起他人更多的愤怒和更深的怨恨。但对他眼里的弱者，他同情、宽容、富有爱心，还表现得风趣幽默，让人感到温暖。

　　维多利亚死后，他曾想回佛罗伦萨，"在父亲身边，让他疲惫的筋骨得到休息"。

　　他这一生侍奉了几代教皇以后，想将余年奉献给上帝。也许是受到女友的推动，他想要完成她最后的一个遗愿。

　　维多利亚去世前一个月，1547年1月1日，米开朗琪罗被保罗三世任命为圣彼得大教堂的总建筑师兼总监，全权负责教堂的修建。

　　他接受这项任务并非没有困难，也不是因为教皇的坚持，才使他下决心以七十余岁的老迈之身，担负起这副他从未承受过的重担。而是他把这看成一种责任，是神交给他的使命：

　　"许多人认为，我也相信，是上帝把我安置在这个岗位上的，"他写道，"不管我多么老，我都不愿放弃，我是出于对上帝的爱而效劳的，我所有的希望都寄托在上帝身上。"

为了这项神圣的事业，他不接受任何薪酬。【名师点睛：米开朗琪罗把教皇交给他的任务当作是神赋予的使命，为了这份神圣的事业，他愿意做出无偿的奉献，表现他对神的敬仰和爱戴，对信仰的虔诚。】

这件事情上，他又得和众多的敌人交手。如瓦萨里所说，敌人就是"圣·伽洛的党羽"，还有所有的管理员、供应商、工程承包人等，他揭出他们营私舞弊的劣迹，而圣·伽洛过去一直装聋作哑，从不过问。瓦萨里说："米开朗琪罗把圣彼得教堂从窃贼和强盗手中解救了出来。"

敌人们联手反对他。为首的便是那个厚颜无耻的建筑师纳尼·迪·巴乔·比吉奥，瓦萨里指责他曾偷米开朗琪罗的钱，现在又一心要排挤他。他们散布流言，说米开朗琪罗对建筑一窍不通，完全是浪费金钱，毁坏前人的作品。

教堂建筑管理委员会也参与反对他们的总建筑师，于1551年发起组建一个正式的调查组，由教皇亲自主持。监察人员和工人们在两位红衣主教——萨尔维亚蒂和切尔维尼的支持下，都来控告米开朗琪罗。

米开朗琪罗不屑于为自己辩解，他拒绝和他们辩论。他对红衣主教切尔维尼说："我没有义务把我应该做或想要做的事通知您，或其他任何人。你们的任务是监督财务支出，剩下的事只跟我有关。"他那改不了的骄傲禀性，从不肯把自己的计划告诉任何人。【名师点睛：这段文字的描写，让一个对外行和小人不屑一顾的艺术家高傲的形象跃然纸上。】

对那些怨声载道的工人，他的回答是：

"你们的任务是干泥瓦活、木工活、斫(zhuó)石、筑墙，执行我的命令，干你们的本行。至于弄清我脑子里的想法，你们永远做不到，因为这是侵犯我的尊严。"

他这种做法当然激起了更多的怨恨，如果没有教皇们的保护，他一刻也支撑不下去。【写作借鉴：这是一个过渡段，承上启下，引出下文

【叙述教皇更替给他带来的影响。】

因此，尤利乌斯三世晏驾，红衣主教切尔维尼成为教皇以后，米开朗琪罗差一点就要离开罗马了。

然而马尔赛鲁斯二世刚登基就驾崩，由保罗四世继位。最高权威的保护重新确立，米开朗琪罗也就继续奋斗下去。

他认为如果放弃作品，就会丧失名誉，灵魂的得救也将成为问题。

"我是不得已挑上这副担子的，"他说，"八年来，我在无穷尽的烦恼和劳累中徒劳地耗损自己。现在，工程进展很顺利，已经可以建造穹顶了，我如果这个时候离开罗马，一切都将前功尽弃，这对我来说简直是一大耻辱，也是灵魂的一大罪孽。"他的敌人们当然不肯善罢甘休，争斗有时竟会酿成悲剧。1563 年，圣彼得教堂工程中最忠诚于米开朗琪罗的助手皮埃尔·路易吉·加埃塔，被诬盗窃而入狱，他的工程总管切萨雷·达·卡斯台杜朗特被刺身亡。

米开朗琪罗的回应是，任命加埃塔接替切萨雷的职位。管理委员会赶走了加埃塔，任命米开朗琪罗的敌人纳尼·迪·巴乔·比吉奥担此职务。

米开朗琪罗勃然大怒，不再去圣彼得教堂视事。人们传播流言，说他已经辞职。管委会迅即任命纳尼取代他，纳尼也立刻摆起了主管的架势。

他指望使这个疾病缠身，离死不远的八十八岁高龄的老者以灰心丧气告终。可他对这位敌手估计不足。米开朗琪罗当即去找教皇，表示若不还他以公道，他就离开罗马。他要求重新做调查，证明纳尼的无能和欺骗，把他赶走。这是 1563 年 9 月，他去世前四个月的事，就这样，直到他最后的时日，他还在与嫉妒和仇恨做斗争。【名师点睛：由于他出众的天才，由于他不随波逐流的高傲，终其一生，米开朗琪罗都在与嫉妒和仇恨搏斗，直到最后的时日，让人对他的遭遇不胜怜惜。】

我们不必为他抱屈，他知道怎么自卫，直到临死的时候，他还能——如他以往对他兄弟乔凡·西莫内所说——"把这个败类碎尸万段"。

除圣彼得大教堂的巨型作品，还有其他一些建筑工程占用着他的暮年：卡皮托勒教堂、圣马利亚·德利·安杰莉教堂、佛罗伦萨洛伦佐教堂的楼梯、皮亚门，尤其是佛罗伦萨的圣乔凡尼教堂——他的宏伟计划中的最后一个，也和其他宏伟计划一样流产了。【名师点睛：前面详细介绍完米开朗琪罗修建圣彼得大教堂，这里简单地列举他的其他工程，内容上详略得当；结构上也承上启下，引出后文圣乔凡尼教堂计划的流产；同时也寓意他直到暮年依然被无穷的工作包围，其中很多计划却都未如自己所愿的完成，这对一个有狂热艺术追求的人来说，实在是非常遗憾。】

佛罗伦萨人曾请求他在罗马为该邦建造一座教堂，科斯梅大公还亲自给他写了一封极尽恭维的信。

米开朗琪罗为乡恋之情所激励，以年轻人般的热情投入了这项工作。他对同乡们说，如果他们能实现他的设计方案，无论罗马人还是希腊人都将无法和他们媲美。瓦萨里说："他从来不曾说出这样的话，以前没有，以后也没有，因为他是极其谨慎的。"佛罗伦萨人接受了他的方案，未做任何修改。米开朗琪罗的一个朋友，蒂贝里奥·卡尔卡尼，在他的指导下制作了一个教堂的木制模型，这是一件罕见的艺术珍品，无论就其壮美、富丽，还是多姿多彩而言，都是其他教堂无法与之相比的。人们开始建造，花了五千埃居，而后，钱没有了，工程停顿下来，米开朗琪罗伤心到极点。教堂始终没有建成，连模型也不知去向了。【名师点睛：这是米开朗琪罗寄予厚望并投入年轻人般热情的作品，可是最后因为缺钱致使作品流产，可想而知当时已经行将就木的他会有多伤心、失望。】

这是米开朗琪罗对艺术创作的最后失望。行将就木之际，他怎能幻想刚刚起步的圣彼得大教堂有朝一日能够建成，他的作品中还能有一件永存于世？如果他能做主，很可能他自己就会把一切都砸碎。

他最后一件雕塑，佛罗伦萨教堂里的《耶稣降下十字架》，(1553年，米开朗琪罗开始创造这件非常动人的作品，人们觉得他只是在谈他自己，他完全沉浸在痛苦之中。另外，那个扶着基督的老人，表情痛苦，仿佛就是他本人。)表明他对艺术已冷漠到何等地步。他之所以还在继续雕刻，已不再是出于对艺术的信仰，而是出于对基督的信仰，因为"他的精神和力无法阻止他创造"。但作品一旦完成，他就要将它毁掉。"若不是他的仆人安东尼奥恳求将它赐给他，这件作品就不复存在了。"

这就是米开朗琪罗在最后的岁月对自己的作品漠不关心的表现。

【名师点睛：在米开朗琪罗心里，那些曾经宏伟的计划一件件都付诸东流，如今垂垂老矣，回想太多的未偿心愿，他只能报之以漠不关心，暗示他心里深度的不甘和无奈。】

自维多利亚死后，再没有任何伟大的情感照亮他的生命。爱已离他而去：

爱的火焰没在我的心中停留，

我已折断灵魂的翅膀，

巨大的病痛(衰老)总能驱除微不足道的忧伤。

他失去了他的弟弟们和最好的那些朋友。

路易吉·德尔·里奇奥死于1546年，塞巴斯蒂安·德尔·皮翁博死于1547年，他的弟弟乔凡·西莫内死于1548年。最小的弟弟吉斯蒙多——他和他一向联系不多——死于1555年。【名师点睛：米开朗琪罗所爱的维多利亚永远离去，让他失去对伟大情感的热情，而现在，他最好的朋友和弟弟们也相继去世，他越来越孤苦伶仃，可以想象他晚年的凄凉。】

他将他对亲情的需要和易怒的情感一齐倾泻在成为孤儿的侄子、侄女——他最爱的弟弟博纳罗托的两个孩子身上。一个叫切卡(弗朗切斯卡)，女孩；一个叫利奥纳多，男孩。

米开朗琪罗把切卡安置在修道院，给她置办了行装，供给她一切食宿费用，不时去看她。她出嫁的时候，他给了她一份产业做嫁妆。他亲自负责利奥纳多的教育。博纳罗托去世时，这孩子才九岁，一封封语重心长的信，令人想起贝多芬和他侄儿的通信，表明他是何其认真地在尽父辈的责任，当然也时有勃然大怒的情况发生。利奥纳多经常会考验他伯父的耐心，而这耐心却并不大。

这年轻人糟糕的书法就足以使米开朗琪罗暴跳起来，他认为这是对他不敬：

收到你的信，没有一次不是读信之前就让我恼怒万分。不知你从哪儿学来这样的书法！简直是毫无情义！……我相信，即便是给世界上最大的一头驴写信，你也会写得更认真一些……我把你最近的来信扔进火里了，因为我没法读它，也没法回信。我已对你说过，现在不妨再说一遍，每次我收到你的信，总是不等读信就要发怒。从今往后，你别再给我写信了。你有什么事要对我说，就去找个会写字的人替你写，我的脑子需要派别的用场，不能耗费于猜测你那些无法辨认的字迹。

<u>生性多疑，加上兄弟之间的种种纠葛，令他益发多心，他对侄儿的谦卑恭顺并不抱太多幻想，在他看来，这种情感主要是冲着他的钱财，那小子知道自己是他的继承人。米开朗琪罗也毫不客气地对他挑明了这一点。</u>【名师点睛：米开朗琪罗天生的多疑和猜忌，使得他很早就能察觉出侄子对他讨好的真实目的，也使他额外多出许多烦恼。后面他侄子的表现也验证了他的猜测。】

有一次，他卧病在床，生命垂危，听说利奥纳多去了罗马，干了些不得体的事，他十分恼火，写信对利奥纳多说：

利奥纳多！我病倒时，你却跑到乔凡·弗朗切斯科先生那儿打听我还留下了什么。难道你有了我放在佛罗伦萨的钱还不够吗？你别同你的亲人撒谎，也别同你父亲一样，你父亲把我从佛罗伦萨我自己的家中赶走！须知我已备下了一份遗嘱，根据遗嘱你别再指望从我这里得到什么。去你的吧！别再出现在我眼前，永远别再给我写信了！

这怒气丝毫不能触动利奥纳多，因为通常随之而来的是温情的信和这样那样的礼物。（米开朗琪罗在1549年病倒之时，首先通知了侄子，并告知他已将他写到遗嘱里。）

一年以后，他侄子为赠送三千埃居的诺言所吸引，重新赶赴罗马。米开朗琪罗被他这种情急的表现所刺痛，写道：

你这么急匆匆地赶到罗马来，我不知道倘若我处于贫困之中，连面包都不够吃的时候，你能否这样快地赶来！……<u>你说你来是出于责任，是因为爱我。是啊！蛆虫的爱！</u>【名师点睛：这里米开朗琪罗将侄子对自己的"爱"比喻成"蛆虫的爱"，形象生动地写出侄子对他的不断的依赖和压榨。】如果你真的爱我，你会写信对我说："米开朗琪罗，留着你的三千埃居，自己花吧！你已经给了我们那么多钱，足够我们用了，你的生命对我们来说比财产更重要……"但是，四十年来，你们靠我养活，我却从来不曾从你们那里听到一句好话……

利奥纳多的婚姻又是一大严重问题。此事让伯侄二人操心了六年之久（自1547至1553年）。而利奥纳多惦记着伯父的遗产，表现得温顺听话。

他接受他的一切劝告，让他去挑选、评议，自己不发表任何意见，似乎什么都无所谓。反之，米开朗琪罗十分投入，仿佛是他自己要结婚。他将婚姻视为一件严肃的大事，其中爱情是最次要的条件，财产也不在他的盘算之中，他认为最重要的，是健康和名声。

他提出严苛的建议，毫无诗意，坚定且讲求实际：

这是一项重大的决策：你得牢记，在男人和女人之间，必须有十岁的差距；注意你所选择的女子不仅要贤惠，而且要健康……人们和我谈起好几个，有的我满意，有的不行。你考虑考虑，如果这里面有你中意的，就来信告诉我，我再告诉你我的意见……你有选择这个或那个的自由，只要对方出身高贵，有教养。为了今后和睦相处，与其有巨额财产，还不如没有妆奁。一个佛罗伦萨人告诉我，有人向你提过吉诺里家的女儿，你也很中意。可我不愿意你娶一个只要有钱备下妆产，就不会把女儿嫁给你的父亲的女儿。我希望选择愿将女儿嫁给你，而不是嫁给你的财产的人……唯一需要你仔细考察的，是她灵魂和肉体的健康、血统和品行的纯正，还要了解其父母是何等人，因为这很重要……你得用心找一个必要时不耻于洗濯碗碟、管理家务的女人……至于美貌，既然你肯定不是佛罗伦萨最漂亮的男子，你就不必担心，只要她不是残废，不是丑得吓人就行……【名师点睛：米开朗琪罗在帮侄子挑选结婚对象的时候，会更看重道德层面和家庭背景，不看重财产和外貌，或许米开朗琪罗是将自己看待一个优秀的人的评判标准用在帮侄子寻找结婚对象上。】

搜寻了许久，似乎觅得了那只珍奇的鸟。可是在最后一刻，又发现了足以造成严重障碍的缺点：【写作借鉴：将米开朗琪罗心里觉得可以与侄子结婚的对象比喻为"珍奇的鸟"，能被他挑中的就是很珍奇的，好不容易觅到，却又发现缺点，可见他的眼光很是严苛，也体现出他对侄子的婚事非常上心。】

听说她是近视眼，在我看来这不是小问题。因此我什么也没答应。既然你也没有表态，我看还是算了吧，假如你确信真有其事的话。（1551年12月19日）

利奥纳多泄气了。他奇怪伯父干吗非要他结婚不可。米开朗琪罗回答：

没错，我希望你结婚。这是好事，是为了我们家族香火不断。我知道，即使我们这一族绝灭了，对世界也不会有任何影响，但是每种动物终归要努力保存自己的族类。因此，我盼着你结婚。（之后又有补充：如果你觉得自己不太健康，那就听其自然吧，不必再给这个世界添加其他的不幸者了。）

终于，米开朗琪罗也厌倦了。他开始觉得自己很可笑，老是他在忙活侄儿的婚事，利奥纳多本人倒漠不关心。他于是声称再也不掺和这件事了：

六十年来，我一直操心你们的事，现在我老了，我该想想自己的事了。【写作借鉴：这是一个过渡句，一方面承接上面为侄子的婚事付出了很多精力，一方面引出下文他不再插手侄子的婚事，侄子自己做决定结婚了。】

正是此时，他听说侄儿和卡桑德拉·里多尔费订了婚。他很高兴地祝贺他，答应送给他一千五百杜加金币。

利奥纳多结婚了，米开朗琪罗向年轻夫妇写信致贺，许诺送给卡桑德拉一条珍珠项链。

即使开心也不能阻止他提醒侄儿，虽然他不太了解这些事，但他觉得利奥纳多把女人带回家以前，应该把所有的金钱问题做个明确的安排。因为在这些问题上，常常藏有导致不和的因素。信末，添上了一个带有嘲讽意味的劝告："好吧！现在，好好过日子，也要好好动脑子，因为寡妇的数量总是比鳏夫多。"

两个月以后，他给卡桑德拉寄去的，并不是曾许诺的项链，而是两枚戒指，一只镶着钻石，另一只镶着红宝石。【名师点睛：从米开朗琪罗给卡桑德拉的礼物可以看出，他是很爱他侄子的，很用心地给侄媳妇送结婚礼物。】卡桑德拉谢了他，随信寄去了八件衬衣。米开朗琪罗回信道：

这些衬衣真好，尤其是布料，我很喜欢。但我不乐意你们为我花钱，因为我什么也不缺。我感谢卡桑德拉为我做的一切，告诉她我可以给她寄去在这儿能找到的一切，无论是罗马的产品还是其他地方的。这次，我只寄了点小东西；下次，我会送给她更好的、更讨她喜欢的东西。但是你要告诉我。

不久，孩子诞生了：第一个，按米开朗琪罗的意思，取名博纳罗托（1554）；第二个，取名米开朗琪罗，可惜出生不久就夭折了（1555）。

1556年，老伯父邀请年轻夫妇到他在罗马的家里做客，他总是饱含感情地和家庭同甘共苦、悲喜与共，却从不让家人操心他的事情，包括他的健康。

除了和家庭的联系，米开朗琪罗还有不少知名的或出类拔萃的朋友。（在米开朗琪罗漫长又痛苦的人生中，有深受冷落的孤独时期，也有充满友情的充实时期。1515年他在罗马的时候，有一伙具有自由思想、生气勃勃的佛罗伦萨人，他们都对他很忠诚，有的给他提供外面的信息，有的给他充当钱财顾问，有的在文学方面有很高造诣，有的外在俊美，他从他们那里感受强烈的求知欲，他们则对他表现出动人的关切。）【写作借鉴：此为过渡段，由家庭的亲情链接，自然过渡到社会的友情中来。】

尽管他性格孤僻，但也不像贝多芬一样，表现得像个多瑙河的农民。他是意大利的上层人物，有很高的文化修养和世家子弟的优雅气质。他的青少年时代是在圣马可花园，在卓越伟大的洛伦佐身边度过的。

从那时起，他就和意大利的大贵族、亲王、主教、文人、艺术家中所有的佼佼者有联系。（他在艺术界的朋友最少。一方面他太执着，不可能像爱自己的艺术一样去爱别人的艺术；另一方面他又太真实，不会假装去爱他其实根本就不爱的东西。）

他和诗人弗朗切斯科·贝尔尼斗智，和贝内代洛·瓦尔奇通信，和路易吉·德尔·里奇奥、多纳托·吉阿诺蒂交换诗稿。人们收集研究他的谈话、他对艺术的深刻论述，还有他无人能与之匹敌的对但丁的理解和看法。罗马的一位贵妇写到他时说，在他愿意的时候，他是"一位温文尔雅、很有魅力的绅士，这样的人品在欧洲都很罕见"。

在吉阿诺蒂及弗朗索瓦·德·奥朗德写的《对话录》中，可以看出他周到的礼貌和待人处事的习惯。从他给亲王们的某些信中，甚至能看出他有能力成为一位无懈可击的廷臣。社会从未规避他，是他自己要和社会保持距离，他全凭自己去赢得生活的胜利。

对意大利而言，他是天才的化身。到他艺术生涯的最后几年，已是伟大的文艺复兴运动硕果仅存的巨人，他是文艺复兴的代表人物，整个世纪的光荣都体现在他身上。

不仅艺术家们将他视为超人，王公们在他的权威面前，也得礼让三分。【写作借鉴：此段为过渡段，既承上写出他在艺术家中极高的威望，又引出下文王公贵族们对他的敬重。】

法国国王弗朗索瓦一世和卡捷琳娜·梅迪契向他致敬。科斯梅·德·梅迪契大公想任命他为贵族院议员，他到罗马的时候，与米开朗琪罗平起平坐，让他坐在自己身边，与他亲密地交谈（1560年11月）。

科斯梅大公之子弗朗切斯科·德·梅迪契接待他时，脱下帽子拿在手中，"对这位旷世奇才表示无限的敬意"（1561年10月）。人们对他"崇高的德行"如对他的天才一样敬重。他的晚年像歌德、雨果一样为荣誉所环绕。但他又有别于他们，既不像歌德那样渴望成为众所周知的人，也不像雨果那样尊重资产者。他独立自由，不受社会和现存秩序的约束。

他蔑视荣耀，蔑视社会，若说他为教皇们服务，那只是"迫不得已"，且不说他还毫不客气地直言"甚至教皇们和他谈话或派人去请他时，有时也招他厌烦和生气"，而且，"哪怕他们下命令，他要是没安排出时间，照样不去"。【名师点睛：他不讨好权贵，不爱慕虚荣，蔑视虚礼俗套，他就是这么个性鲜明、与众不同。】

当一个人因天性和教育的结果，成为憎恨虚礼俗套的人，倘若不让他按适合自己的方式生活，那就太不通情理了。倘若他既不向你要求什么，也不招惹你那个群体，为什么你要去招惹他呢？为什么要强迫他去迁就那些与他的远离社会相抵触的无聊小事呢？不顾及自己的天才，而只想取悦于一般傻瓜的人，绝不是一个高尚卓越的人。

他和社会只保持必不可少的联系，或者单纯思想文化上的交往。他不让人进入他的内心世界，教皇、王公也好，文人、艺术家也好，在他的生活中都只占很小的位置。甚至他们当中他真正抱有好感的一小部分人，他也很少与之建立持久的友谊。他爱他的朋友，对待他们都很宽厚，但是他的暴躁、骄傲和多疑，常常把那些最感激他的朋友变成他的死敌。有一天，他写了这样一封优美而感伤的信：

可怜的忘恩负义者，天性就是如此，你在他陷于困境时帮助他，他说你给予他的他早就给过你了。你给他工作以示关心，他认为你是不得不委托他做这件事，因为你自己不会。他受到的所有恩惠，他都说施恩者是迫不得已。如果这些恩惠太明显，他不可能加以否认时，忘恩负义者会长时间地等待着，直到有朝一日给他好处的人犯了一个明显的错误，他便抓住借口说他的坏话，而且就此摆脱他所欠下的所有情分。人们总是这样对待我，可是没有一个艺术家来求我时，我不给他一些好处的，而且总是出自真心。而后，他们便以我脾气古怪、性格癫狂为借口，把我说成精神病患者，只会干错事，借此诬蔑、诽谤我：这就是对所有善良人的奖励。【名师点睛：这段米开朗琪罗的信，比较形象地描绘出他的内心世界，更加突出了他猜忌、高傲和悲观的性格特征。】

在他的家里，有一些助手相当忠诚，但大都平庸无能。有人认为他是有意选择平庸之辈，要把他们当驯服工具，而不是合作者。何况，这样也没什么不合理之处。但是，龚迪维说：

许多人责备他不愿教他那些助手，事实不是这样。相反，他很愿意教他们，倒霉的是他不是遇上低能儿，就是遇上有能力而没有恒心的人，他们刚跟他学了几个月，就自以为是大师了。

毫无疑问，他对助手的要求首先是绝对的服从。对那些桀骜不驯的人，他冷酷无情。而对那些谦恭而忠实的信徒，则无比宽厚仁慈。【名师点睛：这句话概括了米开朗琪罗对待不同性格的助手的不同态度，引出下文介绍他与一些助手和睦相处、对他们慷慨仁慈的事例。】

懒惰的乌尔巴诺"简直不愿干活",而他还振振有词:因为他一干活,就会笨手笨脚地把作品弄坏,乃至根本无法补救,弥涅瓦的《基督像》就是一例。某次他生病,受到米开朗琪罗慈父般的照顾,所以他称之为"亲爱的,最好的父亲般"的米开朗琪罗。(甚至他手指上的一点小伤口,米开朗琪罗也会去担心。)

皮埃罗·迪·吉阿诺托被他"爱之若子";西尔维奥·迪·乔凡尼·切帕雷洛转到安德烈·多里亚处服务时,伤心地恳求重新回到他这儿来;安东尼奥·米尼的动人故事,是米开朗琪罗对待助手们慷慨大度的一例。【名师点睛:这里列举了米开朗琪罗对一些助手很好,简单的一笔带过,最后一句引出下文更加详细的例子。】

据瓦萨里描述,米尼在他的学徒中,算是很有毅力却不大聪明的一个。他爱着佛罗伦萨一个穷寡妇的女儿。按他父母的意见,米开朗琪罗要他离开佛罗伦萨。安东尼奥愿意去法国,米开朗琪罗送给他一份可观的大礼:"所有的素描,所有的画稿,还有《勒达》,包括为此做的全部模型,无论是蜡制的还是黏土制的。"他带着这批财宝动身了(1531)。但是,打击米开朗琪罗宏伟设想的厄运,更严峻地落到了他卑微的朋友身上。

安东尼奥到了巴黎,原本想将《勒达》面献给法国国王。但弗朗索瓦一世当时不在,他便将画寄存在一个意大利朋友朱利亚诺·博纳科尔西那里,然后就回到自己所在的里昂。

但几个月后,当他回到巴黎,《勒达》不见了:博纳科尔西偷偷把它卖给了弗朗索瓦一世。安东尼奥气坏了,没有经济来源,无法自卫,流落在这异域的城市中流浪,于1553年末忧愤而死。

在所有的助手中,米开朗琪罗最喜爱,而且因为他的关爱而得以名垂青史的,则是来自卡斯台尔·杜朗台的弗朗切斯科·达马多雷,别号乌尔比诺。

他从1530年来到米开朗琪罗工作室,在米开朗琪罗的指导下修建

名人传

尤利乌斯二世的陵墓。米开朗琪罗为他在自己死后的前途操心。【名师点睛：米开朗琪罗非常关心他死后乌尔比诺的前途，这让前面所记录的关于他"唯愿助手平庸无能"的流言不攻自破。】

"如果我死了，你怎么办？"他问他。

"那我就去给别人干。"乌尔比诺回答。

"噢，可怜的人！"米开朗琪罗说，"我要把你救出苦海。"

于是他一下子给了他两千埃居，这样的馈赠只有皇帝和教皇才做得到。

可是乌尔比诺死在了他前面。他死后第二天，米开朗琪罗写信给他的侄儿：

乌尔比诺死了，昨天下午四点左右。我是那样伤心和心烦意乱，我还不如和他一道死去，反倒好过些。我深爱着他，他也值得我爱：这是一个高尚、正直且忠诚的人。他的死令我痛不欲生，我无法觅回平静的心情。【名师点睛：信中言语情深意切，可以看出乌尔比诺的死让米开朗琪罗非常痛苦，突出了乌尔比诺在米开朗琪罗心中的位置非同一般。】

他的痛苦是那样深，以致三个月后，在写给瓦萨里的一封著名的信里，这痛苦仍使他备受煎熬：

吉奥尔吉奥，我亲爱的朋友，我本无心提笔，为了给你回信，权且胡乱写几行。你知道，乌尔比诺死了，这对我是极残酷的折磨，却也是上帝赐予我的极大恩惠。就是说，他活着的时候，使我也能存活，他一死，教我也懂得了死，并非不乐意而是很乐意死。他在我身边二十六年，我一直觉得他十分忠实、可靠。我让他挣得了一些财产，现在正想把他当作我老来的依傍，他却离我而去，只给我留下在天堂与他相见的希望。既然上帝使他幸福地死去，就表明他一定会在天堂。对我说来，比死更难以忍受的，是让我苟活在这充满谎言的世界上，在数不清的烦恼之中。我身上最精华的部分已随他而去，剩下的只有无穷尽的苦难。

在情绪糟糕之际，他请侄儿、侄女来罗马看望他。利奥纳多和卡桑德拉很为他的忧伤担心，来罗马后，发现他极其衰弱。

乌尔比诺临终前托孤给他，请他担当孩子们的监护人，其中一个是他的义子，以他的名字命名。他从这一职责中汲取了新的力量。【名师点睛：一句话突出了米开朗琪罗对待自己喜欢的助手非常重情重义，即使助手死后，他也很愿意继续为他付出，体现了他博爱的情怀。】

他还有其他一些奇特的友情。顽强的天性，猛烈对抗一切强加于人的社会约束，常有一种反其道而行之的需要。他喜欢和一帮思想单纯的人厮混，这种人常有些出人意料和不拘一格的奇想：他们是些与众不同的人。【名师点睛：独特的米开朗琪罗交往的朋友也一定是独特的，究竟是些什么样与众不同的人能与他产生奇特的友情呢？这里引出下文，激起读者强烈的阅读欲望。】

一个托波利诺人，卡拉雷地方的采石匠，"他自认为是位优秀的雕刻家，每一条驶往罗马的运石船上，都要带给米开朗琪罗三四件他制作的小小的人像，这往往逗得他捧腹大笑"；瓦尔达尔诺的画家，梅尼盖拉，"时不时到米开朗琪罗这里来，要他画一张圣洛克或圣安东尼，然后他拿去涂上颜色，卖给乡下人。而米开朗琪罗，连王侯们都很难记得他的作品，却肯按照梅尼盖拉的要求画那些素描，这些作品中，还有一个精美的带耶稣像的十字架"；一个理发匠，也混迹于画家之中，米开朗琪罗为他画了一幅《圣弗朗索瓦五伤图》；他的一个罗马工人，为尤利乌斯二世陵墓工作，自以为不知不觉间已经成为大雕塑家，因为顺从地遵循米开朗琪罗的指示，居然在白石中雕出一座美丽的人像，把他自己都吓呆了；还有一个外号叫拉斯卡的滑稽的镂金匠皮洛托；游手好闲的因达柯，这个奇怪的画家，"他爱聊天的劲头，正好和厌恶作画的程度差不多"，他常说"老是工作，不会寻乐，是不配做基督徒的"；尤其是那个可笑但从无恶意的朱利亚诺·布加尔迪尼，米开朗琪罗对他有特殊的好感。【名师点睛：米开朗琪罗的朋友都各具特色，即使没什么身份地位，米开朗琪罗对待他们也都很宽厚，表现他平易近人、热爱底

<u>层人民的品质，最后一句承上启下。</u>】

朱利亚诺天性善良，<u>生活方式简单质朴，既无恶念亦无欲念，让米开朗琪罗无限喜爱。他唯一的缺点是太爱自己的作品。</u>【<u>名师点睛：这里简单介绍了米开朗琪罗喜欢朱利亚诺的原因，引出后面的故事。</u>】但米开朗琪罗往往把这看成他的幸福，因为他自己之所以十分不幸，正是由于任何作品都不能使他完全满意……有一次，奥塔维亚诺·德·梅迪契要朱利亚诺为他画一幅米开朗琪罗的肖像。朱利亚诺开始工作了，他要米开朗琪罗一声不响地端坐了两小时之后，嚷道："米开朗琪罗，来瞧瞧，你起来吧，我已经抓住你脸部的主要特征了。"米开朗琪罗站起身，看了肖像，笑着问朱利亚诺："你搞什么鬼？你把我的一只眼嵌进太阳穴了，瞧瞧吧！"朱利亚诺听了他的话，大感意外。他把肖像和他的模特来回瞧了好几遍，大胆地回答："我不觉得是这样，你再去坐下吧，如果是这样，我会修改。"米开朗琪罗知道他是怎么回事，便微笑着在他对面坐下，朱利亚诺对他、对绘画反复对比着看了一阵，然后站起来，说道："这只眼就是我画的这个样子，是自然使它显得如此。""那好吧，"米开朗琪罗笑道，"这是自然的错，继续吧，不用吝惜颜料。"

<u>这样的宽容，米开朗琪罗对待其他人是不大会有的，却慷慨地施与这些小人物，其间未尝不含有拿这些可笑的人寻开心的玩笑式的幽默，同时也包含着对这些以大艺术家自居的可怜疯子的怜悯之情。</u>【<u>名师点睛：这是对米开朗琪罗对待小人物的态度的评价，他用他的亲切、随和、宽容和幽默来表现对他那些小人物朋友的爱。</u>】

或许他们也令他回想起自己的疯狂。这里面，确有许多既滑稽又悲凉的讽刺成分。

Z 知识考点

1. 判断题。米开朗琪罗是一个有礼貌、有修养的人。（　　）
2. 选择题。下面哪一位是米开朗琪罗最喜爱的助手？（　　）
   A.乌尔巴诺　　B.米尼　　C.博纳科尔西　　D.乌尔比诺
3. 米开朗琪罗喜欢什么样的助手？不喜欢什么样的助手？

4. 为什么米开朗琪罗在艺术界的朋友最少？

5. 米开朗琪罗任圣彼得大教堂的总建筑师，全权负责教堂的修建，他是出于什么原因？

Y 阅读与思考

1. 米开朗琪罗爱乌尔比诺的具体表现有哪些？
2. 米开朗琪罗对待小人物的态度是怎样的？
3. 朱利亚诺是米开朗琪罗欣赏的一个人，他具有什么样的性格特点？

三 孤独

> **M 名师导读**
>
> 晚年的米开朗琪罗，因为没有了众多工作的束缚和各种琐事的牵绊，生活变得清冷而孤独。也许孤独就是所有伟大的人难以逃脱的宿命，米开朗琪罗也一样，这使他身心疲惫，甚至开始渴望死亡……

"我的灵魂，死神说了些什么……"

他就这样单独和那些小人物朋友——他的助手和那些痴狂的人——生活在一起，与之相伴的，还有更加卑微的朋友——他的家畜，他的母鸡和猫。（安吉阿利尼给不在家的米开朗琪罗写信说："母鸡和公鸡都得意扬扬，但猫却因为你不在而显得有些忧伤，虽然它们并不缺吃的。"）

实际上，他很孤独，愈来愈孤独。"我一直是一个人，"1548年，他写信对侄儿说，"不和任何人说话。"他不仅渐渐脱离社会，而且对人类的利害、需求、乐趣、思想，也都淡漠了。【名师点睛：直接描绘出米开朗琪罗晚年的孤独和凄凉，他生活乏味，对任何事都提不起兴趣。】

他最后的激情，把他和那个时代的人们联结在一起的共和主义的激情，也熄灭了。

1544年和1546年两次大病期间，在共和主义者和流亡者斯特罗兹家受他朋友里奇奥照料时，他又一次，也是最后一次放射出风暴般的闪光。

米开朗琪罗病愈时，请流亡法国里昂的罗伯托·斯特罗兹去提醒国王履行诺言，他补充说，如果弗朗索瓦一世能使佛罗伦萨恢复自由，他将自费为他铸造一座骑马铜像，立在佛罗伦萨的议会大厦广场上。1546年，为感谢斯特罗兹对他所尽的东道主之谊，他把两座《奴隶》雕塑送给了他，后者又转献给了弗朗索瓦一世。

但这只是政治狂热的一次迸发——最后一次迸发。1545年他和吉阿诺蒂的谈话中，好几次流露出类似托尔斯泰的斗争无用论和勿抗恶思想：

敢于杀掉某个人是一种极端轻率自负的行为，因为我们无法判断他的死能否生出善，他的存在是否有碍于善的产生。所以我很受不了那种人，他们认为若不从恶——即杀戮——开始，就不可能获得善果。时代在变，新的事件不断产生，欲念也在转化，人类厌倦了……总之，总会有人们没有料想到的事情发生。【名师点睛：表达了米开朗琪罗对战争和杀戮的观点，从中可以看出他的不抵抗主义和战争无用论。】

同一个米开朗琪罗，当初为刺杀暴君者辩护；如今却斥责那些幻想以行动改变世界的革命者。他知道自己曾是他们中的一员，他以苦涩的心情责备的正是他自己。像哈姆雷特一样，他现在怀疑一切，怀疑他的思想、他的怨恨，怀疑他曾经信仰的一切。他放弃了行动。【名师点睛：当初为刺杀暴君者辩护的米开朗琪罗，如今已经开始质疑一切，对自己曾经的思想、信仰，都开始质疑，就像大多数人一样，人老了，开始放下一切了。】

"这个老实人回答，"他写道，"'我不是政坛人士，我是个正直的人，一个有良知的人。'他说的是真话。但愿我在罗马的工作如同政治一样不需要我多操心。"

事实上，他已不再仇恨什么了，他无法再恨了，因为为时太晚了：

不幸的我，已倦于太漫长的等待，

不幸的我，达到我所渴望的已经太迟！

而今，你可知晓？

一颗勇敢、高傲而高贵的心已经懂得宽恕，

他对侮辱他的人将报之以爱。

他住在特拉扬广场上的马赛尔·德·柯尔维。他在那儿有一座房子，带有小花园。

他和一个男仆、一个女佣，还有他那些家畜一起占据着这所住宅。他和仆人们在一起过得并不愉快。据瓦萨里说，这些仆人"个个粗心大意，且不讲卫生"。米开朗琪罗经常换仆人，经常叫苦不迭。他和仆人之间的纠葛，绝对不比贝多芬的少。

他的《手记》和贝多芬的《谈话记录册》一样，留下了这些生计争端的痕迹：

1560年，他打发走一个叫吉罗拉玛的女仆后，不禁嚷道："但愿她根本没有来过！"

<u>他的卧室像坟墓般幽暗。"蜘蛛们在里面忙碌，纺造着它们小小的织物。"</u>【写作借鉴：这里运用夸张的手法，形容米开朗琪罗卧室的幽暗和脏乱，可见仆人们确实工作都不上心，也从侧面表现了米开朗琪罗晚年生活和心境的凄凉。】在楼梯中段，他画了一幅肩扛棺材的死神像。（棺材上写有一首诗："我告诉你们，告诉将灵魂、肉体和思想同时交给了人世的你们，在这黑暗的匣子里，你们便拥有了一切。"）

他过着穷苦人一般的日子，吃得很少，而且"睡不着觉，常常夜里起身，拿起凿子工作。他用硬纸板给自己做了一顶头盔，中间插上蜡烛，戴在头上，这样，既给工作照明，两只手还不被蜡烛妨碍"。

他愈老，就愈孤独。整个罗马城都进入梦乡，他却躲在那儿打夜工，这于他已是一种需要。寂静于他是恩惠，黑夜则是他的朋友：

噢，夜，噢，温柔的时刻，

尽管一片黝黯，而一切奋斗

最终都能在此达到平和，

那称颂你的人有眼光也善理解，

那赞美你的人判断力很出色。

你剪除了所有为潮湿的阴影和休息

所渗透的疲乏的思虑；

你经常把我从尘世带往高空

我所希冀的去处。

哦，死亡的阴影，

治愈痛苦的至高无上的良药，

你阻挡住灵魂和心灵的卑鄙敌人，

使我们有病的肌体重获健康，

你拭干我们的泪水，卸去我们的疲劳，

洗掉善良人的怨恨和憎恶。【名师点睛：这首诗里，米开朗琪罗不再向往光明，开始接受黑夜的侵袭，甚至开始预感死神的到来。】

一天夜里，瓦萨里去看望这位老人，他独自待在空荡荡的屋子里，面对着他那悲怆的《圣母哀悼耶稣》默想。

瓦萨里敲门，米开朗琪罗站起身来，拿着蜡烛前去开门。瓦萨里想要看看雕像，米开朗琪罗将蜡烛弄掉到地上，熄灭了，让他什么也看不见。

乌尔比诺去找另一支蜡烛时，大师转身对瓦萨里说：

"我太老了，以致死神常来拉扯我的裤腿，要我随他同去。有一天，我的躯体也会像这支蜡烛一样倒下，我的生命之光也会像它一样熄灭。"

死的念头强烈吸引着他，一天比一天阴暗，也更诱人。

他对瓦萨里说："我的任何想法，无不刻有死亡的印记。"

死现在似乎成了他生命中唯一的幸福。【名师点睛：米开朗琪罗非常清楚自己现在的处境，知道自己时日不多，已经开始向往死亡。】

当我的过去重现在眼前，

——这是常有的事，

我这才认清了人类的谬误和过错。

噢,虚伪的人世!

谁若相信了你的谄媚和虚妄的快乐,

必为自己的灵魂种下悲痛忧伤的苦果。

有过亲身体验的人非常明白,

你经常许诺你没有,也永不会有的

安宁与福祉。

因此在世上羁留最久的人,是最不受恩宠者;

寿命较短的人,

则比较容易回到天国……【名师点睛:表明了米开朗琪罗对死亡的看法,在他眼里,死亡的人是受到恩赐的人,死亡是幸福的。】

漫长的岁月把我引向最后的时日,

我很晚才看出你的逸乐,啊,人世。

你许诺你所没有的太平,

你许诺尚未出生便已死去的安宁……

是经验让我明白和让我说:

出生后旋即死去的,

才是上天所选中的人。

他的侄儿利奥纳多,为儿子的出生大肆庆祝,受到米开朗琪罗严厉的责备:

这样的铺张令我不快。当整个世界都在哭泣的时候,是不应该欢笑的。为了某个人的出生举行庆典是一种麻木不仁的表现。应该把他的喜悦,留到一个活够了的人死去的那一天再宣泄。

翌年,当侄儿的次子幼年夭折时,他竟写信道贺。【名师点睛:因为米开朗琪罗对生死的观念发生了改变,在他眼里,死才是值得庆贺的,所以才会有这种异于常人的表现。】

迄今为止一直为他的激情和天赋所忽略的大自然,却成为他晚年的一种慰藉。

1556年9月，阿尔贝大公的西班牙军队威胁罗马，米开朗琪罗出逃，途经斯波莱泰，在那里驻足五周，置身于橡树和橄榄树林中，尽情享受秋日的灿烂。

10月末，他被召回罗马，临行还留恋不舍。他写信告知瓦萨里：大半个我还留在那里，因为唯有在树林里才能觅得真正的安宁。

回到罗马后，这位八十二岁高龄的老人赋诗一首，歌颂田园和田园生活，对照城市的虚妄欺骗。这已是他最后的诗作，但充满了青春朝气。【名师点睛：在米开朗琪罗已经失去对生的留念，已经对一切失去兴趣的时候，还能最后写出歌颂田园和田园生活的诗，说明他是真心向往不同于城市虚妄的田园生活。】

但是，如同在艺术中一样，他在自然中探寻的仍然是神，他日甚一日地向上帝靠近。

他一直是有信仰的。虽说他不会被教士、僧侣蒙骗，也不会被善男信女们愚弄，而且一有机会就刻薄地挖苦他们，可是他对自己的信仰似乎从未有过丝毫怀疑。

他的父亲和兄弟们生病或临终的时候，他首先操心的总是他们的圣事是否完成。(他曾为父亲的病给博纳罗托写信，为兄弟的去世给侄儿写信，都是关心他们是否做了忏悔，是否行了圣礼。他对祈祷全都信心无限。)他把自己碰到的一切好事和没有遭遇的倒霉事，全都归功于祈祷。【名师点睛：米开朗琪罗操心家人的圣事，将一切归功于祷告，说明他对宗教非常虔诚。】

孤独中，他那神秘主义的狂热崇拜多次发作，有一次偶然给我们留下了记忆：当时的一篇报道，描述了这位西斯廷英雄陶醉沉迷的脸，夜深人静时，他独自一人在罗马家中的小花园内祈祷，痛苦的眼睛乞求地看向繁星点点的上空。(据弗拉·贝内德托记述：利奥十世登基的第一年，一个秋天的夜晚，米开朗琪罗在罗马家中的小花园里，抬眼祷告上苍。忽然，他看见美妙的流星奇观，构成三角形的三道光。他看到这神圣的景象，赶紧进屋拿出纸笔和颜料，画下这幅场景，待他画完，异象也就消失了。）

有些人试图让人相信他对圣徒、圣母的礼拜十分淡漠，但这并不符合事实。

他生命的最后二十年全部奉献给了圣彼得大教堂的修建，他最后一件作品，因他去世而未能完成的，是圣彼得的雕像，把这样一个人说成新教徒是很可笑的。

别忘了他还好几次想去朝山进香，1545年想去朝拜孔波斯泰雷的圣雅各教堂，1556年想去洛雷特，还参加了圣乔凡尼·代柯拉托（即圣约翰·巴蒂斯特）协会。像所有伟大的基督徒一样，他活着和死去都和基督在一起。【名师点睛：列举了米开朗琪罗作为虔诚的信徒的种种表现，驳斥前面有人说他对圣徒圣母的礼拜十分淡漠的观点。】

他写信告诉父亲，从1512年起，"我和基督一同过着清贫的生活"。临终时，他要求人们让他回忆基督的受难。自从和维多利亚·科洛纳建立友谊，尤其是在她死后，这种信仰益发热诚。同时他的艺术几乎完全专注于颂扬基督的受难，他的诗也沉浸于神秘主义的氛围中。他抛弃艺术，投入了十字架上的殉道者张开的臂膀里：

在波涛汹涌的海上，一叶脆弱的扁舟

把我的生命，送达共同的彼岸，

在那儿，人们卸下所有虔敬和渎圣的作品，

为的是对它们做出解析和评判。【名师点睛：米开朗琪罗将生命的终结，看成将生命送达彼岸，如此轻描淡写，而更为关注的是他死后世人对其作品的评价，可见他将生死看得很淡，而将名声看得很重。】

因此，使我将艺术视为偶像，视为君主的热情幻想，

今日看来是多么大谬不然；

我清楚地看到所有人为准备自身苦难的欲求，

在我走近双死(指精神和肉体的死亡)之际,

它们此刻究竟意味着什么?

那爱情的意念,虚妄的寻乐欲念,

一个确定无疑,另一个却隐含灾难。

无论绘画还是雕塑,都不能抚慰我的灵魂,

它已转向神圣的爱,

这神圣的爱正在十字架上,

为迎接我们而张开了双臂。

在这个老人不幸的心灵中,信仰与受难使之绽开了最清纯的花朵,这就是神圣的恻隐之心。【写作借鉴:信仰和受难使米开朗琪罗有着神圣的恻隐之心,承前启后,自然过渡到后面他有恻隐之心的诸多事例。】

这个被仇敌们诬为吝啬、贪婪之徒的人,终其一生,从未停止过施惠于穷人,无论是否认识。他不仅对他的老仆和他父亲的仆人表露了动人的感情,而且经常周济穷人,特别是那些羞于启齿的穷人。

他的父亲,老博纳罗蒂死后,他收留了父亲的一个名叫莫纳·玛格丽塔的老女佣,后来她的死让他非常伤心,"就像死了亲姐妹一样";他还帮助一个在西斯廷教堂造脚手架的可怜木工,为他女儿出嫁资……他喜欢让侄儿、侄女也参与到他的施舍活动中,以培养他们的爱心,有时让他们替他行善,且不让他们说出他的姓名,因为他愿意隐姓埋名地做好事。"他喜欢行善,而不愿意让人知道是他行善。"【名师点睛:米开朗琪罗培养侄子、侄女的爱心,到处行善却不愿留名,体现了他乐善好施的高尚品格,也从侧面反映了虔诚的信仰带给他的影响非常深远。】

出于一种美好细腻的情感,他尤其顾念那些贫穷的少女,总是暗中设法送给她们小小的奁产,使她们能够结婚或进修道院。

"去想办法了解那些有女儿要出嫁或送修道院又急需钱用的人——我说的是那种需要钱,却又羞于乞讨的人,"他写信对侄儿说,"把我寄给你的钱给他,但要悄悄给,而且要防备上当受骗……"

此外，又写道：

告诉我，你还认识别的陷于经济困境的高尚市民吗？特别是家中有女儿的家庭。为了灵魂的得救，我很乐意帮助他们。

Z 知识考点

1. 同一个米开朗琪罗，当初为刺杀暴君者_____；如今却_____那些幻想以_____改变世界的革命者。他知道自己曾是他们中的一员，他以_____的心情责备的正是他自己。像_____一样，他现在_____，怀疑他的_____、他的_____，怀疑他曾经_____的一切。

2. 判断题。米开朗琪的侄儿利奥纳多，为儿子的出生大肆庆祝，并没有受到米开朗琪罗严厉的责备。（　　）

3. "在这个老人不幸的心灵中，信仰与受难使之绽开了最清纯的花朵。""花朵"是指什么？

4. 米开朗琪罗侄子的次子幼年夭折，他为什么反倒写信祝贺？

5. "他的卧室像坟墓般幽暗。'蜘蛛们在里面忙碌，纺造着它们小小的织物。'"这里运用了什么修辞手法？有什么作用？

Y 阅读与思考

1. 文中哪些事例和言语反映出米开朗琪罗晚年心境孤独而凄凉？

2. 米开朗琪罗当初为刺杀暴君者辩护，为什么后来却斥责那些幻想以行动改变世界的革命者？

3. 米开朗琪罗对政治最后一次的狂热是指什么事？

尾声　死

M 名师导读

　　米开朗琪罗时时期盼的最后时刻终于到来了，于他而言，死亡并不恐怖，而是一种幸福的解脱。在等待死亡的过程中，他仍不知疲倦地进行艺术创作，在死神到来之前，他已把所有事情都安排妥当，只是那些未完的作品，让他略感遗憾……

　　……归宿，即死亡……

——米开朗琪罗

　　死，如此被渴望，却又如此姗姗来迟——

　　因为，对不幸者而言，死总是显得懒洋洋……

　　它来了。

　　严格的僧侣般的生活，固然使他维系了结实的体格，但无法避免疾病的入侵。1544年和1546年两次患恶性疟疾以后，他一直没有从病痛中完全恢复过来，结石、痛风，各种各样的痛楚终于把他击垮了。他暮年的一首凄惨的谐趣诗里，描写了他那为病痛所侵蚀的可怜身体：

　　我独自凄惨地生活，

　　好似树髓裹在树皮之中……

　　我的声音仿佛关闭在皮囊里的胡蜂……

　　我的牙齿已经松动，

　　犹如乐器上的按键……

我的脸丑得吓人……

我的耳朵里不断嗡嗡响：

一只耳里，蜘蛛在结网；

另一只耳里，蟋蟀整夜在吟唱……

重伤风引起的哮喘，使我不能入眠……【写作借鉴：比喻手法在这里被多次使用，形象而直接地描写出米开朗琪罗晚年凄惨的生活状态，但语句幽默，也表现了他面对病痛时乐观的心态。】

瞧瞧赐予我光荣的艺术，

把我导向了怎样的结局。

可怜的老朽，死亡若不快来救我，我就完了……

疲劳已将我肢解，撕裂，击碎，

死，就是我所等待的最后归宿……

"亲爱的吉奥尔吉奥，"1555年6月，他写信对瓦萨里说，"从我的字迹，你可以看出我已经到二十四点了……"

1560年春，瓦萨里来看他，发现他极其虚弱。他几乎不出门，也不怎么睡觉，种种迹象都让人感到他将不久于人世了。愈是衰老，他愈是多愁善感，心思细腻柔软，动不动就掉眼泪。

"我去看望了我们伟大的米开朗琪罗，"瓦萨里写道，"他没想到我会去，犹如一个父亲重新找到了丢失的儿子，非常热情和激动。他搂着我的脖颈，亲个没完，高兴地哭了起来。"

然而他依然拥有活力和清晰的思维。在瓦萨里所说的这次会面中，他就艺术的多方面问题与他谈了许久，还对瓦萨里的工作提出好些建议，接着又骑马陪他去圣彼得教堂。

1561年8月，他得过一次病。连续三个月，他赤着脚工作，到他突然感到疼痛时，已经痉挛着跌倒在地。仆人发现时他已失去知觉。卡瓦列里、班迪尼和卡尔卡尼也赶来了。这时，米开朗琪罗已苏醒过来。几天以后，他又开始骑马外出，为皮亚门绘制图稿。【名师点睛：

病痛一次次折磨他，严重时使他晕倒在地，但只要一清醒，他就又充满活力地不辞辛劳地开始工作，表现出他对艺术和事业的无止境的热爱和追求。】

性情古怪的老人无论如何都不让旁人照顾他。朋友们得知他独自遭受新的疾病折磨，而和他在一起的仅有的几个仆人又个个粗心大意、做事马虎，心里都十分难过。

利奥纳多，他的继承人，从前因伯父健康不佳跑到罗马来，被他好一顿臭骂，如今再也不敢贸然往这儿跑了。1563年7月，他托达尼埃尔·沃尔台雷询问米开朗琪罗，是否乐意让他来看他，而且，预见到多疑的米开朗琪罗对他的来意会有怎样的猜疑，特地补充说，他现在生意顺利，生活富裕，不再需要什么了。狡黠的老人让人回复他，既然如此，他很高兴，他将把留在手上的少量钱财分给穷人。

一个月后，对答复不太满意的利奥纳多，又托人表达了对他的健康及周围仆人的关注。这一次，米开朗琪罗回了一封怒气冲冲的信，我们从中可以看出这位离死期仅剩六个月的八十八岁高龄的老人，有着多么强的生命力：

从你的来信可以看出，你相信了某些心存嫉妒，却无法偷盗我，又奈何不了我的坏蛋们的谎言。这是一群无赖，你居然会傻到听信他们所说的有关我的情况，似乎我成了个小孩子。让他们见鬼去吧！这些人只会给人带来烦恼，整日除了嫉妒便是鬼混。你信中说担心仆役们让我受罪，我呢，我告诉你，无论从哪方面说，我所得到的服侍，都是不可能更忠诚、更周全的了。至于你隐隐提到的偷盗问题，我也可以告诉你，家里所有的人，都让我很放心，我对他们很信任。因此，你尽可专心干你自己的事，不要为我的事情操心。必要时，我自会保护自己，我可不是小孩子。你自己保重吧！

牵挂他的遗产的，远不止一个利奥纳多，整个意大利都是米开朗琪罗的遗产继承人。【名师点睛：一句话道出牵挂米开朗琪罗遗产的人很多，突出了他的遗产的重要性，从侧面体现了其作品的艺术价值之高，以及他本人在意大利的地位之高。】尤其是托斯卡纳大公和教皇，他们一心牵挂着不让圣洛伦佐和圣彼得教堂的建筑图纸和素描丢失。1563年6月，在瓦萨里的助推下，科斯梅大公命他的大使阿维拉尔多·赛里斯托里密奏教皇：鉴于米开朗琪罗日渐衰老，需要暗中监视他的起居以及所有出入他家中的人。一旦他突然去世，必须立即将他所有的财产登记造册：素描、图稿、文件、金钱等，并警惕有人在他死后最初的混乱中浑水摸鱼，趁机拿走什么东西。他们为此采取了一些措施。当然，这一切都是在米开朗琪罗本人毫不知情的情况下进行的。

这些谨慎的措施并非是无益的。最后时刻已经到了。

米开朗琪罗的最后一封信写于1563年12月28日。近一年来，他几乎不再亲自写信，而是口授、签名。达尼埃尔·德·沃尔台雷负责他的通信事宜。

他一直在工作。1564年2月12日，整整一天，他站着制作他的《圣母哀悼基督》。14日，他发烧了。蒂贝里奥·卡尔卡尼闻讯赶去，在家里没找到他。

虽然下着雨，米开朗琪罗还是跑到乡间散步去了。他回来时，卡尔卡尼对他说，这样的天气是不应该外出的。

"您让我怎么办？"米开朗琪罗回答，"我病了，而我不论在哪儿都无法休息。"

他说话时的迟疑，他的目光、脸色，都让卡尔卡尼感到不安。他立刻写信给利奥纳多：

结局即便不会马上到来，可我担心已经为期不远了。

同一天，米开朗琪罗让人把达尼埃尔·德·沃尔台雷请来，要他留在自己身边。达尼埃尔找来了医生费德里戈·多纳蒂。2月15日，按照米开朗琪罗的意思，他写信给利奥纳多，告诉他可以来看他的伯父，"路况很糟，一路要多加小心"。

"八点刚过，我从他那儿走开，"他补充道，"他神志清醒，情绪稳定，只是为一种顽固的痹症所苦。他浑身难受，本来下午三点到四点之间，他极想骑马外出，就像平日天气好的时候每天傍晚习惯去做的那样。可是天气寒冷，他头晕，腿部乏力，只得折回来，坐在炉边的扶手椅上。他觉得坐在这儿远比卧床惬意。"【名师点睛:这段描写可以看出米开朗琪罗已经病得非常严重了，以至于改变了正常的生活习惯，看来大限将至了。】

忠实的卡瓦列里守在他身边。

直到去世的大前天，他才答应躺到床上。当着朋友和仆人们的面，他神志清楚地口授了遗嘱。他将"灵魂交给上帝，肉体留给尘土"，他要求"至少死后回到"他亲爱的佛罗伦萨。接着，他从可怕的暴风雨转入极其甜美的宁静。【名师点睛:临终还能口授遗嘱，可见神志非常清醒，从部分引用的米开朗琪罗的遗嘱内容来看，他是个信仰坚定、崇尚自然、爱恋故土的伟大艺术家。】

这是2月的一个星期五，约下午五时，正是日落时分……"他生命的最后一天，亦即进入和平天国的第一天！……"

他终于休息了。他到达了他所企盼的目标:超越了时间。

幸福的灵魂，在他那儿，时光不再流逝！

知识考点

1. 直到去世的大前天，米开朗琪罗才答应_____。当着朋友和仆人们的面，他_____地口授了遗嘱。他将"_____，_____"，他要求"至少死后回到"他亲爱的_____。接着，他从可怕的_____转入极其甜美的_____。

2. 判断题。米开朗琪罗无论如何都不让旁人照顾他。朋友们得知他独自遭受新的疾病折磨，而和他在一起的仅有的几个仆人又个个粗心大意、做事马虎，心里都十分难过。（　　）

3."从我的字迹,你可以看出我已经到二十四点了……"这里的"二十四点"指的是什么?

_____

_____

4.米开朗琪罗写了一首关于自己被病痛所侵蚀的可怜身体的诗,其中运用了什么修辞手法?这一修辞手法的作用是什么?

_____

_____

5.达尼埃尔按照米开朗琪罗的意思写信给利奥纳多,告诉他可以来看他的伯父,米开朗琪罗还不忘嘱咐侄子"路况很糟,一路要多加小心",这表现了什么?

_____

_____

阅读与思考

1.米开朗琪罗在生病的情况下,为什么还出去散步?

2."他生命的最后一天,亦即进入和平天国的第一天!"对这句话应该怎么理解?

这就是他神圣的痛苦生涯

我若是他，会有怎样的宿命，他艰辛痛苦的颠沛流离和他的美德给这个世界带来了福运！

在悲剧历史结束时，我因一种顾虑而痛苦。我自问，给痛苦的人一些支撑其痛苦的同伴时，会不会在这些人的痛苦之上，又加上那些人的痛苦。是否还是应当像别人那样，只表现英雄们英雄的一面，而掩盖其悲哀的深渊？

——然而不！这是实情！我从不向朋友们许诺以谎言换取的幸福，其实幸福，是要不惜一切代价去争取的。我许诺给他们的是事实，哪怕是以幸福为代价得来的，铁一般的事实。它所刻下的，是那些永恒的灵魂。它的气息是无情的，却又是纯洁的：让我们软弱的心灵沐浴其中吧。

伟大的灵魂有如峻拔的山峰，那里风疾云绕，却比别处让人呼吸得更加顺畅、有力。纯净的空气，可洗涤心灵的污垢，一旦云开雾散，便能俯瞰人类世界。

这座巍峨的高峰，耸立在文艺复兴时期的意大利，我们从远处就能望见它险峻的轮廓，隐没在无垠的天空。

我并不认为一般人都能生活在高山之巅。但不妨一年一度登高礼拜。他们可以在那儿更新肺部的气息和脉管中的血液。在高处，他们会感到更加接近永恒。待回到人生的平原，他们将满怀勇气面对日常的搏斗。

罗曼·罗兰

托尔斯泰传

一　走近伟人

M 名师导读

> 托尔斯泰,19世纪中期俄国批判现实主义作家、思想家、哲学家,我们耳熟能详的《战争与和平》《安娜·卡列尼娜》《复活》等文学作品,就是出自这位文学巨匠之手。和贝多芬、米开朗琪罗相比,托尔斯泰似乎是幸运的,他出身于贵族世家,从不用为个人生计发愁。但他并不愿安享富贵,而是对世间悲苦充满了同情和怜悯,并常年为解救劳苦人民奔走劳碌,这样的情怀和品质使得他的作品充满了震撼人心的力量。

一百年前,俄罗斯的一位伟人为我们这一代点燃了一支最纯真的火炬,照亮了我们的青春。在即将结束的19世纪阴霾蔽日的黄昏,他像一颗能抚慰人心灵的星星,以他的目光吸引并安慰我们年少的心。
【写作借鉴:这里将托尔斯泰比喻成星星,以此来表明托尔斯泰的伟大,以及他对我们这一代人的影响之大。】

法国有许多人不仅将托尔斯泰看作一位受人爱戴的艺术家、朋友、知己等等,还将他视为欧洲艺术中唯一真正的朋友。我也是其中之一。在缅怀他的同时,我愿向他表示由衷的感激和敬爱之情。

我永远忘不了1886年,我初次了解托尔斯泰的那些日子,经过几年默默地发芽生长,俄罗斯艺术的美妙鲜花忽然绽开在法兰西大地之上。

托尔斯泰和陀思妥耶夫斯基作品的译本来势迅猛地同时在所有的出版社出版发行。从1885到1887年,巴黎出版了《战争与和平》《安娜·卡列尼娜》《童年》《少年》《波利库什卡》《伊万·伊里奇之死》、高加索短篇小说和民间故事。【名师点睛：这里简单介绍了当时的时代背景，俄罗斯艺术快速发展，托尔斯泰的作品也在两年间如雨后春笋般传遍世界。】

在几个月、几个星期之内，整个伟大人生的作品呈现在我眼前，反映出一个民族，一个崭新的世界。

那时候，我刚刚进入高等师范大学。我和我的同学们都各有自己的主见。我们这个小圈子里，有现实主义者和讽刺家，如哲人乔治·杜马；有热情歌颂意大利文艺复兴的诗人，如苏亚雷斯；有古典传统的忠实信徒，司汤达派和瓦格纳派、无神论者和神秘主义者……我们争论不休，互不相让。

但几个月之后，我们的矛盾几乎都在喜爱托尔斯泰作品这一点上统一了。【写作借鉴：作者运用欲扬先抑的手法，先写同学们对各国文学家各有自己不同的主张，可见大家对文学的观点很难统一，但随后笔锋一转，说他们在喜欢托尔斯泰方面居然达成了一致，突出了托尔斯泰的作品的不凡以及其人格魅力的伟大。】

每个人喜爱他的理由各不同，因为每个人都在其中找到了自己，而对所有人来说，那是一种生命的启示，一道通往无垠宇宙的大门。在我们周围、我们的家庭、我们的外省，来自欧洲边陲的这个伟大声音获得了同样的，有时甚至是意想不到的好感。

有一次，我听见我故乡尼弗奈有几个对艺术根本不感兴趣，几乎从不看书的市民居然兴致勃勃地谈论《伊万·伊里奇之死》。【名师点睛：由此可见托尔斯泰的作品被传播之广和被读者喜爱程度之深。】

我在一些著名评论家的文章里曾看到这样的观点，即托尔斯泰思想中的精华都来自我们的浪漫派作家，如乔治·桑和雨果。

且不说根本受不了乔治·桑的托尔斯泰是否有可能接受她的影响，也不必讳言卢梭和司汤达对他确有影响这个事实，但若不相信托尔斯泰的伟大人格和使我们深受吸引的魅力应归功于他的思想，则是大谬不然了。【写作借鉴：承上启下，对别人评价托尔斯泰受各文学家的影响的观点不予置评，但非常肯定托尔斯泰被大众如此热爱的原因是因为他的思想，引出下文的详述。]

艺术活跃其中的思想是有限的。艺术的力量不在于思想本身，而在于如何去表现这些思想，如何去表现他个人的特点、艺术家的印记和他独特的生活气息。

托尔斯泰的思想是不是受别人影响，这一点有待讨论。反正像他那样的声音在欧洲还从没听见过。当我们听到我们长期企盼且迫切需要的这种心灵音乐时，不由得心情激动，其原因除了上述那句话还能有什么解释呢？流行的说法对我们的感受不起作用。

大部分人和我一样，只是在读过托尔斯泰的作品之后，才接触到欧仁·梅肖·德·沃居埃谈俄罗斯小说的那本书，他对托尔斯泰的赞赏比我们逊色多了。

德·沃居埃先生主要以文学家的角度去品评作品，而我们认为，只是赞赏作品太不够了，我们置身于他的作品之中，他的作品成了我们自己的作品。它是我们的，因为其中有浓厚的生活气息和真诚的青春感受；它是我们的，因为那里有带嘲讽意味的醒悟、冷峻的洞察力和死亡的纠缠；它是我们的，因为那里有对博爱以及人类和平的梦想，有对文明谎言的强烈抨击；还因为他的现实主义、神秘主义、自然的气息、对无形力量的感知、对无限的目眩神迷般的感受。

这些作品对我们犹如维特[指歌德《少年维特之烦恼》的主人公维特]之于他的同代人：犹如我们的力量、弱点、希望与恐惧的一面明镜。

我们没准备调和这些矛盾，也不打算将这颗包罗万象的心纳入狭隘的宗教或政治范畴，不会像某些效仿保罗·布尔热的人那样，在托尔斯泰去世的第二天便将这位曾经写出《战争与和平》的荷马式诗人归入党派的褊狭做派，仿佛我们的小团体一夜间就具备了衡量天才人物的能力！……托尔斯泰是否属于我这一派，和我有什么关系？我是要先弄清楚但丁和莎士比亚属于哪一派，然后才去呼吸他们的气息和接受他们的启迪吗？

名人传

我们不会像今天的评论家那样，认为"有两个托尔斯泰，一个是转变以前的，一个是转变以后的。一个好而另一个不好"。对我们而言，只有一个托尔斯泰，我们始终敬爱他，因为我们由衷地感觉到，在这样的人心里，一切都站得住，一切都相互关联。【名师点睛：在这里，作者直抒胸臆，毫不掩饰地表达对托尔斯泰的不带任何偏见的爱，可见托尔斯泰在作者心中的地位非比寻常。】

过去我们只是凭本能去感觉而不能解释的事，今天我们可以用理性去证明。这点完全能做到，因为现在托尔斯泰漫长的生命已经到达了终点，不加掩饰地展示在大众眼前，变成了思想宇宙中的太阳。

首先让我们感到惊讶的是，他的为人自始至终都没变过，尽管有人不时处处设置障碍，尽管由于托尔斯泰本人是个激情满怀的人，当他爱和信的时候总倾向于认为自己是第一次爱、第一次信，以为这才是他生命的开始。开始，重新开始……同样的改变和同样的斗争在他身上发生过多少次啊！我们不能说他的思想是一贯的。

他的思想从来没有统一过。但可以说，他的思想中始终贯穿有各种同样的因素，时而相互妥协，时而彼此对立，但彼此对立的时候居多。

托尔斯泰的思想和灵魂中，统一从来是不存在的，统一只存在于他内心感情的搏斗之中，存在于他的艺术和生命的悲剧之内。【名师点睛：非常中立又辩证地分析托尔斯泰的思想，作者对托尔斯泰的热爱也不是盲目的，是建立在对他充分了解的基础上的。】

他的艺术和生活是统一的。作品与生活的关联在托尔斯泰身上空前紧密。他的作品几乎总带有自传的性质。从他二十五岁时起，他的作品便让我们一步步地紧随着他冒险生涯的各种不同的经历。

他从二十岁以前一直到去世为止的《日记》，（托尔斯泰的日记除了1865年和1878年的几次中断之外，已经算是相当完整了。）以及他提供给比鲁科夫的笔记，补充了我们对他的认识，不仅使我们看到他内心逐日的变化，也看到了他的天才植根的世界以及启发他思想的人物。

Z 知识考点

1. 尽管有人不时处处_____，尽管由于托尔斯泰本人是个_____的人，当他____和____的时候总倾向于认为自己是_____、_____，以为这才是他生命的开始。

2. 判断题。托尔斯泰是19世纪晚期俄国批判现实主义作家、思想家、哲学家，代表作有《战争与和平》《复活》等。（　　）

3. "托尔斯泰是否属于我这一派，和我有什么关系？我是要先弄清楚但丁和莎士比亚属于哪一派，才去呼吸他们的气息和接受他们的启迪吗？"这两句话想要表达什么意思？

_____
_____

4. "但几个月之后，我们的矛盾几乎都在喜爱托尔斯泰作品这一点上统一了。"对这句话应该怎么理解？

_____
_____

5. "每人喜爱他的理由各不同，因为每个人都在其中找到了自己，而对所有人来说，那是生命的一种启示，一道通往无垠宇宙的大门。"说说你对这句话的理解。

_____
_____

Y 阅读与思考

1. 你读过托尔斯泰的哪部作品？与大家交流读过的作品。

2. 你了解托尔斯泰的成长背景吗？试着和大家讲一讲。

3. 有一次，作者听见他故乡有几个对艺术没有兴趣，也不看书的市民在谈论托尔斯泰的作品，这一细节说明了什么？

名人传

二 成长与写作

M 名师导读

　　托尔斯泰出身于贵族家庭，但他始终慈悲为怀，关注底层穷困民众的生活，这些品格的形成，与他的童年生活息息相关，所以他的作品也更能打动人心。他一生的成长经历对他的创作产生了很大影响，如1852年他参加了一场战斗，表现勇敢，且发表了小说《童年》；1854年他参与了克里米亚战争中的塞瓦斯托波尔围城战，写成《少年》《青年》和《塞瓦斯托波尔故事集》；他参加过19世纪80年代的克里米亚战争，为后来在《战争与和平》中描写生动的战争场面奠定了基础。

　　他的家族历史悠久，堪称世家（托尔斯泰和沃尔孔斯基两姓），是非常高贵和古老的家族，其渊源可以骄傲地上溯到留里克[古代君王，俄罗斯帝国的奠基人。传说中，伊戈尔是留里克之子]，世系中有彼得大帝的重臣、七年战争[17世纪发生在欧洲、美洲、印度及海上的争夺殖民地以及商业霸权的斗争，英国与普鲁士为一方，法国、奥地利、俄罗斯、瑞士、西班牙等为一方，最后英国与普鲁士取得了胜利]的将军、拿破仑战役的英雄、十二月党人[俄罗斯的贵族革命者，因在俄历1825年12月发动反对农奴制度和沙皇专制的武装起义，故名十二月党人]和政治流放犯。

　　在《战争与和平》一书中，有好几位很有特点的典型人物，就来自他对家族的回忆，如老公爵博尔孔斯基的原型就是他的外祖父，叶卡捷琳娜二世时代伏尔泰式的刚愎自用的末代贵族的代表；尼古拉·格雷戈里维奇·沃尔孔斯基公爵的原型是他母亲的一个堂兄弟，此人在奥斯特利茨一役负伤，被人从拿破仑眼皮底下像救安德烈公爵那样救了回来；他的父亲有点类似于尼古拉·罗斯托夫；而他的母亲则宛若那位玛丽公主，相貌普通，但眼睛很美，她仁慈的光辉照耀着整部《战争与和平》。【名师点睛：详细列举了《战争与和平》里数个与托尔斯泰的家庭成员非常类似的人物原型，并一一简单分析特点，可见托尔斯泰的家庭生活对他的创作带来很多灵感，有很大影响。】

他并不怎么了解他的父母。如大家所知，《童年》和《少年》中动人的叙述并不太具有真实性。

他还不到两岁时，母亲就去世了，只能通过哥哥小尼古拉·伊尔捷尼耶夫含泪的讲述，才能依稀忆起母亲的慈容，她那洋溢着灿烂的微笑的脸，还有她在她周遭洒下的无尽的欢乐……

唉！如果我在痛苦的时刻看见这种笑容，我便不知道什么是哀愁了……

但他母亲无疑已将自己毫无保留的坦率、对舆论的满不在乎和编造故事的奇妙天赋都传给他了。

对于父亲，他多少还有一点记忆。此人和蔼、诙谐、眼神忧郁，在他的庄园里过着平静的、与世无争的生活。托尔斯泰九岁丧父。父亲之死使他"第一次意识到苦涩的现实，心里充满了沮丧与绝望"。小小年纪的他，第一次与恐惧的幽灵相遇。

他一生中时而与这个幽灵做斗争，时而又对它加以改装和颂扬……这种焦虑不安的心情在《童年》的最后几章有令人难忘的描绘，在那里面，这部分记忆被用于叙述母亲去世和下葬时的情景。【名师点睛：因父亲的死亡给托尔斯泰造成的恐怖和绝望持续影响了他一辈子，他在《童年》一书中尤其最后几个章节中重现了当时的经历和感受，再次突出托尔斯泰的成长经历对他创作产生的影响。】

他的父母一共有五个孩子，住在亚斯纳亚·波利亚纳［莫斯科南部的一个小村庄，距图拉镇十几公里，其所在省份是最具浓厚的俄罗斯民族色彩的省份，居民全部都是俄罗斯人]那座古老的宅子里。

列夫·尼古拉耶维奇1828年就出生在这里，从来没有离开过，直到八十二年后去世。最小的孩子是女儿，名叫玛丽，后来当了修女(托尔斯泰去世前逃出家庭，离开家人，就是隐遁到她那里去了)。

其余三个孩子是：谢尔盖，有点自私但长得很可爱，"他的真诚是我从未见过的"；德米特里，热情、专一，大学时代狂热地投身于宗教，奉斋节食，访贫问苦，收容伤残人，后又突然变得放浪形骸，随后又痛悔不迭，为一个在妓院认识的青楼女子赎身并与之同居，年仅二十九岁就患肺病去世了；长兄尼古拉，是兄弟中最受爱戴的一个，从母亲身上继承了想象力，善讲故事，诙谐、腼腆而机智，后当了军官，被派驻到高加索，在那儿染上酒瘾，他充满基督徒的爱心，身居陋室，与穷人分享自己的一切。屠格涅夫谈到他时说："他在生活中真正做到了谦逊克己，不像他兄弟列夫只从理论上探讨而已。"【名师点睛：这里详细介绍了托尔斯泰的家庭成员各自的性格和归属，尤其他们对宗教的信仰，对穷苦人民的关心，对他自己的信仰以及创作都有较大影响。】

有两位热心肠的女人照顾着这五个孤儿：塔季扬娜姑姑[一个远房亲戚，曾经与托尔斯泰的父亲相爱，但是后来悄然退出]。托尔斯泰说，"她有两种优秀的品质：镇定和爱。"她一生只知有爱，永远为他人奉献一切……

她使我懂得了，爱是一种精神上的快乐……

另一位是亚历山德拉婶婶。她总是助人为乐，而不愿有求于人，有仆人也不用。唯一的嗜好是阅读《使徒行传》，再就是与朝圣者和天真的人聊天。

这些天真的男女中，有不少人住在他们家里。其中一位会唱圣诗的女朝圣者是托尔斯泰妹妹的教母，另一位男的叫格里沙，只会祈祷和哭泣……

啊，伟大的基督徒格里沙！你信仰虔诚，常感上帝之临近，你爱心热烈，不需理性指挥，话语自会汩汩流出，你赞颂神的荣光。如果言语难以表达，你便泪流满面，伏地不起！……

这些看似身份卑微的人对托尔斯泰成长的影响，是显而易见的，晚年的托尔斯泰早已在他们身上出现和形成了。他们的祈祷，他们的爱心，在孩子的心灵中播下了信仰的种子，而老来不过是收获罢了。

【名师点睛：除了家庭成员，其他生活在托尔斯泰身边的人，照顾他们的人，都因为虔诚的信仰、悲天悯人的情怀，而对他的成长造成了深远的影响，直到老年的托尔斯泰身上已经能看到他们的影子。】

除了格里沙，托尔斯泰在《童年》里没有提及其他对他心灵成长起过作用的那些谦卑的人。

然而托尔斯泰那颗童心，透过这本书读者可以清晰地感觉得到，"那颗充满爱的纯洁心灵，像一道明亮的光，总是看到别人的优点"，总是充满温柔的感情！他幸福，却想着他所知道的那唯一的不幸者，他为之流泪，总想为之做些奉献。他亲吻一匹老马，为了曾经使它受苦而求它原谅。他因爱他人而感到幸福，即使别人并不爱他。

此时他未来的才华已露端倪：他有想象力，常为自己想象的故事伤心落泪；他那一刻不歇的大脑，总是努力去思索人们内心之所想；他早熟的观察力和记忆力；他锐利的目光，能在丧礼参加者的脸上看出他们是否真的悲痛。他自己说，他五岁时便已经第一次感到，"人生并非一种享乐而是十分沉重的苦役"。【名师点睛：运用简单的语言描写，体现出托尔斯泰幼年时期丰富的情感，正是受童年生活的影响，他早早便能站在底层人民的角度体恤人间疾苦。】

幸而他很快就忘记了这种想法。这时，他陶醉在俄罗斯民间故事、带有幻梦色彩的神话传说和《圣经》故事之中，尤其是高尚的圣约瑟行传，直到晚年，他还视之为艺术典范而向人推荐。还有《一千零一夜》，每天晚上，在他祖母房里，总有一个盲人坐在窗台上为他娓娓述说。

他在喀山上学，成绩一般。别人对他们三兄弟有这样的评语："谢尔盖想学也能学，德米特里想学但学不好，列夫既不想学也学不好。"

他称自己的少年时代为荒漠时期。满眼黄沙，不时刮来阵阵炽热的狂风。

《少年》，尤其是《青年》中有不少内心的独白，都和这个时期有关。他很孤独，头脑总处于狂热状态。【名师点睛：讲了托尔斯泰读书时期的思想动态，以及这些动态对《少年》和《童年》的创作产生的影响。】

一年中，他为自己寻觅并探索着各种学说。（托尔斯泰喜欢形而上学的对话。因为他说："这种对话比较抽象，可以隐晦到说出的以为是自己所想，其实或许并非如此。"）他曾是斯多噶主义者，故意让自己经受肉体的折磨；又曾是伊壁鸠鲁的信徒，放荡不羁；接着又相信轮回转世之说；最后坠入荒唐的虚无主义，相信如果迅速转身，便可面对面地看见虚无。他分析自己，分析……

我只想着一件事，我想着我所思考的一件事……

他永不停息地分析，像一部空转的推理机器，据他说，这种危险的习惯，"往往给我的生活带来危害"，但他的艺术却从中汲取了无限的养分。【名师点睛：他不停地寻找、探索各种学说，并亲身试验，这些都成了他艺术创作的源泉。】

这种游戏使他失去了一切信念，至少他认为是这样。从十六岁起，他再也不祈祷，再也不去教堂了。但信仰并未泯灭，而只是孕育着：

可是，我仍然有信仰。信什么？我说不清。我仍然信上帝，或者换句话说，我不否认上帝的存在。但上帝是什么样？我不知道。我不否认基督和他的学说。但这种学说是什么，我也说不清。

有时候，他会忽发善念，想把马车卖掉，把钱分给穷人，拿出十分之一的家财为他们谋福利，遣散家里的仆人……"因为他们像我一样都是人。"在一次病中，他曾天真地写下《生活守则》，给自己做出规定："学习并钻研一切：法律、医学、语言、农业、历史、地理、数学，在音乐和绘画方面要达到最完美的水准……"他确信，"人的宿命在于不断地完善自己"。

　　然而，在少年的欲念、强烈的感官需要和自尊心（托尔斯泰的作品《少年》中包含着托尔斯泰自身形象的涅赫柳多夫说："人做的一切都是出于自尊。"1853年，托尔斯泰在《日记》当中写道："我最大的缺点就是骄傲。一种缺乏理智的夸张的自尊心。……我野心勃勃，要我在荣誉和德行之间进行选择的话，我认为自己会选择前者。"）的驱使下，<u>不知不觉中，这种自我完善的信念偏离了轨道，失去了无私的性质，变得追求实际价值了</u>。【名师点睛：少年时期天真无邪的想法和规划，随着年龄增长开始发生转变，变得实际和物质，承上启下，承接上文少年时期的托尔斯泰毫无私心地想要完善自己的计划，引出下文中记述他开始变得实际和功利——希望得到荣誉，自然过渡到后文。】他之所以想完善他的意志、体魄和精神，那完全是为了征服世界，获得别人的爱戴。（《青年》："我希望所有的人都能了解和爱我。我希望所有的人只要听到我的名字便对我刮目相看，并且感谢我。"）他想要人人都喜欢他。

　　要达到这一点并不容易。他那时长得像猴子一样丑：脸长，<u>模样粗野，短发，个头不高，一双小眼睛看人的时候狠巴巴的，眼窝深，鼻梁阔，厚嘴唇向前突出，还有一副兜风耳</u>。【名师点睛：这里对托尔斯泰进行外貌描写，长相丑陋，使得托尔斯泰从小就很自卑和绝望，也使得他更加自尊，更加想要出人头地。引出下文讲他的作品《青年》里可以看出，他这方面的思想轨迹。】他自知长得丑，从小就伤心欲绝，由此产生成为"体面人"的理想。（《青年》："我把人分为三级：体面之人，只有这种人值得被尊敬；不体面的人，这种人应该被鄙视；最后一种，是贱民，现在已经没有了。"可以看出，少年时期的托尔斯泰也有过给人类简单分级的肤浅阶段，他也并非天生伟大，很多有深度的思想也是后来在逐渐成长中形成的。）为了和别的"体面人"一样，他也去赌博，稀里糊涂地欠了一身债，那真是彻头彻尾的放荡。

　　有一个因素救了他，就是绝对的真诚。

名人传

"你知道为什么我爱你胜过爱其他人吗?"他的朋友涅赫柳多夫对他说,"因为你有一种惊人而罕见的品质:坦率。"

"是的,我连说出来自己都感到脸红的事也照说不误。"

在他行为最放荡无耻的时候,他也能头脑清晰地对自己做出毫不留情的批判。

"我像畜生一样生活,"他在《日记》里写道,"我完全堕落了。"

随后,按照他酷爱分析的习惯,他详细总结了他犯错误的原因:

1.优柔寡断,或缺乏魄力;2.自欺欺人;3.急于求成;4.妄自菲薄,自暴自弃;5.心绪不佳;6.是非不明;7.爱模仿;8.浮躁;9.缺乏深思熟虑。

【名师点睛:托尔斯泰非常坦白地将自己的缺点一目了然地呈现在读者面前,表现了他真实不做作的性格特点。】

这种经独立思考做出判断的做法,在他念大学时已经被用来批判社会习俗和思想上的迷信。他蔑视大学教育,不愿做传统的历史研究,因思想大胆而被停学。在这个时期,他发现了卢梭的《忏悔录》《爱弥儿》。这简直像是醍醐灌顶。

我崇拜他,将他的肖像似圣像一样挂在脖子上。

他最初的几篇哲学论文都是评论卢梭的(1846—1847)。

然而大学和"体面人"都已令他厌烦,于是他回到自己的家园亚斯纳亚·波利亚纳村(1847—1851),与老百姓恢复了接触,他打算帮助他们,为他们做好事,教育他们。【名师点睛:这一时期的经历和思想转变,对他的创作同样有着很大的影响,引出下文详细介绍《一个地主的早晨》。】

在他的早期作品《一个地主的早晨》(1852)中,这一时期的经历被提到,那是一部优秀的小说,主人公便是他最爱用的化名涅赫柳多夫公爵。(托尔斯泰各个作品当中都有这个人物的出现,时好时坏,应该说是他不同侧面的反映。)

涅赫柳多夫二十岁时放弃上大学,想为他的农户谋福利。为他们办了一年好事之后,他来到村里,却遭受嘲笑和冷遇、根深蒂固的猜忌，农民们的因循守旧、浑浑噩噩、为非作歹、忘恩负义都一一展现。他的一切努力都白费了。

他绝望地回到家中，想起一年前的梦想、自己的抱负，想到他以前的理念，即"爱和善是这个世界上唯一可能的幸福和真理"。他认为自己失败了，心中羞愧，万念俱灰。

他坐在钢琴前，手指下意识地轻抚琴键，弹出了一个和弦，然后第二个，第三个……他弹了起来。和弦并不完全有规律，往往很平淡，甚至很庸俗，丝毫表现不出音乐的才华，但他从中感到了一种难以名状而略带哀愁的乐趣。每当和声变化，他便心中一动，等待下一个和声的出现，他以想象模模糊糊地弥补了自己的不足，觉得耳边响起了合唱和交响曲的声音……而他主要的欢乐却来自强行加入的想象，虽然毫不连贯，但异常清晰地使他看到了过去和将来变幻莫测的形象和画面……

他又看到了刚才和他谈话的那些下流、多疑、爱撒谎、懒惰和冥顽的乡下人。但这次他只看见他们的长处，而不再看见短处了。他以爱的直觉深入他们的内心，看到他们对不公命运的宽容、他们的忍耐、乐天知命，看到他们对家庭的感情，理解他们一贯真心实意地依恋过去的原因。他想起他们勤勤恳恳、辛苦而有收获的劳作……

<u>他喃喃地说道："这真美……为什么我不能成为他们中间的一员呢？"</u>【写作借鉴：通过这句语言描写，表明托尔斯泰此刻已经完全深入贫苦农民的内心，与他们融为一体，看到他们的长处，理解他们的疾苦，对他们的喜怒哀乐感同身受。】

整个托尔斯泰活灵活现地显现在这第一篇小说的主人公身上，他目光敏锐，幻觉依然。他以实实在在的现实主义眼光去观察，可是一旦<u>闭上眼睛，梦想和对人类的爱复又涌现在他心中</u>。

但1850年的托尔斯泰不像涅赫柳多夫那么有耐心。亚斯纳亚让他很失望，他对那里的老百姓和上层人物也已感到厌倦。他扮演的角色成了沉重的负担，简直无法再坚持下去。另外，债主们也纠缠不休。

名人传

1851年，他逃往高加索，去投奔当军官的哥哥尼古拉。

一到气朗天清的大山里，他精神为之一振，又恢复了对上帝的信仰：

昨夜，我几乎通宵未眠……我向上帝祈祷，而祈祷时心中那种美妙感觉简直无法形容。我默诵了传统的经文之后又祈祷了很长时间。我期盼着非常伟大、非常美好的东西出现……到底是什么？我说不清。我想与上帝融为一体，求他宽恕我的过失……不，不必请求了，我觉得，既然他赐予我这幸福的一刻，就等于原谅我了。我继续恳求，同时又觉得无事可求，我既不能也不懂得恳求。我感谢他，不是用言语，也不是用思想……这样过了不到一个小时，我又听到了罪恶的声音。原来我睡着了，又梦见了名利和女人，真是毫无办法。没关系，我感谢上帝赐予我这幸福的时刻，让我看到了自己的渺小和伟大。我想祈祷，却又不懂得如何祈祷，想要大彻大悟，却又不敢。我还是听从上天的安排吧。

肉体并未被征服（永远不会），斗争继续在内心、在七情六欲与上帝之间秘密地进行着。托尔斯泰在《日记》中记录了三个吞噬他的魔鬼：

1. 赌博欲。能够克服。

2. 情欲。难以克服。

3. 虚荣心。这是一种最可怕的欲念。

正当他梦想一心为他人奉献自我的时候，肉欲和其他不太好的想法又向他袭来，眼前又出现了某个哥萨克女人的形象，要么开始胡思乱想："如果他左面的胡子翘得比右面的高，那多让人失望啊！"【名师点睛：描写了托尔斯泰的一些思想动态，一代文学巨匠也和凡人一样，会有七情六欲，有胡思乱想的时候，伟人也是人，并不时时刻刻都是高高在上的。】——"管他呢！"上帝在此，绝不离他左右。即使斗争激烈也会绝处逢生，因为一切生机都动员起来了。

我觉得，我看似轻率地决定到高加索去的想法其实来自上帝的旨意，是他的手在指引我。为此，我对他感激不尽。我认为，我在这里变好了。我确定发生在我身上的一切应该都是为我好，因为那是上帝的旨意……

这是大地在春天感谢神恩的歌。遍地开满鲜花，一切都那么美好。1852年，托尔斯泰的天才也初次开花结果，写出了《童年》《一个地主的早晨》《袭击》《少年》，他感谢生命之神使他有这样的收获。

《童年》于1851年秋天在蒂弗利斯着手写作，1852年7月2日在高加索的皮亚蒂戈尔斯克完成。

奇怪的是，当时托尔斯泰正沉醉在大自然的怀抱，过着崭新的生活，惊心动魄的战争风险充斥在四周，他正一心想要发现一个他尚不了解的人物与感情的世界，却竟然在这第一部作品里追忆生活的往事。

不过，写作《童年》的时候，他正身体抱恙，军队里的活动突然被停了下来。

<u>漫长的复原过程中，他无事可做，孤寂而痛苦，于是变得感伤起来。温情的眼睛面前便展现出往日的景象。</u>（这个时期托尔斯泰写给塔季扬娜姑姑的信件都充满感情，几乎是泪满襟怀。他把自己称作"爱哭的列夫"。）【名师点睛：这里交代了《童年》的创作背景和托尔斯泰当时的心境。】

经历了近几年颓废却紧张疲惫的生活，再重温早年"天真、美妙、富有诗意而快乐的日子"，使心境重又变得"像孩子般善良、敏感而有爱心"，当然别有一番温暖的滋味。再说，他青春年少，热情似火，心中有无限的打算，周而复始的如诗般的理想与情怀，使他难以考虑一个孤立的题材，而伟大的小说不过是历史长链中的几个环节，是他永远难以实现的巨大规划的几个片段而已。

此时的托尔斯泰把《童年》的叙述仅看作《四部曲》的前几章，这《四部曲》也应该包括他在高加索的生活，可能直到大自然向他显示上帝的存在为止。

《童年》对他的成名颇有帮助，但他后来对这部作品却有诸多挑剔。他对比鲁科夫说：

<u>写得糟透了，一点文学味也没有！……简直没有任何可取之处。</u>

【名师点睛：从托尔斯泰对自己作品的否定的语言中，可以看出他对文学的严谨作风。】

但这只是他个人的看法。作品的手稿没有署名，寄给了鼎鼎大名的《现代人》杂志，很快便刊出了(1852年9月6日)，获得极大的成功，欧洲各国读者一致赞扬。可是，尽管作品颇有诗的魅力，笔触精妙、感情细腻，托尔斯泰后来却很不喜欢。

他不喜欢的理由正是别人欣赏的原因。确实，书中除了某几个当地人物的描写和少量感情真挚并具有宗教意识的篇章之外，托尔斯泰本人的个性并不突出。

这部作品温情脉脉、多愁善感的情调，托尔斯泰后来很反感，在后来的其他小说中，他完全摒弃了这种写法。

这种感伤情调我们并不陌生，其间的幽默和眼泪我们似曾相识，它们来自狄更斯。【写作借鉴：一句话独立成段，承上启下，突出了托尔斯泰作品的情调来源于狄更斯的风格，引出下文讲述他受到狄更斯影响的内容。】

托尔斯泰十四到二十一岁时最喜欢读的书正如他在《日记》中所说，"狄更斯的《大卫·科波菲尔》，对我影响巨大"。在高加索时，他把这部小说又看了一遍。

他还曾谈到另两个人对他的影响，那就是斯特恩和托普费尔。他说："当时我完全受他们的启发。"

谁曾想到《日内瓦小说集》竟是他写《战争与和平》的第一个范本呢？由此也不难在《童年》中找到同样的亲切、乐观而略带嘲讽的口吻，只不过被移植到一个比较有贵族气息的环境里罢了。

因此，托尔斯泰从一开始便似乎以一个公众熟悉的面目出现，但很快就显露了个性。【写作借鉴：承上启下，承接上文因为受到几位文学大家的影响，托尔斯泰的作品一开始给人的感觉就是似曾相识，然后又引出下文说他后面的作品中更多地显露了自己的个性。】

《少年》(1853)没有《童年》那么纯粹，那么完美，展示出一种不一样的心理状态，一种对大自然的强烈情感和一颗饱受困扰的心，这是狄更斯和托普费尔的作品所没有的。

在《一个地主的早晨》(1852年10月)中，托尔斯泰的个性似乎已经完全形成，观察大胆而率真，对爱也充满信念。在这个短篇中，他出色地刻画了几个农民形象，他后来写的《民间故事》中描绘得最妙的一个人物养蜂老人，已可以从中略见端倪。老人身材矮小，站在桦树下，伸出双臂，眼睛看着天空，光秃的头在阳光下闪闪发光，周围有一群金色的蜜蜂，不仅不蜇他，反而在他头顶飞绕，仿佛一个花环……【写作借鉴：这里进行人物描写，勾勒出一个养蜂老人的形象，闪闪的阳光，头顶上环绕得像花环一样的蜜蜂，从中可感受到托尔斯泰创作时期心中充满着爱和阳光。】

但这个时期的代表作却是直接记录他当时那些感受的作品——高加索纪事。

其中第一篇《袭击》(1852年12月24日完稿)所描写的壮丽景色，给人留下了深刻的印象：河边的山中日出；暗影与声音都表现得极为卓越的夜景；途中，夜色苍茫，远处积雪的群山逐渐隐没在紫色的暮霭中，清透的空气中响起了士兵们荡气回肠的歌声。【写作借鉴：环境描写，向我们呈现出壮丽动人的景色，可见托尔斯泰对语言文字的掌控能力非常强。】

《战争与和平》中的好几个典型人物其实已经在这些作品中出现。如赫洛波夫大尉，一位真正的英雄，他打仗并非出于个人的兴致，而是想要尽他的责任。他那张脸是"典型的俄罗斯人的面庞，淳朴、镇静，是那种让人乐于直视的脸"；他笨重，不灵活，有点可笑，对周围的事不太理会，打仗时，其他人都有所变化，只有他依然故我；"跟平日所见的一样：动作沉稳，声音不高也不低，脸上还是一副朴实、憨厚的表情"。比起他来，那个中尉则是莱蒙托夫式的英雄，心地善良，却装作十分凶狠。而那个可怜的小个子少尉，第一次打仗高兴得了不得，恨不得搂着每个人的脖子亲吻，可爱又可笑，像彼佳·罗斯托夫那样莫名其妙地送了命。画面的正中是托尔斯泰的面孔，他只是观察而不介入伙伴们的思想，实际上，他已发出了反对战争的呼声。

世界这样美好，顶上是一望无际的星空，难道人类就不能自由自在地活着吗？在这里，他们怎能心怀恶意，怀有复仇和消灭同类这种疯狂的想法呢？大自然是善与美最直接的体现，一经和大自然接触，人类心中所有的恶念都应该烟消云散。【名师点睛：托尔斯泰对战争和破坏自然环境的行为的谴责，体现了他热爱自然、热爱生命的情怀。】

这个时期所观察到的有关高加索的故事，都是稍后写的，如：1854年到1855年的《伐林》，叙事准确，虽然风格有点冷峻，但对俄罗斯士兵的心理刻画得十分有趣——这是未来作品的笔记；1856年的《一个被贬谪的军官》，写一个自甘堕落的上流人士，被贬的下级军官，酗酒、撒谎的懦夫，他怎么也想不通自己竟会像这些他所看不起的士兵那样去送死，其实这些士兵里最差的一个也比他强一百倍。

超越了这一切作品，成为这第一道山脉最高峰的作品的，是托尔斯泰最美的抒情小说之一，也是他的青春之歌——高加索诗篇《哥萨克》。

在透亮的天空衬托下，白雪皑皑的群山蜿蜒伸展，如诗如歌的和谐韵律贯穿全书。这部作品闪耀着才华，正如托尔斯泰所说，才华是"青春万能之神，逝而难再的冲动"。从这一点来看，此书是独一无二的。简直是春泉的滔滔洪流！爱情的娓娓倾诉！

"我爱，爱极了！……勇敢之士！善良的人！……"他反复地说，他想流泪。为什么？谁勇敢？他爱谁？他不知道。【写作借鉴：这里用了设问句，连续几个问句，最后的回答却是"他不知道"，表现了托尔斯泰当时孤寂的、有些迷茫的、复杂的和矛盾的情感，也引出下文对他的复杂心理动态的具体描写。】

这种心灵的醉意毫无节制地流淌。主人公奥列宁像托尔斯泰一样也来到高加索，在冒险的生活中锤炼。他爱上了一个哥萨克的年轻姑娘，陷入乱七八糟的、相互矛盾的希望之中，时而认为"幸福就是为别人而活，是一种自我牺牲"，时而又认为"自我牺牲是很愚蠢的行为"。于是他差不多和那个哥萨克老人叶罗什卡一样相信，"一切都是值得的。上帝创造一切，为的是使人类快乐。这是灵魂得救而不是什么罪孽"。那么还用得着思考吗？只要活着就行了。

生活就是善，就是幸福；生活是强大的、无所不在的；生活就是上帝。一种狂热的自然崇拜蛊惑并吞噬着他的心。奥列宁在森林中迷了路，周围都是"野生植物、无数的飞禽走兽、成群的蚊蚋、幽暗的树木、温暖而芬芳的空气，小沟中的浊水在枝叶下汩汩流淌"，两步之外，就有敌人的埋伏，他"突然产生一种没来由的幸福感，便照着小时候的习惯，画了个十字，感谢起某个人来"。

他像一个印度托钵僧般满足地对自己说，他独自迷失在生命的轮回之中，越陷越深，潜伏在周围的无数看不见的生物此时正窥伺着他的死亡，成千上万的昆虫在他四周嗡嗡地彼此招呼："伙伴们，到这儿来，到这儿来！有人可叮咬了！"

他很清楚，在这里，他已经不再是俄国贵族，莫斯科上流社会里的人，或者某某人的朋友和亲戚，而只是一个像苍蝇、野鸡、麋鹿般的生物，和当前在他周围生活着并转悠的鸟兽昆虫一样。

像他们一样，我活着，死去，然后，上面长出草来……

于是，他心里充满欢乐。【写作借鉴：通过非常细致的心理描写，表现出托尔斯泰对大自然、对生命、对上帝由热爱到迷茫，再到超越生死，最终欢喜的情感历程。】

在青年这段时光，托尔斯泰疯狂地沉浸在对力量和生活的热爱之中。他拥抱大自然并与之融为一体，向大自然倾诉、宣泄他的喜怒哀乐和爱情。但这种浪漫的陶醉从未影响他目光的敏锐。在这热情的诗篇里，景物描写之雄浑、人物刻画之逼真，是别的作品无法与之比拟的。

自然与人世的对立是全书的主基调，也是托尔斯泰一生中最爱采用的思想主题和信条。这种信条已经使他找到《克莱采奏鸣曲》中的严酷冷峻之音，并用以鞭挞世间大舞台上的人间百态。

而且对他所喜爱的人，他的描写也同样真实。自然界的生物、美丽的哥萨克姑娘和他的朋友，都被放在光天化日之下观察，他们的自私、贪婪、诡诈和毛病，他都照写不误。【名师点睛：托尔斯泰疯狂崇尚大自然，这样的情怀使他对一切言行都追求真实自然，包括写自己喜欢的角色，也一样毫不掩饰地如实描写，可见托尔斯泰的真诚坦率。】

更重要的是，高加索向托尔斯泰揭示了他本人深厚的宗教意识。这种真理精神的初次宣示说来话长。

他自己也是以保守秘密为条件才告诉他青年时代的知己——他年轻的婶婶亚历山德拉·安德烈伊夫娜。

他在1859年5月3日写给她的信中"表明了他的信仰"。他说：

小的时候，我并没有思考，只凭热情和感受去信仰。十四岁左右，我开始思考人生。由于宗教和我的理论不一致，我把消灭宗教看成一件好事……我觉得一切都很清楚、合乎逻辑，一切都安排得很妥当，没有宗教的地位……后来到了这样一个时期，生活于我已经没有什么秘密，而且也开始失去其一切意义。这时我正在高加索，感到既孤独又烦恼。我聚集起全部精神力量，这样做一辈子只能有一次的啊……这是一个既苦也乐的时期：真是空前绝后，我的思想从没达到过这样的高度，只在这两年我才看得那样透彻。当时我发现的一切将永远成为我的信念……这两年坚持不懈的脑力劳动之中，我发现了一条简单、古老、现在我知道而别人尚不知道的真理：我发现，世界上有一种不朽的东西，有一种爱，要永远幸福就必须为他人活着。这些发现使我很惊讶，因为它和基督教很相像。于是，我不再向前探寻，转而到福音书里求索。可惜发现不多。既找不到上帝，也找不到救世主，亦找不到圣体，什么都找不到……但我尽我心灵的一切、一切、一切力量去探索。我哭泣，我痛苦，我只要真理，其他什么都不要……就这样，只有我的宗教和我在一起。【名师点睛：从托尔斯泰给婶婶的信中，我们可以看出他的宗教信仰的轨迹：无意识—不怎么认同—开悟—探寻—和宗教在一起。】（在信的末尾，托尔斯泰又补充道："请你明白我的意思！……我认为，如果没有宗教，人既不能善良，也不能幸福；我渴望掌握宗教的愿望超过对世界上任何东西的渴望。如果没有宗教，我的心灵就会枯竭。……但是我并没有信仰。是生活促使我的心中兀自产生了宗教，而不是宗教创造我的人生……我此时只是感到心灵很空虚，定要有一种宗教不可。上帝会帮助我的。这一天必定会到来……大自然是我的领路人，会指引我走向宗教，每个人都有各自不同的未知道路，只能到自己的灵魂深处去探寻……"）

1853年11月，俄国向土耳其宣战。【名师点睛：这里一句话介绍战争背景，引出下文叙述托尔斯泰加入到战争中的经历。】托尔斯泰应召到罗马尼亚军中服役，后转到克里米亚，并于1854年到达塞瓦斯托波尔。他胸中燃烧着爱国激情，英勇作战，经常置身险境，尤其是1855年4至5月间，他每三天中便有一天到第四号棱堡的炮台值勤。

一连几个月，他生活在激奋、紧张的情绪中，面对着死亡。此时他的宗教神秘主义又油然而生，多次和上帝对话。1855年4月，他在日记中记述了一段祷文，感谢上帝在危险中保佑他，并希望上帝继续保佑他，"以便我能够达到我那未知的生命之永恒和光荣的目标……"这里的生活目标，并非艺术，而是宗教。

1855年3月5日，他写道：

我被引向一个伟大的想法，为了实现这一想法，我觉得我可以奉献我的一生。那就是创立一种新的宗教，基督的宗教，别除了教条和迷信的宗教……完全按照清晰的良知行动，以便用宗教将人类团结起来。

【名师点睛：此时的托尔斯泰，已经有了比较成熟的思想，在宗教信仰方面也有了自己的目标，希望创立别除糟粕非常纯粹的真正能为人类服务的宗教，表现出托尔斯泰的博爱精神。】

这便是他老年时的打算。

但是，为了转移自己对周围景象的注意力，他又重新开始提笔写作。

在枪林弹雨之下，他怎能集中精神来写他《回忆录》的第三部分《青年》呢？书的内容杂乱，可归咎于当时的客观环境使他心绪混乱，有时抽象的分析也有些枯燥乏味，像司汤达那样，动辄大类之下又分小类。

但他居然能冷静地参透一个青年人头脑里错综复杂的思虑和梦想，倒也值得欣赏。作品对待自己罕有的坦率，在描写春天城市的美丽画面，在叙述忏悔以及为忘记交代的罪孽赶往修道院的时候，又有多少清新的诗意啊！某些篇章洋溢着热烈的泛神论，有一种抒情的美，其笔调令人不禁想起高加索的札记来。下面是其中描写夏夜的一段文字：

明亮的新月静静地照耀着。池面波光粼粼。月光照射在老桦树茂密的枝叶上，一面显出银白色，另一面则暗影幢幢，覆盖着灌木丛和大路。池塘后面传来鹌鹑的鸣声。还可听见两棵老树枝叶摩挲的轻微声响。蚊蚋嗡嗡，一个苹果坠落在枯叶上，青蛙一直跳上台阶，绿色的脊背在月光下闪闪发亮……月儿升起来了，悬挂在万里晴空上，将光芒洒满宇宙。池水显得益发明亮。暗影益发黝黑而光亦更加透明了……我像渺小的虫豸，早已感染了人类的七情六欲，但尚有一股巨大的爱的力量，此时，我感觉到大自然、月亮和我已经完全融合在一起。

但当前的现实盖过了以往的梦想，迫使人不得不关注。《青年》因此没有写完。副队长列夫·托尔斯泰伯爵在棱堡的屏障下，在隆隆的炮声和同伴们中间，观察着生者与死者，并将他们和自己的苦恼记录在令人难忘的《塞瓦斯托波尔纪事》之中。

这三篇纪事——《1854年12月之塞瓦斯托波尔》《1855年5月之塞瓦斯托波尔》《1855年8月之塞瓦斯托波尔》通常总是被人相提并论。其实，三篇迥然不同。尤其是第二篇，因其艺术的感受而有别于其他两篇。第一和第三篇以爱国主义为主体，而第二篇则贯穿着无情的真理。

据说沙俄皇后看了第一篇之后落泪了，沙皇在赞赏之余，下令将其译成法语，并将作者调离危险地带。【名师点睛:这凸显了托尔斯泰的作品写得很打动人心。】原因很简单，文中全是对祖国和战争的赞颂。

托尔斯泰初来乍到，激情昂扬，沉醉在英雄主义之中。在塞瓦斯托波尔的保卫者身上，他尚未发现野心、自大和庸俗的感情。对他来说，这是一首崇高的史诗，其中的英雄"堪与古希腊的英雄媲美"。

另外，这些纪录丝毫看不出做过任何想象方面的努力，亦没有任何客观再现的尝试。

作者在城里闲庭信步，看事物时头脑倒是很清醒，但叙述的方式却不很洒脱:"你看……你进去……你发现……"简直是长篇的报道，只不过加上一些对自然的观感而已。【名师点睛:这里对他的第一篇做了比较客观的评价，因为初来乍到尚未完全看透保卫者的内心，因为没有添加任何想象，甚至连客观再现也做得不够，所以通篇成了长篇报道，同时也为对比叙述下文第二篇的不一样做好铺垫。】

第二篇的场景便完全不同了:在《1855年5月之塞瓦斯托波尔》的一开始便可以读到这样的字句:

千万种人类自尊的心理在这里彼此碰撞，或者在死亡中趋于沉寂……

稍后，他又写道:

……由于人多，虚荣心也多……虚荣、虚荣，到处都是虚荣，甚至到了坟墓的门口也是虚荣！这是我们这个世纪特有的通病……为什么荷马和莎士比亚他们要大谈爱情、荣耀和痛苦呢？为什么我们这个世纪的文学只是爱慕虚荣和附庸风雅之徒没完没了的故事呢？

纪事已经不再是简单的叙述，而是让情欲和人类直接登台，将隐藏在英雄主义背后的东西挖掘出来。

托尔斯泰清醒的目光探索进他战友们的内心，在他们的和自己的心里看到了骄傲、恐惧，看到了死亡近在咫尺时，人间还在继续上演的喜剧。

尤其是恐惧已被呈现,已被他揭开了面纱,赤裸裸地暴露在眼前。这挥之不去的恐惧心理和畏死情绪,被托尔斯泰无所顾忌、坦率而无情地剖析开来。(很久之后,托尔斯泰与其朋友捷涅罗莫说到过这种恐惧,讲到有一次,他在城墙边的掩蔽所里胆战心惊地度过一宿的情形。)在塞瓦斯托波尔,他学会了抛开以前多愁善感的心态——他轻蔑地称之为一种"爱哭女性才有的泛泛的同情"。【名师点睛:在第二篇中,托尔斯泰开始深入人物内心,开始揭露实质,开始摒弃多愁善感,我们也开始感觉到第二篇与第一篇很不一样。】

他善于分析的天赋在少年时代已经显露,有时甚至到了近乎病态的程度。(后来,托尔斯泰的朋友警告他这样做的危险:"你在分析方面有点过度细微的倾向,这会发展成为你的弱点的。……你不用完全杜绝这种倾向,但你应该适当抑制它。")

在叙述普拉斯库金之死时更达到了登峰造极、出神入化的程度。

他足足用了两页来描写当炮弹落下,咝咝作响而尚未炸开的一刹那,普拉斯库金脑子里闪过的念头;又用一页写炮弹炸开,可怜的人"胸部被一块弹片击中立即丧命"之后他内心的想法。【名师点睛:正如前面所说,他确实有着善于分析的天赋,加上丰富的想象力,于是他可以将一个小小的细节写上好几页,到了"近乎病态的程度"。】

如同剧中休息时的乐队暂停,在战斗的场景中豁然展露出大自然的景色,道道日光刺透乌云,白昼的乐章奏起并洒落在如此壮观的沙场上,地面躺着成千上万即将死去的人。于是基督徒托尔斯泰忘记了他第一篇纪事中的爱国主义,诅咒起离经叛道的战争来:

这些人,这些基督徒,他们宣扬同一种爱和牺牲的伟大法则,但看见自己的所作所为,竟不在上帝面前跪下忏悔!正是上帝在赐予他们生命的同时,在他们每一个人的内心除了放进对死亡的恐惧之外,还有对善与美的爱!他们竟不含着欢乐和幸福的眼泪,像兄弟一样互相拥抱!

【名师点睛:托尔斯泰毫不留情地指责战争的残酷,指责人性的不完美,他的真实和坦率再次显露出来。】

在完成这部短篇小说——其口吻比他以往的任何作品都更尖刻时,托尔斯泰突然产生了怀疑。他是否不应该说这些呢?

我产生了质疑,心像被揪着一样。也许我不应该说出这些。也许我说的是令人讨厌的真心话,人人都下意识地藏在心里不说,也不应该说,以免带来不利,如同酒滓一样,不能搅动,否则酒质就坏了。什么是应避免说出的坏事?什么是应该模仿的好事?谁是坏人,谁是英雄?人人都好,人人都坏……【名师点睛:这里的托尔斯泰又开始陷入质疑、矛盾和迷茫,与前面的那坦率的诅咒形成对比。】

但他骄傲地镇定下来:

我这部短篇小说的主人公是我最心爱的人物,我打算将他的美全部表现出来,使他过去、现在和将来都美,这就是真实。

《现代人》杂志的主编涅克拉索夫看了这几页之后,写信给托尔斯泰说:

这正是今天俄罗斯社会所需要的:真实。自从果戈理去世以来,俄罗斯文学里太缺少真实的东西……您给我们的艺术带来的这种真实性对于我们是全新的感受。我只担心一件事:时间和人生的怯懦。我们周围装聋作哑的人们会像对待我们大部分人那样对待您,担心他们会扼杀您的锐气。【名师点睛:通过《现代人》杂志主编的担心,来强调当时托尔斯泰在文中表现出的毫无顾忌的真实感,与周边那些人的怯懦和装聋作哑形成了鲜明的对比。】

这事一点不用担心。时间会消磨一般人的锐气,但却锻炼了托尔斯泰的意志。【名师点睛:这句话突出了托尔斯泰的不同寻常,意志不会随着时间消磨,只会被锻炼得更强。】然而,当时祖国的磨难,塞瓦斯托波尔的失守,使他那颗虔诚的心感到痛苦,他后悔自己的坦率直言有点过分苛严了。在第三篇纪事——《1855年8月的塞瓦斯托波尔》中,他正讲述军官们赌钱吵架时，突然中止了叙述，说道：

这场戏赶紧收场吧。明天，也许今天，这些人中的每一个都可能慷慨赴死。高贵的火种潜藏在每个人心中，使他终有一天可能会成为英雄。

这种考虑并没有损害故事本身现实主义的力量，而人物的选择却相当明显地道出了作者的倾向。马拉科夫史诗般的战斗和悲壮的沦陷，通过两个感人和高傲的人物形象表现了出来。

这两个形象是两兄弟，哥哥是科泽尔佐夫上尉，与托尔斯泰颇有几分相似；(他的自尊心简直就是他的命，他找不出别的出路：要么登上巅峰，要么自我毁灭……他爱跟别人较真，喜欢争得第一。)弟弟是旗手沃洛佳，此人腼腆而热情、好进行激动的独白、满脑子梦想、动不动就会掉眼泪，有时是温情的泪，有时是委屈的泪，刚到棱堡时感到很害怕，(可怜的小家伙还怕黑，睡觉时总用军大衣蒙头。)因为孤独和旁人的冷淡，让他感到苦闷，但当庄严的时刻一到，却能高高兴兴地面对危险。【名师点睛：托尔斯泰通过生动的描写和深入的分析，使得《战争与和平》中两个典型人物的迥异的性格和相同的爱国情怀跃然纸上，可以看出他坦率的描写风格和天才般的分析能力。】

他属于那种颇具诗意的少年(《战争与和平》中的彼佳、《袭击》中的少尉)，心中充满爱，能够笑傲沙场，然后突然莫名其妙地倒下。这两兄弟同一天(守城的最后一天)中弹身亡。小说在爱国的激愤中结束：

军队无奈撤出了城市。眼看不得不放弃塞瓦斯托波尔，士兵们心里充塞着说不出的悲苦。他们叹着气，伸出拳头挥向敌人。(托尔斯泰在为叶尔绍夫《一个炮兵军官对塞瓦斯托波尔的回忆》写前言的时候，再次回想起当时的场景：一切英勇的过去都消逝了，只记得在担惊受怕中度过了七个月。害怕的有两种东西，一是怕死，二是怕丢脸。真是可怕的精神折磨。对他来说，围城的一切英雄业绩可以用一句话概括：当过炮灰。)

他在这个活地狱里待了足足一年，看透了情欲、虚荣和人类痛苦。

出来以后，1855年11月，他回到彼得堡的文人圈里。他对这些人既憎恶，又蔑视，觉得他们庸俗、市侩，而且谎话连篇。这些人远看似乎被艺术的光环围绕，——像屠格涅夫，托尔斯泰曾经很欣赏他，而且刚把自己写的《伐林》题赠给他——近看却让他大失所望。【写作借鉴：这段承上启下，承接上文托尔斯泰从战场撤下来，引出下文他回到文人圈之后的际遇，尤其与屠格涅夫之间的恩怨。】

1856年的一张照片中，托尔斯泰和他们在一起，有屠格涅夫、冈察罗夫、奥斯特洛夫斯基、格里戈罗维奇、德鲁吉宁。旁人都很自然，唯有他与众不同：神情严峻、冷硬，头骨嶙峋，两腮凹陷，姿态僵硬地交叉着双臂。他穿着军服，站在这些文学家后面。

苏亚雷斯很风趣地写道："他像是监视着这些人而不是他们中间的一员，似乎随时准备将他们押回监狱。"

可是所有人都殷勤地围着这个刚来到他们中间的年轻同道。他拥有双重荣耀：作家和塞瓦斯托波尔的英雄。曾经读到塞瓦斯托波尔的场面时含泪大呼乌拉的屠格涅夫，向他伸出了友好的双手。

但这两个人合不来。尽管两人都对这个世界有着惊人的洞察力，内心色彩却大不相同。一个爱嘲讽、敏感、多情、头脑清醒、酷爱美；另一个则粗暴、骄傲，经常为道德思想所苦恼，心中总蕴藏着一个神明。【名师点睛：对比屠格涅夫和托尔斯泰两个人的不同，突出托尔斯泰简单、清高又注重道德的性格特征。】

托尔斯泰尤其不能原谅这些文学家的是，他们自以为是天之骄子，人类大军的领头兵。他对他们的反感还出于他贵族和军官的骄傲，看不起这些自由主义的市民阶级文人。(屠格涅夫曾经抱怨说："托尔斯泰有着贵族让人讨厌的骄矜和容克人自吹自擂的高傲。")他还有一个性格特点——他自己也承认——就是"本能地反对所有普遍认可的推理"。(托尔斯泰致比鲁克夫的信中说："我性格中有一个特点，不管是好是坏,反正一直就是如此,不由自主地反抗这外界潮流的影响……我讨厌随波逐流。")

对人类不信任,对人类理性潜在的蔑视,使他处处都发现人类自欺欺人,也就是撒谎。他从不相信人类的真诚,认为任何道德的冲动都是虚伪。他惯于以异常锐利的目光鞭挞他认为不讲真话的人……

看他听人说话的样子!看他用深深嵌在眼眶里那双灰色的眼睛怎样看着和他说话的人!他抿着的双唇透出多少讥讽的味道!

屠格涅夫说,托尔斯泰尖锐的目光,再加上两三句恶毒的词句,足以令人暴跳如雷,看见这种目光,他感到从未有过的难受。

托尔斯泰和屠格涅夫之间,最初几次会面时,便发生了激烈的争吵。距离远的时候,他们尚能冷静下来,努力给对方一个公正的评价。但随着时间的推移,托尔斯泰对他那些文学界的朋友越来越反感。他不能原谅这些艺术家生活堕落,嘴里却大谈仁义道德。

我确信几乎他们所有的人都不道德、邪恶、品格低下,比我在军旅生涯中遇见的那些人还差劲。可他们却像身心健全的人那样,非常自信,心满意足。我讨厌他们。【名师点睛:这里托尔斯泰对文学界朋友的反感,觉得他们大都是道貌岸然,表现了他在道德方面有着较高的判断标准和要求,突出了托尔斯泰严谨、真诚和正直的做人准则。】

他离开了他们。但在一段时间内还保留着和他们一样的艺术上的功利观念,他的骄傲心理从中获得了满足。那是一种报酬丰厚的宗教,它可以带来"女人、金钱、荣誉……"

我是这种宗教的大祭司之一。地位舒适而优越……

为了更好地投身文学,他辞去了军职(1856年11月)。

但像他那种性格的人是不会闭着眼睛去思考的。他相信,他愿意相信进步,觉得"这个词是有含义的"。

从1857年1月29日到7月30日,他去国外旅行,到法国、瑞士和德国,结果推翻了这个信念。【名师点睛:通过一句话交代托尔斯泰到

【国外旅行之后推翻了信念，引出下文使他信念动摇的故事情节。】

在巴黎，1857年4月6日，他观看了一次处决犯人，"使他认识到对进步的迷信纯属虚妄……"

当我看见犯人身首异处，脑袋滚到筐里的时候，我浑身一震，心想没有任何维持现存秩序的理论能够证明这种行为是合理的。即使全世界的人根据某种理论认为有必要这样做，我也觉得不好，因为决定或善或恶并非人类的言与行，而是我的心。

1857年7月7日在卢塞恩，他看见一个流浪的小歌手。寓居施韦茨霍夫的英国有钱人不愿对歌手掏钱施舍，于是，他在《德·涅赫柳多夫公爵日记》中写道，他鄙视自由主义者死抱着一切幻想，也鄙视那些"在善与恶的海洋上划出假想界线"的人。

对他们来说，文明是善，野蛮是恶。自由是善，奴役是恶。这种假想的认识摧毁了本能的、原始的，也就是最美好的需要。但谁能界定何谓自由、何谓专制、何谓文明、何谓野蛮？又有什么地方不是善恶共存的呢？我们心里只有一个万无一失的领路人，那就是鼓励我们彼此接近的宇宙之神。【写作借鉴：托尔斯泰用一连串的设问句，追问着关于人类文明和自由的问题，最后确定能让问题不再迷茫的只有宇宙之神。托尔斯泰一有杂乱的思绪就寄希望于神明，凸显出他的宗教信仰。】

回到俄罗斯的故乡亚斯纳亚之后，他重又关注起农民问题，这并非表示他对民众已经不抱幻想。他写道：

那些声称民众是通情达理的卫道士们，民众或许是好人的集合体，但他们凑在一起只是因为他们都有兽性和可耻的一面，这恰恰反映出人类天性的弱点和残酷。

因此，他的工作对象并非群体，而是每一个人、每一个孩童的个人良知。因为这才是希望之所在。他创办了几所学校，但不知道教什么。

为了解决这个问题，从1860年7月3日到1861年4月23日，他又一次旅居欧洲。【名师点睛：这是一个过渡句，承上启下，引出后面托尔斯

名人传

[泰旅居欧洲之后对教育理念的改变。]

他研究了各种不同的教育理论。不用说，这些都没有被采纳。他去了两次马赛，发现真正的民众教育是在校外——他意识到学校教育很可笑——通过报刊、博物馆、图书馆、街道和现实生活来进行，他称这一切为"无意识的"或者"自发的学校"。

自发的学校与他认为有害而愚蠢的强制性学校教育是相对的。这就是他想回亚斯纳亚·波利亚纳创建和试办的学校。他的宗旨是自由。

他不允许一小撮自以为精英分子的人，即"自由主义特权社会"将自己的学问和错误强加给他们所不了解的民众。他们无权这样做。

这种强制性的教育方法在大学里根本培养不出"人类需要的人才，而只能培养出腐败社会所需要的人：官吏、官吏式的教授、官吏式的文学家，或者盲目地离开原来的环境，虚度了青春年华，却找不到方向的人——病态的、易怒的自由主义分子"。该让人民说说他们需要什么！如果他们不看重"知识分子强迫他们学习的阅读和书写艺术"，是完全有理由的：他们有其他更迫切、更合理的精神需求。你应该想办法去了解这些需要，并帮助他们去满足这些需求吧！

托尔斯泰一直是革命的保守派，他在亚斯纳亚努力想将这些自由的理论付诸实践，说他教学生，倒不如说他和学生一起学习。

同时，他还努力将一种更人道的精神引进农业经营之中。1861年，他被任命为克拉比夫纳县的土地仲裁人，保护老百姓反对地主和国家滥用职权。【名师点睛：此处可以看出，托尔斯泰一直在努力学习、改变和追求中，表现出他的勇于探索的精神和严谨的治学态度。】

别以为这项社会活动能使他满足，使他全身心地投入。他仍然摆脱不了与此对立的一些欲望。尽管他努力接近民众，但他永远喜欢社交，他有社交需求。有时寻欢作乐的欲望会再次萌发，有时是出于好动。他曾因猎熊几乎送命，赌起钱来输赢很大，甚至有时能受到被他看不起的彼得堡文学界的影响。从这些误区走出来，由于厌恶，他深深陷入烦恼。这个时期的作品不幸也带有这种艺术上和思想上不稳定的痕迹。《两个骠骑兵》(1856)有追求风雅的倾向，一派纨绔子弟的浮华浪荡作风，让托尔斯泰自己看了都很不舒服。

1857年在第戎写的《阿尔贝特》，单薄、古怪，缺乏托尔斯泰惯有的深度和精确度；《记分员笔记》(1856)比较引人注目，但写得匆忙，似乎反映出托尔斯泰对自己感到厌恶。他的化身涅赫柳多夫公爵在赌场里自杀了。【名师点睛：因为他寻欢作乐的做派和浮夸的作风，直接导致当时一系列的作品在艺术上和思想上的漂浮、不稳定，也显得有些浮华和肤浅，令他自己生厌，以至于让自己的化身在作品里自杀了。】

他什么都有：财富、名望、才气、崇高的理想；他没有犯过任何罪，但他做了更糟的事：他扼杀了自己的心灵、自己的青春；他的堕落甚至没有强烈的欲望作借口，而是由于意志薄弱。

即使大限临头也不能使他改变……

同样奇怪的言行不一，同样的犹疑不定，同样的思想轻浮……

死亡……这时，死亡开始经常在托尔斯泰的脑际萦回。【名师点睛：过渡段，这个时期，死亡开始在托尔斯泰脑际萦绕，使他开始思考和探索死亡，引出下文介绍他关于死亡的作品。】

《三死者》(1858—1859)已经预示了《伊凡·伊里奇之死》中那种阴暗的分析，垂死者的孤独感、对生者的仇恨，他绝望地询问："为什么？"这部描写三个死者的三部曲(三个死者是有钱的贵妇、患肺病的老车夫和被伐倒的白桦树)确有其伟大之处：肖像刻画细腻形象，相当打动人。尽管作品享誉很高，但结构松散，白桦树之死也缺乏使托尔斯泰的风景描写产生美感的那种清晰确切的诗意。总体来看，我们还不清楚，在这里，为艺术而艺术的思想和道德的意图，到底哪个占主导地位。

托尔斯泰自己也不知道。1859年2月4日，他在莫斯科俄罗斯文艺爱好者协会举行的招待会上发表演说，宣扬为艺术而艺术。而该协会的会长向他这位"纯艺术的文学代表"致敬之后，提出与他相反的观念，提倡为社会和道德而艺术。

一年以后，即1860年9月19日，他心爱的哥哥尼古拉因肺病在耶尔去世，托尔斯泰受此打击，几乎"动摇了对善、对一切的信念"，并放弃了艺术：

真相是可怕的……当然，只要存在想知道真相并将其说出来的愿望，人们总会想办法知道真相并将其说出来。这是我道德观念中剩下的唯一东西，是我唯一要做的事情，但并不以艺术的形式去做。艺术是撒谎，而我再也不能爱美丽的谎言了。【名师点睛：托尔斯泰开始质疑自己之前一直宣扬的为艺术而艺术。那他究竟有没有彻底摒弃为艺术而艺术的"美丽的谎言"呢？吸引读者继续往下阅读。】

然而，六个月不到，他写了《波利库什卡》，重又回到"美丽的谎言"中，这部作品除了隐含着对金钱及其罪恶势力的诅咒之外，也许是他的道德意图最少、纯粹为艺术而艺术的作品了，【名师点睛：虽然托尔斯泰已经意识到为艺术而艺术不是他想要的，但在下一部作品中又重复了这种让自己不满的基调，可以看出他意志力不够强。】当然也不失为一部杰作。

其缺点只是观察过分纷繁，素材过多，足可写一部长篇巨著；结尾也太惨烈，与充满幽默感的开头形成过分强烈甚至有点残酷的对照。

Z 知识考点

1. 判断题。托尔斯泰一开始的作品就充分展现了他的写作个性，并没有受任何文学家及文学作品的影响。　　　　　　　　　　（　　）

2. 判断题。托尔斯泰的哥哥尼古拉因病去世，托尔斯泰受此打击，几乎"动摇了对善、对一切的信念"，但并没放弃艺术。（　　）

3. 托尔斯泰在作品中，对主人公所喜爱的美丽的哥萨克姑娘和他的朋友，都是将他们的缺点放在光天化日之下进行剖析，并毫无顾忌地写出来。这反映出他什么样的性格特征？

_____

_____

4."不知不觉中，这种自我完善的信念偏离了轨道，失去了无私的性质，变得追求实际价值了。"这句话在结构上有什么作用？

_____

_____

5."他那时长得像猴子一样丑：脸长，模样粗野，短发，个头不高，一双小眼睛看人的时候狠巴巴的，眼窝深，鼻梁阔，厚嘴唇向前突出，还有一副兜风耳。"这是典型的外貌描写，作者写这一段有何用意？

_____

_____

阅读与思考

1.托尔斯泰在转战克里米亚期间，写出了哪些作品？塑造了哪些与现实人物相关联的艺术形象？

2.了解这个时期托尔斯泰创作出了哪些作品。

3.思考托尔斯泰的生活经历与他的文学创作有何关系。

三　爱情对文学的滋润

> **M 名师 导读**
>
> 　　爱情的力量总是伟大的,美满的婚姻总会给人以积极的力量并对事业带来重要的影响。托尔斯泰也不例外。妻子的到来,不仅让托尔斯泰的家变得井井有条,而且对他的创作大有裨益,对他创作里程碑式的作品《安娜·卡列尼娜》产生了积极影响。

　　这是一个过渡时期,天才托尔斯泰在摸索,对自己产生怀疑,还有点自寻烦恼,像《记分员笔记》中的涅赫柳多夫一样,"没有强烈的欲望,没有主宰一切的意志"。但这个时期他写出了他以前从未创作过的最清纯的作品《家庭幸福》(1859)。这简直是爱情的奇迹。【名师点睛:承上启下,引出下文叙述爱情与婚姻对托尔斯泰创作的影响。】

　　多年以来,他一直是贝尔一家的朋友,先后爱上过这家的母女四人,(托尔斯泰小的时候,有一次因为嫉妒,将他的一个玩伴、年仅九岁的小女孩从阳台上推了下去,使她腿瘸了很久,这个小女孩就是后来的贝尔夫人。)最终却倾心于第二个女儿,但他不敢承认。苏菲·安德烈耶夫娜·贝尔还是个孩子,十七岁,而他已经三十多岁了。他觉得自己已经是个老头,无权将自己老旧、污秽的生命与一个天真烂漫的少女结合在一起。他内心斗争了三年之久。(《家庭幸福》中,谢尔盖有段话:"假如有位 A 先生,一个曾经沧海的老人,和一位 B 小姐,一位年轻、快乐,既没有和男人打过交道,也没有生活阅历的少女。A 先生爱B小姐就像爱自己的女儿一样，从未有过其他的非分之想……"从这段话中就可以看出托尔斯泰爱上苏菲时的情感。）

后来，他在《安娜·卡列尼娜》这部小说里描述了他如何向苏菲·贝尔表白，而少女又如何回应他的情形：两个人用粉笔在桌子上写出他们不敢明言的话语的第一个字母。像《安娜·卡列尼娜》中的列文一样，他诚实地将自己的私人日记交给未婚妻，好让她知道他以前做过的令人脸红的事。【名师点睛：将私人日记交给未婚妻，一方面说明托尔斯泰很爱未婚妻，愿意向她袒露内心的秘密；另一方面，再次反映了托尔斯泰坦率真诚的品质。】而苏菲也和《安娜》中的基蒂一样，内心非常痛苦。1862年9月23日，他们举行了婚礼。

但这场婚礼早在三年前写作《家庭幸福》的时候，就已在诗人的脑海里举行了。三年以来，在这爱情刚刚萌发，尚未被察觉时，他已提前享受了刻骨铭心、如痴如醉的爱情生活，卿卿我我的温馨时刻，落下过"幸福一去不复返"的眼泪；还有新婚宴尔时的得意忘形，爱情的自私，"没完没了和无缘无故的欢乐"；然后是厌倦，模模糊糊的不快，单调生活的烦闷，两颗结合在一起的心慢慢地产生距离，彼此渐行渐远，交际场上对少妇包含着危险的陶醉——卖弄风情、嫉妒、要命的误解，——爱情蒙上阴影，消逝；终于，心灵的秋天降临，带着脉脉温情的哀愁，再度露面的爱情已经苍老褪色，带着眼泪、皱纹、苦涩的回忆，怀着对相互伤害和虚度年华的遗憾，益发显得动人——再往后是明净清澈的夜，从爱情庄严地过渡到友谊，从浪漫的激情过渡到母爱……这一切该发生的事，托尔斯泰早已想象到，也体会过了。【名师点睛：托尔斯泰在写《家庭幸福》时，只是刚刚产生爱情，自己还毫无意识，但他依然通过想象将爱情—新婚的幸福—婚姻危机—对曾经互相伤害的追悔—爱情转为亲情的过程，就像曾经亲身经历过一样地描绘出来，可见托尔斯泰对生活的洞察力和想象力以及分析事态发展的能力无人能及。】

为了更好地体验这一切，他在他所爱的人身上付诸实践。第一次——也许是托尔斯泰的作品中第一次——小说的故事在一个女人的心中展开,由她讲述。讲得太妙了!美丽的心灵蒙着羞答答的轻纱……这一回,托尔斯泰分析时不用强光,也没有固执地要暴露赤裸裸的真相,不是直接说出内心生活的秘密,而是让读者自己去猜测。

托尔斯泰的心灵和艺术变得温柔了,形式和思想达到了和谐的平衡:《家庭幸福》具有拉辛作品那种完美的境界。【名师点睛:因为爱情,托尔斯泰的作品风格发生了很大变化,不再直白地揭露,而是变得含蓄;同时因为心灵变得温柔了,艺术也随之温柔起来,让形式和艺术达到和谐的平衡。可见爱情对他的创作产生了很大影响。】

托尔斯泰清醒地预感到婚姻会给他带来甜蜜、温馨,也会给他带来困扰。

当时,他身心疲惫,病魔缠身,对自己和自己所做的努力也都感到厌烦。继第一批作品获得巨大成功之后,随之而来的是批评界的沉默和公众的冷淡。他骄傲地装作对此颇为得意。

我的名声已大大失去了群众基础,对此我很担忧。现在,我心境平和,我知道自己有话要说,也有力量大声说出来。至于群众,他们愿怎么想随他们的便好了!

但这不过是自夸而已。他对自己的艺术力量并没有把握。诚然,文学这个工具他用得很娴熟,但不知该用来干什么。正如他谈到《波利库什卡》的时候说:"这是一个会舞文弄墨的人,就随便碰到的一个主题乱说一通罢了。"他的社会事业流产了。1862年,他辞去了土地仲裁员的职务。同年,警察来亚斯纳亚·波利亚纳大肆搜查,把学校也查封了。托尔斯泰当时没在家,因疲劳过度,他担心染上了肺结核。

仲裁纠纷对我说来是太困难了,学校工作也毫无头绪,想教人又不想让别人知道自己根本不懂教育,这一切使我产生怀疑,使我心灰意冷,我的病就是这样来的。若不是生活中未知的一面救了我,我早就像十五年后那样陷于绝望了。这就是家庭生活。【名师点睛:托尔斯泰的文学创作开始出现迷茫，而社会事业又遭遇挫折，正心灰意冷之际，甜蜜的婚姻生活拯救了他，引出下文讲婚姻生活对他的艺术产生的积极影响。】

他对一切都用情很深，因此起初他尽情享受家庭生活。托尔斯泰伯爵夫人对他的艺术也起了宝贵的影响。她在文学方面很有天赋，所以，像她所说的那样，她是一位"地道的作家太太"，因为她总把丈夫的事业放在心上。

她和丈夫一起工作，把他口授的记录下来，为他誊清草稿，（据说她将《战争与和平》誊抄了七遍之多。）保卫他不受宗教这个魔鬼的骚扰，这个可怕的精灵已经不时要让他放弃艺术了。

她还努力使他向社会乌托邦关上大门，重新点燃他的创作天才之火，还进一步用她女性的心灵给这位天才带来新的、丰富的创作源泉。除了《童年》和《少年》中几个美丽的侧影之外，托尔斯泰早期的作品几乎没有女性的地位，即使有，也是次要角色。但他爱苏菲·贝尔，在这种爱的影响下，女性在《家庭幸福》中出现了。

在随后的作品中，少女和女人的形象越来越多，而且其生活内容之丰富超过了男性。【名师点睛：因为爱情和家庭生活的滋润，托尔斯泰的作品也发生了不小的改变，加重了对女性形象描写的分量，可见他的妻子对他影响之大。引出下文介绍《安娜·卡列尼娜》《战争与和平》里都塑造了女性的形象，甚至有着女性的视角。】

大家认为，托尔斯泰伯爵夫人是她丈夫的几部作品的原型，在描写《战争与和平》中的娜塔莎时是如此，（还有苏菲的妹妹塔季扬娜，既聪明，又有艺术气质，托尔斯泰非常欣赏她的智慧和音乐天赋。他说："我把塔尼亚和索尼娅糅合起来，便成了娜塔莎。"）在刻画《安娜·卡列尼娜》中的基蒂时也是如此，不仅这样，她还以提供个人意见和看法的方式，成为她丈夫宝贵而慎重的合作者。《安娜·卡列尼娜》的某些段落似乎完全是出自女性的手笔。

婚姻美满，使托尔斯泰在十到十五年间尝到了多年没有的祥和与安宁。于是，他在爱情的庇护下从容考虑和实现他脑子里的杰作、执19世纪小说之牛耳的鸿篇巨制《战争与和平》(1864—1869)和《安娜·卡列尼娜》。【名师点睛：美满的婚姻给予了托尔斯泰难得的安宁，造就了他的鸿篇巨制《战争与和平》，自然过渡到下文详细介绍《战争与和平》。】

《战争与和平》是我们时代最宏伟的史诗，现代的《伊利亚特》，汇聚了无数的人物和感情。

在这个波澜壮阔的人类海洋上，翱翔着一个凌驾于一切之上的灵魂，从容掀起又平息一阵阵暴风雨。

当我看这部作品时，不止一次想到荷马和歌德，尽管时代和思想有很大的不同。后来我发现，的确，在写这部小说的时候，托尔斯泰从荷马和歌德的作品中汲取了许多精华。而且更进一步，他在1865年的笔记中，在将不同文学形式分类的时候，把《奥德赛》《伊利亚特》《1805年》都归入同一类。他的思想活动自然而然地把他从描写个人的命运导向描写军队和各国人民、千万人的意志所植根的人类巨大群体。塞瓦斯托波尔之围的悲惨经历使他了解了俄罗斯民族之魂及其古老的生活。

宏伟的《战争与和平》在他的创作计划里，只不过是展现从彼得大帝到十二月党人这组俄罗斯史诗般的壁画里的中心画面罢了。(1863年，托尔斯泰开始创作《战争与和平》。他先创作了《十二月党人》，完成了三个片段。但是他发现这些基础不够牢固，不能支撑起大厦，于是继续掘进，到了拿破仑战争时期，便写了《战争与和平》。1869年完成之后，托尔斯泰又追溯历史，计划写一部关于彼得大帝的长篇小说，接着再写一部有关18世纪各代俄国女皇把持朝政及其宠臣们的小说《米罗维奇》。从1870年到1873年，他投入此项工作，花费了很多精力，最后出于现实主义的考虑，又放弃了。他知道要如实地再现遥远年代的风貌是永远不可能的。随后，1876年1月，他又打算写一部关于尼古拉一世的小说。1877年，他又满怀热情地投入《十二月党人》的写作，搜集在世的当事人的证词，亲自去事件的发生地考察。1878年，托尔斯泰在致其姑母的信中写道："这部作品对我太重要了！完全是您想象不到的：如同信仰对于您那么重要，而我认为，有过之而无不及。"但是随着对主题的深入挖掘，他逐渐偏离了初衷：他的心思已经不在这上面了。1879年，他给费特的信中说："十二月党人？天晓得他们在哪儿！……如果我曾经说过想过，也写过这个主题，现在我却非常希望，为了对人类有好处，那些向人开枪的家伙闻到我思想的味道就会无法忍受。"在他生命的这一时期，宗教开始歇斯底里地发作，他即将把自己之前的偶像全部销毁。）

要感受这部作品强大的力量，就必须了解隐藏其中的整体性。大部分法国读者都有点短视，看见成百上千的细节，只觉眼花缭乱，无所适从，在这座生活的丛林中茫无头绪。殊不知必须攀登到高处，浏览一下广阔的天际，环顾周遭的树林和田野，才能感知作品荷马式的气魄、永恒法则的宁静、命运威严的呼吸节奏、将一切细节联系起来的总体感情，以及涵盖整部作品的艺术家的天才，像创世纪中的上帝般君临于汪洋大海之上。【名师点睛：因为作品蕴含强大的力量，以至于大多数法国读者因短视只看得见成百上千的细节而无所适从，他们没有了解到其中的整体性，也感知不到它的气魄、它的节奏、它的总体感情、它所体现出的艺术家的天才，这一段描写借助于讲述法国大多读者没能体会作品的精髓而突出颂扬了《战争与和平》一书的强大和宏伟。】

开始是一片波平如镜的大海。战争前夕俄罗斯社会一派和平景象。前一百页的客观、精确和高超的讽刺手法，刻画着上层社会人们心灵的空虚。只是到了第一百页左右，那些虽生犹死的人当中最坏的一个——巴西尔公爵才大声喊道：

我们作孽，我们骗人，这一切为的是什么？我的朋友，我已经五十多岁了……一切都以死亡结束……死亡，多可怕啊！

在这些毫无情趣、谎话连篇、无所事事、成天作奸犯科的人中间，也有几个天性比较纯良的人：诚恳率真、单纯淳朴的皮埃尔·别祖霍夫；独立自主、具有古俄罗斯情操的玛丽·德米特里耶夫娜；朝气蓬勃的罗斯托夫兄弟；善良宽容的玛丽郡主；还有并非善良，但却自尊，深为这种不健康的生活而苦恼的安德烈公爵。【名师点睛：列举了《战争与和平》中一些正面人物的典型，由此可看出他作品中的人物描写是一个庞大的工程，且个个都各具特色，托尔斯泰的写作功力之强大由此可见一斑。】

大海开始泛起波澜。行动开始了，俄国军队开进了奥地利。一切都是天数，没有任何地方比在两军相交的战场更能显示命运的主宰力量。

真正的领袖并不刻意指挥，而是像库图佐夫或者巴格拉季昂那样，"设法使人相信，他们的个人意图与当时的情势、部下的意志和命运的摆布是完全协调一致的"。这就是听天由命的好处！纯粹的行动所带来的幸福是正常合理的。困惑的人会恢复精神上的平衡。

安德烈公爵松了一口气，又活了下去……而在另一边，神圣的暴风雨充满生机的气息吹不到的地方，两个最优秀的人皮埃尔和玛丽郡主正面临着眼下浊流的威胁和爱情的欺骗。安德烈在奥斯特利茨负了伤，战斗正酣之时突然中止了行动，上天给予了清晰的启示。他仰面躺着，"只见头上的天空深邃无垠，懒洋洋地飘浮着几块灰色的云彩"。【名师点睛：书中处处可见对大自然如天空、白云等的描写，写出主人公对上天和命运的笃信和依赖，突出了托尔斯泰信奉大自然的力量，也突出了他的宗教信仰。】

他心想：

多么宁静！多么平和！和我发疯般地驰骋多么不同！这高远的天空，我为什么早没看见呢？现在终于有幸看到了！是的，一切皆空，一切都是欺骗，除了他……除了他，什么都没有……让我们赞美上帝吧！

然而，波涛重回低落，生活恢复原状。在城市萎靡的氛围中，沮丧且心绪不宁的人们重又自暴自弃，在黑夜里彷徨。

有时，尘世污浊的气息中，会融入大自然醉人的、使人心荡神驰的熏风，那就是春天、爱情和盲目的力量，它们使迷人的娜塔莎走向安德烈公爵，不久之后，又将她投入第一个追求她的男人的怀抱。

尘世已糟践了多少诗意、温情和心灵的纯洁！只有"高高的天空依然俯瞰着充满罪孽的人间"，但人们却看不见。甚至安德烈也忘记了奥斯特利茨的光明。对他来说，天空只不过是"一个灰暗沉重的苍穹"，覆盖着虚无的世界。【名师点睛：这里通过渲染自然环境和氛围，将此时人的遭遇和处境很自然地融合进来，好像一切顺理成章，让读者读起来轻松自然。】

是时候了，该让战争的飓风再次把这些干涸的心灵唤醒。祖国遭到了入侵，鲍罗金诺村陷落。伟大庄严的日子里，人们尽释前嫌。道洛霍夫拥抱他的敌人皮埃尔。受了伤的安德烈为他往日最憎恨的人、现在躺在救护车上他身旁的阿纳托里·库拉金流下了同情和怜悯的眼泪。为祖国甘愿牺牲的精神和听从上帝安排的意愿，将所有人的心联结在一起。【名师点睛：祖国被入侵，村庄被侵占，此时的所有人冰释前嫌，团结在一起，准备为祖国做出牺牲。读者已经开始感受到作品中强烈的爱国主义情怀。】

严肃认真地接受无法规避的战争……最艰苦的考验是将人类的自由交给上天去安排。心灵是否淳朴要看它是否服从上天的旨意。

库图佐夫元帅代表着俄罗斯人民的意志和他们服从命运安排的决心。

谈到激情，这个老人只有激情的产物——经验，在他身上，从收集到的事实中得出结论的那种智慧，已经被对事件进行哲理思考所取代。他并无创造发明，绝不轻举妄动，而只是注意谛听，考虑一切因素，到适当的时刻加以利用。有利的绝不阻拦，有害的绝不允许。他从将士的脸上搜寻难以捉摸的力量，亦即决战决胜的意志。他承认有些东西比他的意愿更强大，那就是眼前事态的无法规避的进程。他观察、跟随这些事态的发展。他懂得将他个人的因素排除在外。

总之，他有一颗俄罗斯人的心。俄罗斯民族冷静悲壮的宿命意识，也体现在可怜的庄稼汉普拉东·卡拉塔耶夫身上。此人朴实、虔诚、安分，即使在痛苦和死亡面前也含着善良的微笑。经历了种种磨难、家园残破、临终时的痛苦，书中的两个主人公皮埃尔和安德烈凭着爱情和信仰，看见了活生生的上帝，终于达到了精神解脱和神秘的欢乐境界。【名师点睛：在痛苦的战争环境中，唯有上帝能让人得到解脱，达到欢乐境界，再次体现出信仰的强大力量。】

托尔斯泰并不到此为止。结尾部分发生在 1820 年，是从拿破仑时代到十二月党人时代的过渡时期，给人的感觉是生活正承上启下。

托尔斯泰并不在危机中开始和结束，像开头一样，结尾也安排在一波刚平、一波继起的时刻。读者已经看到未来的英雄，他们之间将要发生的冲突，以及死者在生者身上复活的情形。

我曾经试图理出这部小说大致的脉络，因为难得有人肯去费这番功夫。但是说些什么好呢？这上百的主人公都有巨大的生命力，他们各有个性，刻画的手法实在令人难忘，其中有士兵、农民、王公贵族、俄罗斯人、奥地利人和法国人！一切都不是随意编造的。

这个画廊中的人物肖像，在欧洲文学中还找不到一个类似的。托尔斯泰曾为这些人物勾勒过不知多少素描。他说，"还制订了千百万个计划"，到图书馆搜寻、端出自己的家族档案、翻阅以前的笔记、个人的回忆。这种细致入微的准备工作使作品经得起推敲，同时亦无损作品的浑然天成。【名师点睛：赞美了托尔斯泰在创作中追求完美、精益求精的精神。】

托尔斯泰写作时的激情与欢欣感染着他的读者。特别是《战争与和平》，其最大的魅力在于作者有一颗年轻的心。

托尔斯泰的其他作品没有一部有这么多有关孩子和少年的描写，他们每一颗心都是一段音乐，如泉水般明净，像莫扎特的韵律般优美动人，例如年轻的尼古拉·罗斯托夫、索尼娅、可怜的小彼佳。

最迷人的是娜塔莎。这个娇憨的小姑娘，任性、乐观、充满爱心，

213

我们眼看着她在我们的身边长大，随着她进入生活，带着纯洁温柔的感情像去爱小妹妹那样爱她。谁对她没有似曾相识之感呢？【名师点睛：托尔斯泰在写《战争与和平》时的年轻的心态感染着读者，塑造的那些年轻的灵魂和形象尤其娜塔莎，更是深入人心，突出了托尔斯泰创作时的心境对他作品的影响，也再次凸显他作品的魅力和他的写作功底之深厚。】……明媚的春夜，娜塔莎在月光中靠在窗前。她浮想联翩，热情地诉说；而与她仅隔一层楼的安德烈公爵则在凭窗倾听……第一场舞会的激动、爱情、爱的期待、欲望的萌生和杂乱无章的梦境，深夜，雪橇在雪盖冰封、鬼火磷磷的森林里飞驰。

大自然以它扰乱人心的温柔拥抱着你。歌剧院之夜，奇特的艺术世界，理性为之沉陷，心灵为之迷醉，连厌倦了爱情的肉体也为之疯狂。洗涤灵魂的痛苦、守护着心爱的垂死者的神圣怜悯……提起这些回忆便难免激动，就像谈到最心爱的女友时那样。

唉！这样的创作和充斥在几乎所有现代小说和戏剧中的女性典型相比，就衬出后者的弱点了。生活被捕捉住了，而且那么富有弹性，那么流畅，纤毫毕现，以至于似乎能看到它在颤动，在变化。【名师点睛：对比托尔斯泰作品中的女性和同期小说和戏剧中的女性，高下立显，更突出了托尔斯泰将人物描写得有血有肉、细致入微，是其他作品难以比拟的。】——玛丽郡主外貌丑陋，心地善良，同样是个完美的形象，这位腼腆笨拙的姑娘，眼见深藏内心的秘密被揭露了出来，和其他与她类似的女子一样，脸倏地红了。

总之，正如我以前所提过的，女人的形象比男子的形象高出很多，大大超过了托尔斯泰注入自身思想的那两个男主人公：优柔寡断的皮埃尔·别祖霍夫，热情但生硬的安德烈·博尔孔斯基公爵。他们都是没有主见的人，总是犹疑不前，在两极之间摇摆，无法前行。人们觉得，这正是地道的俄罗斯人。

但我发现，有些俄罗斯人也提出过同样的批评。屠格涅夫责怪托尔斯泰这种静止不动的心理。"没有真正的发展。总是犹豫，感情摇摆不定。"托尔斯泰自己也承认有时是牺牲个人的性格，去迁就整体的历史。

的确，《战争与和平》的光荣成就，在于它再现了历史上整整一个时代、民族的迁徙、各国的战争。书中真正的英雄是人民，在他们后面，也和荷马的英雄一样，是指引他们的诸神：看不见的力量，"指挥大众的是无穷小"，是"无限"的气息。在这些波澜壮阔的战争之中，隐藏着的命运之神使各国盲目地兵戎相向，而战争本身却具有一种神秘的伟大。除了《伊利亚特》，更令人想到了印度的史诗。【名师点睛：指出《战争与和平》的光荣成就及其伟大之处，堪比《伊利亚特》及印度的史诗，表达了作者对作品由衷的赞美。】（让人感到惋惜的是，美丽的诗一般的构思被连篇累牍的哲学空谈冲淡了，尤其在最后几部分。托尔斯泰本想发表他的历史宿命观，可惜他翻来覆去，谈个没完。福楼拜在看头两卷时"啧啧称奇"，认为"美极了"，而且"充满莎士比亚的成分"，但看到第三卷时便扔在一旁，说："他已经江河日下，不断重复，净谈哲学了。以前，我们见到的是'自然和人类'，可是现在，我们看到的只是这个人，这本书的作者，一个俄罗斯人，仅此而已。"）【名师点睛：如果要说这部宏伟巨作有什么缺陷的话，净在福楼拜的评价里了。】

《安娜·卡列尼娜》和《战争与和平》，标志着这一成熟时期的顶峰。《安娜·卡列尼娜》是一部更完美的作品，说明作者对其艺术已经更加得心应手，经验也更丰富，对他来说，内心世界已没有任何秘密。可惜其中缺乏青春的热烈火焰和朝气蓬勃，而这正是《战争与和平》高飞的双翅。

托尔斯泰已经不能创造出同样的欢乐了，新婚初期那种暂时的平静消失了。精神上的焦虑不安又开始溜进托尔斯泰伯爵夫人在他周围营造的爱情和艺术的迷人氛围里。

在《战争与和平》的前几章里，婚后一年，安德烈公爵对皮埃尔说的有关婚姻的心里话，已经暴露了一个人对婚姻的幻灭情绪，他把自己所爱的女人看作外人，一个无心的敌人，不自觉中阻碍自己思想发展的人。

从1865年的信件中可以看到宗教困惑的回潮。他这还只是一些短暂的威胁，生活的幸福完全可以将其抵消。但在托尔斯泰即将完成《战争与和平》的几个月里，即1869年，却发生了一次比较严重的震撼：

他离开家人几天，去视察一块领地。一天夜里，他已经躺下，时钟刚敲过凌晨两点：

我累极了，很困，没觉得身体有异样。突然间，我悲从中来，感到从未有过的恐惧。详细情况，我以后会告诉你。那真是吓人。我立即跳下床，吩咐套马。仆人套马时，我又睡着了。到别人喊醒我的时候，我已经完全恢复了。昨天，同样的情况又再次出现，不过比之前好多了……

托尔斯泰伯爵夫人用爱情苦心建造的幻想之宫出现了裂缝。【名师点睛：写出了婚姻对托尔斯泰的影响，承上启下，为下文介绍他其他时期的作品做铺垫。】

Z 知识考点

1.选择题。下列选项中是托尔斯泰作品中的人物的是（　　）。

　　A.安娜·卡列尼娜　　B.苏菲·贝尔　　C.阿廖沙

2.判断题。在《战争与和平》中，"娜塔莎"的原型就是托尔斯泰伯爵夫人。（　　）

3.托尔斯泰的婚姻对他的作品《战争与和平》《安娜·卡列尼娜》产生了什么样的影响？

_____

_____

4.在这一时期，托尔斯泰创作出的巨作有哪两部？

5.伯爵夫人对托尔斯泰的艺术产生了什么影响？

阅读与思考

1.托尔斯泰在《战争与和平》中塑造了哪些典型人物？请至少列举五个并简单分析。

2.托尔斯泰作品中反映出的爱情观是什么？

3.托尔斯泰的作品中,哪些人物的原型是他的太太？

四 道德人格与哲学思想的交织

> **M 名师导读**
>
> 《战争与和平》和《安娜·卡列尼娜》的大获成功让托尔斯泰享誉世界，奠定了文学巨匠的地位。其实他在宗教和道德方面也很有建树，只是鲜为人知。如大家所感觉到的，他的宗教观点始终穿插在作品中，关于道德方面的探索和评析也在作品中时有体现，从这方面来讲，也可以称他为哲学家。现在，让我们来看看他的道德人格和哲学思想吧。

《战争与和平》的完成让作家的头脑有了些闲暇，关于哲学和教育的思考又乘虚而入：（托尔斯泰在即将完成《战争与和平》之时，接触到了叔本华，立刻为之着迷，并说："叔本华是人类中最有天才的人。"）他想为老百姓写一部《启蒙课本》，埋首整整工作了四年，这比《战争与和平》更让他得意。1872年写第一部，又在1875年写第二部。

随后，他迷恋起希腊文来，抛开其他事物，从早到晚地研读。他发现了"美妙的希腊语言"和荷马，真正的荷马，不是翻译家们所表现的荷马，（托尔斯泰曾经说到荷马与被翻译家所表现的荷马的区别，就像是"煮沸后的蒸馏水与从源头流出的泉水之间的区别，后者虽然会引起牙痛，但晶莹而洒满阳光；虽然有时带着沙子，但它更纯净、更清冽"。）不是茹科夫斯基和沃斯之辈那种如泣如诉、甜腻腻软绵绵的腔调，而是"另一个引吭高歌，旁若无人的魔头"。

不懂希腊文就不能称为有学问！……迄今为止，我确信，我对所有

名人传

人类文学中最美、最朴实的文字可说一无所知。

这显得很荒唐，他自己也承认。他重新投身学校的事业，由于过分投入而病倒，1871年，只好到萨马拉的巴什基尔家做奶酒治疗。除了希腊文，他对一切都不感兴趣。

1872年，他打了一场官司，之后他郑重地提出：将在俄罗斯的一切都卖掉，去英国定居。托尔斯泰伯爵夫人深感忧虑：

"如果你把心思都放在那些希腊人身上，你的病便好不了。他们给你带来了烦恼，使你对现世生活了无兴致。人称希腊文为死文字一点没错：它使人的心灵变成一潭死水。"【名师点睛：由于托尔斯泰除了希腊文，对什么都没兴趣，这引起伯爵夫人的担心和忧虑，担心他的病得不到积极的治疗，可见当时托尔斯泰对希腊文的迷恋程度。】

多次放弃已拟订的计划之后，1873年3月19日，托尔斯泰终于动手写《安娜·卡列尼娜》了，伯爵夫人喜出望外。可是正当他投入紧张的工作时，家里出了一连串丧事，生活又蒙上了愁云，他妻子也病倒了。"这个家真没有福运可言……"【名师点睛：生活的曲折经历给托尔斯泰造成了很大影响，尤其是妻子病倒，更让他感觉没有了幸福，为他作品后段的给人感觉激情幻灭的基调埋下伏笔。】

作品里隐约可见这些惨淡的经历和激情幻灭的痕迹。（"女人是男人事业的绊脚石。爱一个女人同时又做好事情是很困难的。不想经常受到爱情的困扰和妨碍，唯一的办法就是结婚。"）除了列文订婚那几章美妙的描写以外，爱情已经没有能与《战争与和平》某些篇章媲美的青春诗意了，而这些篇章却是所有时代最美的抒情诗。

相反，这里的爱情显露出刺激、肉欲和专横的嘴脸。贯穿整部小说的宿命色彩不再像《战争与和平》那样，是一个公正而有杀伤力的神、帝国的命运之神，而是疯狂的爱，"整个一维纳斯……"正是她，在那激动人心的豪华舞会上，当安娜和弗龙斯基不知不觉间产生情愫的时候，赋予身穿黑丝绒衣衫的美丽无邪而又富有思想的安娜"一种几乎无法抗拒的吸引力"。正是她,当弗龙斯基刚表白完心迹,安娜立刻容光焕发,"那不是快乐的光芒,而是黑夜中骤然燃起的熊熊大火"。正是她,这位忠诚而理性的女人,这位富有爱心的年轻母亲的血管里充满了强有力的情欲,并驻守在她心里,直至毁灭它为止。

接近安娜的人无一不感觉到这既诱人又令人心惊胆战的潜伏着的魔鬼。【名师点睛:通过安娜这个角色的转变,我们似乎也看到了托尔斯泰当时的心境变化,他将原本幸福美满的爱情里注入了刺激、虚荣和肉欲,这里承上启下,引出下文接触安娜的人的反应。】

首先是基蒂惊惶地发现了它。当弗龙斯基去看安娜时,高兴中又夹杂着一种神秘的恐惧感。只要安娜在场,列文便六神无主。连安娜也知道再也控制不了自己。

随着故事的推移,无法驾驭的情欲将这位曾经矜持的女人心中那座道德大厦一点一点地腐蚀掉了。她身上最美好的东西,她勇敢而真诚的灵魂也破裂土崩:她再也没有力量放弃世俗的虚荣,她的生命好像除了取悦情人之外没有任何其他意义。

她提心吊胆、羞愧难当地不让自己怀上孩子;她受着嫉妒的煎熬,肉欲支配着她,强迫她无论在行动、声音或者眼神中都弄虚作假;她堕落成了只想吸引男人——不拘何种男人——注目的女人。

她用吗啡来麻醉自己,直到有一天,再也忍受不了痛苦的折磨,感到无颜面对世人,终于含恨投身到车轮之下。"而那个胡子拉碴的小乡下人,"——她和弗龙斯基梦里常常看见的可怕的幻象——"正站在车厢的踏板上,俯视着铁轨";据带有预言性质的梦境所云,"他弯腰俯向一个口袋,将一些零碎往口袋里塞,这就是她往日的生活,连同她的烦恼、背叛行为和痛苦……"【名师点睛:这里引用原文讲述安娜的死,将读者带入原著的氛围中,让读者能有更真切的体会,能更好地理解内容。】

"我保留报复的权利。"上帝说道……

这是一个为爱情耗尽精力,被上帝的戒律所压垮的人的悲剧;托尔斯泰写来一气呵成且惊人的深刻。围绕这个悲剧，他像在《战争与和平》中一样，安排了另外几个人的故事。可惜在这里，各个故事此起彼伏，交替得生硬而造作，达不到《战争与和平》中像交响曲那样的和谐统一。

人们也会觉得其中某些写实的画面，如彼得堡的贵族圈子和他们无聊的谈话，有时完全没有必要。

总之，较之《战争与和平》，托尔斯泰在这部作品里更鲜明地将他的道德人格和哲学思想与生活的景象交织在一起。

但作品依然非常饱满。和《战争与和平》一样有各式各样的典型人物，而且每一个都刻画得极其精细。我觉得男人的形象甚至更突出。

【名师点睛：一句话过渡，与《战争与和平》相比，《安娜·卡列尼娜》中男人的形象更为突出，自然引出下文对作品中男人形象的具体分析。】

托尔斯泰喜欢将斯捷潘·阿尔卡季奇描写成自私而可爱的人，谁都会积极回应他亲切的微笑。还有高官的典型卡列宁，地位显赫而才识平庸的国家要员，惯于借嘲讽掩藏自己的真实情感，此人既庄严又怯懦，既假仁假义又有基督徒的感情，是一个虚伪世界里奇特的产物。

虽然他聪明，也慷慨大方，但始终难以摆脱这个虚伪的世界。而他也有理由不信任自己的心，因为只要他开始听任自己的情感摆布时，最终必坠入神秘的迷惘之中。

小说写了安娜的悲剧和1860年俄罗斯社会各个阶层不同的画面，如沙龙、军官俱乐部、舞会、剧院、赛马等，但其主要特点却是其具有明显的自传性质。康斯坦丁·列文比托尔斯泰笔下的任何人物都更像是托尔斯泰的化身。托尔斯泰不仅在他身上寄寓了自己既保守又民主的思想，以及乡村贵族老爷蔑视知识分子的反自由主义观点，而且将整个生命都给了他。列文和基蒂的爱情，他们婚后头几年的生活，完全是他自己家庭回忆的翻版。【名师点睛：这段文字，说明了《安娜·卡列尼娜》具有自传性的特点，其实托尔斯泰的很多作品都或多或少带有一点自传性，可见个人经历对他创作的影响之大。】

同样，列文的兄弟之死也是托尔斯泰的兄弟德米特里之死的痛苦再现。这最后一部分完全是多余的，只能使我们看到作者当时心中的困惑。

如果说，《战争与和平》的结尾是计划中的另一部作品的艺术过渡，那么，《安娜·卡列尼娜》的结尾便是两年后表现在《忏悔录》中思想变革的自传性过渡。书中已经常常以讽刺或激烈的形式批判当时的社会，在后来的作品中，这种攻击一直在继续。

他攻击谎言，所有的谎言——无论是出于道德还是出于罪恶的目的；他攻击自由主义的空谈、假惺惺的慈悲，以及沙龙里的宗教和所谓的博爱！他向上流社会宣战，因为它扭曲一切真实的感情，扼杀心灵高贵的冲动！死亡突然将一线光明投射到社会习俗之上。面对垂死的安娜，骄矜的卡列宁动了恻隐之心。一道爱情之光和基督徒的宽恕之情终于进入了这个毫无生气、矫揉造作的心灵。

所有三个人，丈夫、妻子和情人都顿时发生了变化。一切都变得单纯和坦然。但随着安娜的逐渐复原，三个人又开始意识到，"面对在内心指引着他们的近乎神圣的道德力量，还有一股粗暴而强大无比的力量不由分说地操纵着他们的生活，使他们不得安宁"。他们已预见到，在这场斗争中他们是软弱无力的。"他们将不得不做社会认为有必要做的坏事。"（坏事就是社会认为合理的事。牺牲、爱情，都不是理智的。）【名师点睛：这里引用原文，讲述主人公们内心深处纯洁、高贵、神圣的道德力量与社会认为合理、粗暴的精神境界之间的冲突，表现出托尔斯泰对道德对人性的思考。】

倘若列文如同他所表现的托尔斯泰一样，在书的结尾也自我净化的话，那是因为死亡也触动了他。直到那时，"他一直不能信仰，也不能完全怀疑"。自从眼见自己的弟弟死去，他便对自己的无知感到恐惧。结婚曾经一度遏制住他的焦虑。但随着第一个孩子的出生，焦虑又出现了。他时而拼命地祈祷，时而又否定一切。看哲学著作也于事无补。精神迷乱之时，他真害怕顶不住自杀的诱惑。体力劳动使之有所缓解，在劳动里无所谓怀疑，一切都是清楚明了的。

列文和农民聊天。其中一个谈到有些人"并非为自己而是为上帝而活着"，这对他来说不啻为一种启示。他看到了理性与心灵的矛盾。理性教人为生活去进行残酷的搏斗，爱你周围的人是全然不合理的：

理性什么也没有教我。我所知的一切都是心灵之所赐，是心灵的启示。

从那时起，他恢复了平静。以心灵为唯一向导的卑微农民的那句话，把他又领回到上帝面前……什么是上帝？他不想去探究。此时的列文，如同托尔斯泰一样，很长一段时期对教会毕恭毕敬，对教义也毫不反感。【名师点睛：这里的几段内容，写出了列文复杂的心理动态，他曾经的焦虑、茫然、矛盾，对信仰的无所适从，到因与农民聊天提到上帝而开始有所启示，然后又回到上帝面前，找回了信仰，这些或许就是在写托尔斯泰自己曾经经历的类似的内心挣扎。】

即使在苍穹的幻象和星球的表面运动中，也存在着真理。

列文的这些焦虑和他向基蒂隐瞒的自杀意图，亦即托尔斯泰在同一时期向妻子隐瞒的，但他还未达到他赋予主人公的那种镇静。

说真的，这种镇静没有什么感染力。人们觉得那只是意图而不是事实，所以列文不久又将陷入怀疑。托尔斯泰很清楚这一点。他好不容易才把作品写完。在完成以前，《安娜·卡列尼娜》让他烦透了。他写不下去，待在那里不能动弹，没有任何意愿，对自己感到又厌恶又害怕。

于是，在生命的这种真空中，从深渊刮来了一阵大风，他感到了死亡的眩晕。稍后，在逃离深渊之后，托尔斯泰叙述了这几年可怕的岁月。

"我不到五十岁，"他说道，"我爱，也被爱。我有听话的孩子、一大片领地，有荣誉、健康、精力充沛，能像农民一样割草，一连干活十个小时也不累。忽然间，我的生活停顿了。我能够呼吸、吃东西、喝水、睡觉，但这并不是生活。我再也没有欲望。我知道我什么都不想要，甚至也不想认识真理。所谓真理，就是人生不过是胡闹。【名师点睛：在这里，托尔斯泰似乎觉得生活中的一切都是虚妄的，觉得吃喝拉撒不是生活，而且没有了欲望，以为人生就是胡闹，当意识到这一点，对活着的人来说是多么残酷的打击啊！于是自杀的念头自然产生，引出下文。】我已经到达深渊的边沿，清楚地看见前面除了死亡，一无所有。我是个健康而幸福的人，却感到再也活不下去了。一股无形的力量拽着我，要我摆脱生命……我不说我想自杀，但我无法抵挡要将我推出生命之外的那股力量。这是一种憧憬，和过去对生活的憧憬类似，只不过相反罢了。我不得不对自己耍点诡计，以便不过快地让步。于是，我这个幸福的人，要将绳子藏起来不让自己找到，以防自己在每夜脱衣独寝的房间里，在衣柜之间悬梁自尽。我再也不带枪去打猎了，担心经受不起诱惑。【名师点睛：托尔斯泰清楚地感受到死亡对他的吸引力，以至于随时随处要藏起危险品，避免自己经受不住诱惑会去自杀，可见这个时期托尔斯泰内心的痛苦和彷徨。】(《安娜·卡列尼娜》中有一段："列文……亲自将武器拿开，仿佛担心受不了诱惑，会结束自己的苦难。"托尔斯泰惊讶地发现，这种心态并不是只有自己和自己的主人公独有的，在全欧洲，特别是俄罗斯的富裕阶层中，自杀的人数与日俱增。在这一时期的作品里，他经常暗示这一点。据说在1880年，欧洲刮起了一阵忧郁症的狂潮，夺走了数以千计的生命。对经历过这场灾难的人来说，托尔斯泰对这次人类劫难的描述是具有历史价值的。他写出了整整一代人鲜为人知的悲剧。)我觉得，我的生活是一出愚蠢的闹剧，像是有人在耍我。四十年来我辛辛苦苦地工作，也有进步，可到头来看见的却是一无所有！什么也没有。将来我留下的只是个空皮囊和一堆蛆虫……人只有醉心于生活才能活下去，但一旦醉醒了，便会发现，一切都不过是一场骗局，愚蠢的骗局……家庭和艺术已经不再能使我满足。家庭是一群像我一样的可怜虫，艺术是人生的一面镜子。当人生已没有意义时，镜子的游戏也就失去了趣味。最糟糕的是，即使如此，我不甘心。我像一个在森林中迷了路的人，因为迷路而惊恐万分，虽然明知越奔跑越迷失，却仍然不停地四处乱闯……"

出路来自人民。【名师点睛：托尔斯泰突然没有了活着的意义，很是困惑，于是不断寻找、质疑、徘徊、迷失，始终找不到出路，这时候，他肯定地说：出路来自人民。表现了托尔斯泰强烈的亲民思想，以及对广大人民力量的信任和依赖，同时结构上起到过渡的作用。】

托尔斯泰对人民一直怀有"异样的亲情"，尽管对社会的幻想屡遭破灭，但这一点始终也没有动摇过。

到了晚年，他和列文一样更接近人民了。他开始想到他那个狭小圈子之外的亿万生灵。这小圈子里的学者、富豪和有闲者，或自杀，或醉生梦死，或者像他一样，绝望却苟且偷生，他心里纳闷，为什么那亿万生灵能够避开绝望的命运，为什么他们不自杀。他发现，他们活着靠的不是理性，且根本不去考虑理性，他们靠的是信仰。这不知理性为何的信仰究竟是什么呢？

信仰是生命的力量。人没有信仰就不能生活。宗教的概念早在远古时期人类的思想里便产生了。信仰对生命之谜的回答就包含了人类最深刻的智慧。【名师点睛：迷惑了很久的托尔斯泰开始思考和分析自己的生活，分析自己圈内和圈外的生活，寻找生命之谜的答案，然后他发现上流社会之外的底层人民因为有信仰，于是便有了活着的理由和生活的意义，于是，他再次意识到信仰的强大力量。】

那么，知道宗教的经书里所记录的智慧箴言是否就够了呢？——不够。信仰并不是一门学问，信仰是一种行动。只有付诸实践，它才有意义。看见一些富人和思想正统者把信仰当作"生活中一种令人惬意的慰藉"，托尔斯泰感到十分恶心，这使他决心投身于普通人之中，只有这些人的生活才和其信仰一致。

于是他明白了，劳动人民的人生就是生活本身，而赋予这种生活以意义的就是真理。【名师点睛：托尔斯泰正在渐渐理解真正的信仰的意义，理解生活的意义。】

可是，怎样才能成为人民中的一员，并分享其信仰呢？只知道别人有理是没用的，也要像他们一样，可这并不取决于我们自己。我们徒然向上帝祈祷，徒然把祈求的双臂伸向天空。上帝避开了。在哪里才能够得着他呢？

一天，上帝的恩宠来了。

早春的一天，我独自在森林里，聆听着各种声音。我想到近三年来的困惑，对上帝的追寻，想到自己总是从欢乐突然变成绝望……忽然间，我发现自己只在信仰上帝时才活着。一想到上帝，心中便涌起生之欢乐的波涛。周围的一切都生动起来，一切都有了意义。而一旦我不再相信上帝，生命便会戛然而止。

"那么，我还找什么？"我内心一个声音大叫道，"就是他，这个没有便不能生活的'他'！认识上帝和生活是一回事。上帝就是生活……"

从那以后，这种光明的启示便再也没离开过我。

他得救了。上帝已经向他显灵。【名师点睛：托尔斯泰终于顿悟，苦苦寻求的问题终于有了答案，长期的困惑终于被解除。这一刻开始，他非常明晰地需要上帝，懂得了信仰的意义，更懂得了生活的意义，他的灵魂似乎得救了。】

然而，他不是满足于出神入定的印度修行者，他内心既有亚洲人的幻梦，也有西方人对理性的酷爱和对行动的需要，他必须将他获得的启示化为切实奉行的信仰，并从神明的生活中觅得日常生活的守则。

他毫无成见，真诚地愿意相信家人的信仰，于是开始研究他信奉的罗马东正教的教义。为了更好地体会教义，三年之中，他参加所有的宗教仪式，忏悔，领圣体，遇上看不惯的事绝不妄加评断，遇上晦涩不明、难以理解的事便找些理由给自己解释，对一切他所爱的人，无论是活着的还是已经去世的，他都认同他们的信仰，总希望到了某个时候，"爱会给他打开真理的大门"。

但这一切毫无用处，他的理智和心灵相互抗争，洗礼和领圣体之类，让他觉得无聊透顶；别人强迫他一再重复圣体是基督真正的血和肉时，"他心里像挨了一刀"。然而在他和教会之间垒起一堵难以逾越的高墙的并非教义，而是一些实际问题，特别是其中的两个问题：一是各教会之间的彼此仇恨和水火不容；(托尔斯泰的《忏悔录》里写道："我一直将真理放在爱的范畴，但是我惊讶地发现，宗教居然毁掉它想创造的东西。")二是赞同杀人——不论是正式或是默许——也就是说，赞成战争和死刑。

于是，托尔斯泰不愿意了。思想被压制了足足三年，一旦决裂更显得气势汹汹。他再也无所顾忌，怒气冲冲地将昨天还坚持信奉的宗教踩在脚下。【名师点睛：在认真研究教义，真正接触各种教会之后，托尔斯泰好不容易搭建起来原以为很牢固的信仰之塔再次面临垮塌，他要又一次遭遇信仰危机了吗？】

在《教义神学批判》(1879—1881)里，他不仅把神学说成一派胡言，而且是有意识、有目的的谎言。在他的《四福音书的统一性与演绎》(1881—1883)中，还将神学与《福音书》对立起来。总之，他的信仰是建立在《福音书》的基础上的。(托尔斯泰在《致东正教最高会议的答复》中写道："我认为，教会的教导就理论而言是狡猾而有害的谎言；就实践而言是粗俗的迷信和惑众妖言的杂烩。这样一来，基督教教义的精神已经荡然无存。")

这一信仰可以归纳为下面这两句话：

我相信基督的学说。我相信只有当所有的人都获得了幸福，这个世界才能幸福。

信仰的基石是基督的山上宝训，托尔斯泰将其主要的训导归纳为五戒：

1. 戒生气。

2. 戒通奸。

3. 戒起誓。

4. 戒以怨报怨。

5. 戒与人为敌。

这是基督学说的消极部分，而积极部分则只有一条：

爱上帝和你的邻人像爱你自己一样。

基督说过，谁违反这些戒律中哪怕最轻的一条，他在天国中的地位就最低。

托尔斯泰又天真地加了一句：

好奇怪，我在十八世纪之后才像发现新鲜事物一样发现了这些戒律。

那么托尔斯泰认为基督是神吗？——才不是呢！他把基督当什么来供奉呢？当作所有圣贤中最伟大的一位，——婆罗门、释迦牟尼、老子、孔子、琐罗亚斯德、以赛亚——他们都给人类指出了他们所向往的真福和该走的道路。

托尔斯泰是这些伟大的宗教创立者，这些印度、中国和希伯来的半人半神人物及先知们的信徒。【名师点睛：并不盲目去信哪一个神，世界各国的圣贤们，只要能为人类指出真福和指明道路的，就是他的神，说明托尔斯泰的信仰越来越趋于理性。】

他维护他们，且懂得以进攻的手法去维护。他攻击他所谓的"法利赛人"和"律法家"，攻击已建立的各个教派，攻击傲慢的科学或伪科学。（在《生命论》(1887)中托尔斯泰声明，他并不是攻击真正的科学，因为真正的科学是谦逊而有节制的代表。）他并不求助于神的启示来对抗理性。

自从从《忏悔录》中述及的困惑时期摆脱出来之后，他便基本上成了理性的信徒，也可说是理性的一位法师了。他追随圣约翰的说法：

初始是圣言，圣言即逻各斯，也就是理性。

他的《生命论》一书结尾部分引述了帕斯卡尔的名言：

名人传

人不过是大自然中一根最脆弱的芦苇，但却是一根会思考的芦苇……我们的尊严全在于思想……让我们努力去思考吧：这就是道德的本原。

全书不过是一首对理性的赞歌。

不错，他所谓的理性并非科学的理性、狭隘的理性，"将部分变作整体，将动物性生活当作生活整体"的理性，而是主宰人类生活的至高无上的法则，"有理性的生灵，也就是人类在生活中必须遵循的法则"。

【名师点睛：托尔斯泰已经试图将宗教引入哲学的理念，他用理性的思维思考宗教，思考人类，他所谓的理性是主宰人类生活的至高无上的法则，他指的是什么样的法则呢？引出下文关于他所说的法则的分析。】

这一法则与那些决定动物的营养与繁殖、花草树木的生长与开花、地球和星球运动的法则相类似。只有奉行这一法则，使我们的动物性从属于理性法则以获得善，我们的生命才能存在……很难给理性下定义，而且我们也不必给它下定义，因为我们不仅都知道它，而且只知道它……人类知道的一切都是靠理性而不是靠信仰知道的。（1894年的一封信中，托尔斯泰说道："人类直接从上帝那里只得到过一种工具，即认识自己和自己与世界之间关系的工具。这个工具就是理性。理性来自上帝。理性不仅是人类的崇高品质，而且是认识真理唯一的工具。"）真正的生活只是在理性出现时才开始的。唯一真正的生活是理性的生活。

那么我们看到的生命，我们个体的生命是什么呢？"它其实并不属于我们，"托尔斯泰说道，"因为它不依赖我们而独立存在。"

动物人的活动是外在于我们进行的。……人类已经不再将生命看作是个体的存在。对我们这个时代所有非理性的人来说，个人善行之不可能，已成为颠扑不破的真理。【名师点睛：托尔斯泰用理性来分析生活和生命，可见此时他对理性的沉迷，也渗透了他自己的哲学观。】

这里面有一大串公设，不必在此一一讨论，不过，这表明了托尔斯泰是以何等的激情为理性着迷。实际上，理性也是一种激情，也同样盲目和妒忌，和前半生主宰他的那些激情一样。一堆火灭了，另一堆又燃了起来。或者说，火还是同样的火，不过换了燃料而已。

"个人的"欲望和这种"理性的"激情更加相似的一点是，二者都不满足于爱，而且要行动，要使之成为现实。基督说过：

不应空谈，而应行动。

那么理性的行动是什么？——爱。【名师点睛：这是一个过渡段，在托尔斯泰的哲学观里，理性应该决定一切，而理性的行为是什么？是爱，过渡到下文对爱的阐述。】

人类唯一理性的行动，就是爱，爱是最合理、最耀眼的灵魂闪光。它所需要的，是没有任何东西挡住理性的阳光，只有理性的阳光能使爱成长……世上真正的善、至高无上的善，就是爱。爱能解决生活中的一切矛盾，不仅能驱散对死亡的恐惧，而且能鼓舞人为他人做出牺牲，因为除了为所爱的人献出生命之外，无所谓爱；只有做到自我牺牲，爱才配被称为爱。

因此，真正的爱要想实现，只有当人类明白，要获得个人幸福是不可能的时候。这个时候，真爱这株幼芽，会嫁接到人的生命体上，人的生命体会用一切精髓来供养这株幼芽，而为了生长，这株幼芽也会不断从生命体这棵粗犷的树干上汲取活力和养分……【名师点睛：托尔斯泰在这里详细阐述什么是爱，体现了他的一种哲学观。】

就这样，托尔斯泰抵达信仰的方式，并不像一条干涸枯竭的河流最终消失在沙土里，他带到信仰里去的是在强有力的生命中积聚起来的一股汹涌的激流。这一点我们马上便可以看到。这种热烈的信仰，将理性和爱紧紧地结合在一起，从他写给将他逐出教门的神圣宗教会的著名复信中，可以看到其圆满的表白：【名师点睛：托尔斯泰的信仰，是将理性和爱紧密结合的信仰，但他依然被神圣宗教会逐出教门，可能是因为他这样的信仰与某些教会的利益是相悖的，也引出下文托尔斯泰关于

爱和信仰的解读。】

我信仰上帝，在我心里，上帝就是灵性、爱、一切事物的本原。我相信上帝在我心中，如同我在上帝心中一样。我相信，上帝的意志从来没像在基督作为人时所提出的学说中表达得那么清楚。

但是，如果将基督看作是上帝而向他祈祷，那就犯了最大的渎圣罪了。我觉得，人类的真福在于执行上帝的意愿，我认为上帝的意愿就是所有人都要爱其同类，其行动也永远是我为人人，人人为我。福音书所传达的一切法则和一切预言无外乎这两个意思。

我相信，对我们每一个人来说，生命的意义只在于增加爱心。我相信，发展我们爱的力量，在今生，能够变得日渐幸福，到了另一个世界，则能获得更圆满的幸福。我相信，这种爱的增长比任何其他力量更有助于在这个地球上建立上帝的王国，也就是说，以一种和谐、诚实和博爱的新秩序，取代那种分裂、欺骗和残暴大行其道的生活组织。【名师点睛：托尔斯泰向教会解读了什么叫真正的信仰和爱，并不是盲目地依从教义迷信上帝，而是按照上帝的旨意去爱，去增加爱。此句表明了他的立场，同时暗指教会中分裂、欺骗和残暴大行其道。】

我相信，我们要在爱的领域里获得进步只有一种办法：祈祷。并不是基督所反对的在寺庙里做的公开祈祷（《马太福音》，第6章第5至130节），而是那种他给我们做出过榜样的祈祷，单独的祈祷。这种祈祷能坚定我们内心对生命意义的感受，以及我们只听命于上帝意志的感情……我相信生命永恒，我相信普天之下，现在和将来永远是善有善报。我对这一切坚信不疑，所以到了我这行将就木的年纪，我得经常做出努力，以阻止自己盼望肉体的消亡，也就是说，我的新生……【名师点睛：托尔斯泰的信仰其实是一种理性的非伪善自私的大爱博爱意识，所以他认为并不需要公开的形式化的祈祷，而应该是单独的发自内心的能感悟生命意义的祈祷。到这里，他的信仰已经基本成形并稳定，因为他已经找到了生命的意义，并打算为之努力。】

他以为已经到达港湾，来到他不安的心能够稍事休息的避难所。其实这不过是一个新的起点。

他在莫斯科过了一冬（对家庭的责任使他不得不跟随家人去到那里），于1882年1月参加了人口普查工作，让他有机会目睹了大城市里穷困的一面，得到的印象实在触目惊心。他第一次接触到文明背后隐藏的伤疤。

当天晚上，他向一位朋友讲述白天所见，"他大声喊叫，痛哭流涕，挥舞拳头"。

"怎么可以这样生活！"他哽咽着说道，"这不可能！这不可能！"一连数月，他都处于可怕的绝望之中。【名师点睛：托尔斯泰接触了隐藏在文明城市背后的阴暗和贫苦之后，心里完全无法接受这样强烈的反差，因为他已经确认了自己的信仰，觉得人应该永远爱他的同类，说明他的心中充满了爱，充满了仁厚、广博、平等的大爱。】1882年3月3日，托尔斯泰伯爵夫人写信给他：

不久前你说过："因为没有信仰，我曾想自缢。"现在你有了信仰，为什么仍然苦恼呢？

因为他没有伪善者的信仰，那种自得自满的信仰；因为他没有神修者的自私，只顾自己灵魂得救而不管他人；（托尔斯泰曾经多次表达对"那些只顾自己不管他人的苦行僧"的反感，认为他们与那些愚蠢、骄傲、"宣称为他人做好事，其实连他人需要什么也不知道"的革命党人没什么两样。他说："对这两类人我同样都爱，但对他们的学说，也同样都恨。世上只有一种学说，即主张经常展开活动，生活符合心灵的需要，并努力使他人真正获得幸福。这就是基督的学说，既不是宗教式的无所作为，也不是宣称要改造全世界，却是连真正的幸福是什么都不知道的革命党人的那种好高骛远。"）因为他心中有爱，现在他再也忘不了曾目睹过的穷人，在他热情善良的心里，总觉得自己对他们的悲苦与堕落负有责任：这些人是文明的牺牲品，文明仿佛是个魔鬼般的偶像，牺牲千万人以造就一个特殊等级，而他却拥有这个等级的特权。接受这种以罪恶换来的利益，无疑参与了罪行。若不揭发这些罪恶，他的良心便再也得不到安宁。【名师点睛：托尔斯泰忘不掉那些他见过的穷人，觉得都是文明造的孽，觉得应该去揭发这种罪行，消除那些苦难。可是做得到吗？该怎么做？他是否又会因此陷入新的精神危机？引出下文对这些问题的思考。】

《那么我们该怎么办？》(1884—1886)，就是这第二次精神动荡的表白，比第一次更带悲剧性，后果也严重得多。但比起这人类的苦海，这真真实实的并非一个无聊的人臆造出来的苦海，托尔斯泰个人的宗教苦闷又算得了什么？看不见这种苦难是不可能的。看见了以后不想办法付出任何代价去消除它也是不可能的。唉！这办得到吗？……

托尔斯泰当时非常痛苦，一幅惟妙惟肖、不能不令我感动的照片可以体现出他当时的心境。他正面坐着，两臂交叉，身着农民的服装，神情沮丧。头发还算黑，唇髭却已花白。胡子和两鬓则全白了。两条皱纹在宽宽的脑门上画出和谐的线条。巨大的犬鼻，坦率、明亮而忧郁的眼睛透出善良的光！这双眼睛能看透你的心！仿佛在怜悯你，恳求你。他眼眶下有宽宽的皱褶，两颊凹陷，留着痛苦的痕迹，他曾经哭过，但很坚强，正准备战斗。【写作借鉴：这里运用白描的手法详细描写托尔斯泰这个时期的外貌，这是一张饱经风霜、痛苦沮丧的脸，当时他正苦恼于怎么解决底层人民的苦难问题，虽然曾痛苦落泪，但仍坚强迎向战斗。】

他有英雄般的逻辑。

我常常听见下面这几句话，总觉得很奇怪。这些话是："不错，理论上这很好，但实际又会怎样呢？"仿佛理论是谈话中必须说的漂亮词句，而实践并不需与之统一！……当我考虑过并明白了一件事，我就只能按我明白了的道理去做。

他开始以拍照般精确的方式，一一描绘出他参观贫民窟或夜间收容所时亲眼所见的莫斯科贫困景象。他确定，不能像他最初想象的那样，用钱去救助那些多少都被城市腐败所害的苦人儿。

于是，他勇敢地去探寻祸害的根源，沿着可怕的链条一个环节一个环节去找该对此负责的人。

首先是有钱人，他们该死的穷奢极欲，像传染病一样吸引人，使人堕落，（"贫困的真正原因是财富都掌握在不从事生产劳动的人手里，而且都集中在城市里。有钱人都集中在城市，以便享乐和自卫。穷人只能靠富人的残羹冷炙过活。奇怪的是，许多人依然本分地当工人而不去做些容易赚钱糊口的事情，比如经商、囤积、乞讨、卖淫、诈骗，甚至抢劫。"）这种不劳而获的生活具有普遍诱惑性。

其次是国家这个由强势群体为一己私利去剥削、奴役他人而建立的残暴的实体。

教会是其同谋，科学艺术是其帮凶……【名师点睛：托尔斯泰用心探索和寻找那些贫民生活凄惨的根源，最后分析得出有钱人、国家是罪魁祸首，教会和科学艺术都助纣为虐。接下来，他开始考虑如何对付这重重祸害，引出下文。】这为非作歹的各路大军该如何对付呢？首先，不要同流合污，拒绝参与剥削人的行动。放弃钱财和田产，（"所有权不过是占有他人劳动成果的手段。"托尔斯泰又说，"所有权并不属于我们，而是他人之物。""男人将自己的妻子、孩子、奴隶和其他物品都当作属于自己的东西，但其实他是错的。他应该放弃这一切的所有权，否则既苦了自己，也苦了别人。"托尔斯泰已经预感到了革命的到来，他说："三四年来，有人在大街上骂我们，叫我们懒虫。被压迫的老百姓心里的仇恨和蔑视正与日俱增。"）不为国家服务。这还不够，必须不畏惧真理，"不说假话"。应该"幡然改过"，将由教育带来的骄傲连根拔除。最后必须用双手去劳动。"你要靠额上的汗水去挣你的口粮"：这是第一也是最基本的法则。托尔斯泰提前回答精英分子的嘲笑：体力劳动并不妨碍智力，反而能促进智力发展，这是符合自然的正常要求，只会有助于健康，艺术就更不在话下了。而且，体力劳动还能使人类重新团结起来。

在随后的作品中，托尔斯泰又将这些保持精神健康的训诫加以补充。他殚精竭虑于治疗心灵，使之恢复活力，同时排除罪恶的寻欢作乐，因为它能麻醉人的良知，更要摒弃残酷的寻乐，因为它能灭绝人性。他自己首先身体力行。

1884年，他牺牲了自己最根深蒂固的嗜好：打猎。（托尔斯泰终于下决心戒掉这个嗜好了。这种家传的嗜好，遗传自他的父亲。他对动物似乎从来没有恻隐之心。他有神的目光也完全看不到动物有时充满情感的眼睛，除了马之外。作为贵族，他偏爱马。说到底，他本性是残酷的。他很晚才对这样的行为感到懊悔。）他节制饮食以锻炼意志。像一个竞技者般给自己定下严格的规则，以便战而能胜。【名师点睛：托尔斯泰在终于确定了自己的信仰并稳定下来之后，开始寻找解决办法，从自己开始，遵守那些自己憎恨的厌恶的致使他人痛苦的行为，甚至放弃了家传的根深蒂固的嗜好，这里我们可以看出他与别人不同的人生追求以及对信仰的坚持和笃定。】

《那么我们该怎么办？》标志着托尔斯泰离开宗教冥想的相对宁静，准备进入纷纷扰扰的社会的第一段艰苦历程。从此他便开始了二十年的艰苦战斗。

这位亚斯纳亚·波利亚纳村的老先知以《福音书》的名义，将自己置身于一切政党之外，并谴责这些政党，孤军奋战，独自与文明的罪恶及谎言做斗争。

托尔斯泰的道德革命在他周围并没有博取多少同情，而且还伤了家人的心。【名师点睛：这是过渡段，承上启下，引出下文描写托尔斯泰伯爵夫人因为他的"反常"而表现出的焦虑和不安。】

长期以来，托尔斯泰伯爵夫人焦虑不安地观察着他这种病态越来越严重却无法阻止。从1874年起，她眼看丈夫浪费那么多的精力和时间去办学，感到十分恼火。

这识字课本、教学书、语法书，我一点也瞧不上眼，没法假装对它们感兴趣。

教育过后又是宗教，情况又不同了。伯爵夫人觉得托尔斯泰皈依宗教后所说的那一套十分可厌，以至于他再提到上帝时，不得不先做些解释：

当我提到上帝时，请你不要生气。你老是生气。我不能回避不谈，因为上帝是我思想的基础。

伯爵夫人或许被打动了。她尽力掩饰不耐烦的情绪，忧心忡忡地观察她的丈夫：

他的眼神很奇怪，眼珠一动也不动。他几乎不说话，仿佛不是这个世界上的人似的。

她觉得托尔斯泰一定是病了：

列夫说，他一直在工作。唉！他在写一些宗教方面的思辨文章。一会儿看书，一会儿是思考，直到头疼为止，而这样做是为了证明教会与《福音书》的教义不一致。在俄罗斯，最多只有十来个人对这个感兴趣，但毫无办法。我只希望一件事，就是这一切尽快结束，像一场病那样过去就好了。【名师点睛：托尔斯泰伯爵夫人对他的行为忧心忡忡，一直试图理解，一直在隐忍，但一切没有结束，两人之间的裂缝越来越深……】

病没有过去。夫妻之间越来越不好相处了。他们感情好，彼此非常尊重，但无法相互理解。他们努力想互相做些让步，但是像通常那样，让步又成了对双方的折磨。托尔斯泰不得不随家人到了莫斯科。他在日记中这样写道：

我一生中最难熬的一个月。移居莫斯科。大家都安顿好了。那么他们什么时候开始生活呢？这一切并非为了生活，而是因为别人都这样做！可怜的人们！……

同一期间，伯爵夫人写道：

名人传

莫斯科。到了明天，我们来此就足足一个月了。头两个星期，我每天都哭，因为列夫不仅闷闷不乐，而且非常沮丧。他睡不着，也吃不下，有时甚至掉眼泪。我想，我真要疯了。

他们只好彼此离开一段时间。两人都因给对方带来痛苦而相互致歉。【名师点睛：两个相爱的人却无法相互理解，并且一方的行为往往导致另一方受折磨，能够想象两人心中的痛苦。】他们的感情总是那么好！……托尔斯泰给她写信说：

你说："我爱你，而你却不需要。"不，这是我唯一的需要……你的爱比世界上的一切都令我高兴。

可是，两人只要在一起，龃(jǔ)龉(yǔ)[上下牙齿对不齐，比喻意见不合，相抵触]就愈演愈烈，伯爵夫人不能接受这种宗教癖，而且，托尔斯泰还进一步跟一个犹太教教士学起了希伯来文。

他对别的什么都不再感兴趣，却将精力耗费在这些蠢事上。她的不满情绪再也掩盖不住了。伯爵夫人给他写信道：

将这样的智力耗费在劈柴、侍弄茶炊和缝靴子上，我真为你感到可悲。

接着，她像一个看见自己的孩子淘气的母亲一样，亲切而略带嘲讽地微笑着说：

算了，想起这句俄罗斯谚语，我也就平静了："孩子只要不哭，玩什么都行。"

信还未发出，她脑子里便浮现出她丈夫看到这几行时，憨厚善良的眼睛被嘲笑的语气弄得很不舒畅的神情，于是又把信打开，感情冲动地写道：

忽然间，你的身影又清楚地出现在我的眼前，我感到自己是多么的爱你！你是那么乖，那么善良，那么天真，那么执着，这一切，都被你那颗同情博爱之心照亮着，还有那一直看到人心窝里的目光……这都是你所独具的。【名师点睛：虽然为丈夫的行为感到揪心和不理解甚至痛苦，但从托尔斯泰伯爵夫人的信中依然可看出她还是很爱他的，爱他的天真、善良和

237

博爱。】

就这样，两个人既相爱又互相折磨，接着又为自己情不自禁造成的伤害感到痛苦。这无法改变的局面延续了近三十年，直到最后，垂死的老李尔王在昏乱中出走茫茫大草原，事情才算结束。

大家还应该注意到《那么我们该怎么办？》结尾部分向女性发出的感人召唤。——托尔斯泰对现代女权主义并无好感。但对他所谓的"为人母者"、对懂得生命真谛的女性，言语间都充满崇敬，极力赞扬她们的痛苦和快乐；赞颂她们怀孕生子、养雏育幼、终年劳作、受尽煎熬、默默无闻地工作、苦累但不计报酬。而一旦厌尽天职、脱离苦海之后，心灵上又感到如此快慰。他刻画妻子勇敢的形象，她是丈夫的贤内助而非绊脚石。她知道，"只有不计报酬，为他人的生命默默做出牺牲才是人类的使命"。【名师点睛：在托尔斯泰的作品里，一个完美妻子的形象，是和他世界观相同、宗教信仰完全一致的，或许这也是他渴望的自己妻子的样子。】

一个这样的女人不仅不会怂恿丈夫去干欺世盗名的勾当，不会让他享受别人的劳动成果，而且对这种会把她的孩子引入歧途的行为深恶痛绝。她会要求她的男人自食其力，不怕危险地工作……她知道，孩子们，也就是未来的一代，是人类所看到的最健康的一代，而她生命的目的就是全身心地去完成这一神圣的使命。她在丈夫和孩子们身上开发牺牲精神……正是这样的女人统领着男人，成为指引他们的明亮星星……啊，既是妻子又是母亲的女人啊！世界的命运就掌握在你的手里！

这是一个正在祈求和仍然满怀希望的人发出的呼吁……难道没有人听见吗？……几年后，最后的一线希望之光熄灭了：

也许你不相信，你无法想象我是多么孤独，真正的我被周围的人蔑视到什么程度。

既然他最爱的亲人朋友都如此不理解他思想的伟大转变，就更不能指望其他人对他有更高的信任和敬重了。【名师点睛：他在《那么我们

名人传

》里对一个好妻子的渴求，其实也是他在现实社会里的需求，"他最爱的亲人朋友都不理解他思想的伟大转变"，或许托尔斯泰是在暗示他的妻子不理解他，让他感到非常孤独。】

托尔斯泰并不是由于感情发生了变化，而是出于基督徒忍耐宽容的精神，才坚持要与屠格涅夫和解。（托尔斯泰与屠格涅夫在1878年和解，他向屠格涅夫写信致歉。1878年，屠格涅夫来到亚斯纳亚·波利亚纳，托尔斯泰的故乡。1881年，托尔斯泰去拜访屠格涅夫，态度随和且谦逊。）但后者依然嘲讽地说："我很同情托尔斯泰，不过，正如法国人所说，每个人都有自己一套捉虱子的办法。"

几年后，屠格涅夫临死之前，给托尔斯泰写了那封著名的信。他在信里恳求"我的朋友，俄罗斯土地上的伟大作家""回到文学中来"。

所有欧洲的艺术家都对屠格涅夫临终时所怀的忧虑、所提出的恳求抱有同感。【名师点睛：引用著名作家屠格涅夫的书信内容，突出他对托尔斯泰重返文学界的渴望。欧洲所有艺术家都对屠格涅夫的恳求抱有同感，可见在世俗的眼光里，托尔斯泰确实是在浪费时间和天赋，同时强调他在文学界的重要地位，从另一个角度也可以看出当时托尔斯泰的所作所为很难被他人所理解。】欧仁-梅肖·德·沃居埃于1886年完成对托尔斯泰的研究时，凭着托尔斯泰穿着农民的装束正在锥鞋的一幅肖像，雄辩地提醒他道：

制造杰作的大师，您的工具不是这个！……我们的工具是笔，我们的田地是人类的灵魂，灵魂也是需要庇护和抚育的。请允许我提醒您，当一个俄罗斯农民、莫斯科第一位印刷工人被强迫回去扶犁种地的时候，他曾经这样高喊："我的工作不是播种小麦，而是在世界上播种精神的种子。"【名师点睛：这位作家实在忍无可忍，向托尔斯泰提出要他重新握笔，提醒他主要职责应该是播下精神的种子，表现出他对托尔斯泰的殷切期盼。】

仿佛托尔斯泰不愿当思想食粮的播种人似的！……在《我的信仰是

239

什么？》一书的末尾，他写道：

我认为，我的生命、我的良知、我的智慧，都是上天所赐，完全是为了开导世人。我认为，我认识真理是上天为此目的而赐予我的才能，这种才能是火，但只有燃烧起来时才是火。我认为，我生命的唯一意义就是生活在我内心的这盏明灯之中，并在人类面前将之高高举起，好使人人都能看见。【写作借鉴：这里运用比喻，表现出托尔斯泰已经意识到自己的职责所在，愿意为了点燃真理之火义无反顾。】

但这盏明灯，这把"只有在燃烧时才是火"的火，使大多数艺术家深感不安。其中最聪明的并非没预见到他们的艺术很可能会首先被焚毁。他们假装相信整个艺术都受到了威胁，相信托尔斯泰会像普罗斯彼罗一样永远折断他那根具有创造力的幻想的魔棒。

可是，事实并非如此。我一定要证明，托尔斯泰并没有毁灭艺术，而是把艺术本身静止的力量激发了出来，他的宗教信仰不仅没有扼杀他的艺术天才，反而使之获得了新生。

奇怪的是，当人们谈到托尔斯泰对科学和艺术的想法时，一般总忽略了表达这些思想最充分的那本书：《那么我们该怎么办？》。

在这本书里，托尔斯泰第一次向科学与艺术发起攻击，此后的战斗在激烈程度上无一能与之相比。令我感到奇怪的是，法国最近对科学和知识阶层的虚荣心发动的攻击中，竟无人想起这本书中的有关章节。那才是一份最猛烈的控诉书，矛头直指"科学殿堂里的宦官"和"艺术领域的强盗"，以及思想界的上层——他们在摧毁或降服过去的统治阶层，如教会、国家和军队之后，自己取而代之，既不愿也不能为人类做丝毫有益的事，却还妄想别人崇拜他们，盲目地为他们效劳，将为科学而科学、为艺术而艺术这种无耻的信仰作为教条昭告天下。【名师点睛：盛赞托尔斯泰的《那么我们该怎么办？》中的理论和观点，以及敢于同一切反科学反人民的力量做斗争的精神。】

其实那不过是骗人的假面具，借以肯定自己，为他们丑陋的自私自利和空虚做掩饰而已。

托尔斯泰又说：

不要说我否定艺术和科学，我不仅不否定，反而想以艺术和科学的名义赶跑那些出卖神庙的人。

科学和艺术之必需犹如面包和水，甚至超过面包和水……【写作借鉴：面包和水是人们维持生命和生活的必需品，这里运用比喻的手法，将艺术和科学比喻成面包和水，突出了艺术和科学的重要性，可见在托尔斯泰眼里，艺术和科学就应该是真正为普罗大众服务，为人类提供养分。】真正的科学是对使命的认识，因此也是对人类真福的认识。真正的艺术是关于认识使命的表白，是认识人类真福的表白。

"自有人类以来，他们或用竖琴和古琴，或通过形象的语言，表现人类对欺罔的斗争、在斗争中经受的苦难、对善战胜恶的希望、对恶取得胜利的失望，以及憧憬未来的热情。"他赞扬这样的人。【名师点睛：真正的科学和艺术应该是什么样的？应该表现什么样的内容和情感？托尔斯泰告诉我们他所赞扬的真正的艺术家的形象。】

于是，他描绘出一位真正艺术家的形象，字里行间充满痛苦而神秘的炽烈情感。

科学和艺术活动只有在不窃取任何权力而只是去履行义务的时候才能取得成果。这种活动的实质是奉献，因而才得到人类的赞誉。

用智力劳动为他人服务的人注定要为完成这项使命而经受折磨，因为唯有在痛苦和折磨中才能产生精神境界。

奉献和受苦就是思想家和艺术家的宿命，这种命运的目的就是人类的福祉。人是不幸的，他们受苦，他们死亡。他们根本没有时间去游逛和寻乐。

真正的思想家或艺术家并不像我们惯常认为的那样，高踞在奥林波斯山的高处，而应长期处在困惑和激动之中。

他们必须决定并说出能为人类谋福利和解除痛苦的话。如果他今天不做出这样的决定,不说出这样的话,明天可能就来不及了,他自己也许死去了……他们并不是在造就艺术家和科学家的机构中培养出来的人,(说真的,这些机构只能制造出一些科学和艺术的破坏者。)也不是获得一纸文凭或领取俸禄之辈。而是想要不思索、不吐露心声而做不到的人,因为他们受到两种无法战胜的力量所驱使,即内心的需要和对人类的爱。

世界上不存在心宽体胖、养尊处优、志得意满的艺术家。【名师点睛:托尔斯泰进一步分析真正的艺术家和科学家应该心怀对人类的爱,具有奉献精神,在痛苦和折磨中产生精神境界,随时为人类的幸福奉献和受苦。】

这辉煌的一页在托尔斯泰的天才上投下了一抹悲剧的光芒,是托尔斯泰目睹了莫斯科的贫困阴暗之后,内心痛苦才奋笔疾书的。他相信科学和艺术是造成当今社会伪善和不公平的帮凶,他终其一生都对此深信不疑。

但第一次与贫困接触的印象渐渐淡去,伤口也逐渐愈合。所以在他后来的作品中,再也没有看到像这本书那般充满痛苦和渴望报复的愤怒情绪;再也听不到一个用鲜血来写作的艺术家对自己主张的崇高表白,对"思想家所必须付出的"牺牲和痛苦的赞颂,以及对歌德式的艺术至上主义的鄙视。在后来的作品中,他对艺术的批评多是从文学的角度,也显得不那么虚玄了。

他把艺术与人类的悲惨处境分开来说。【名师点睛:随着时间的推移,托尔斯泰不再对人类的疾苦过分执着和痛苦,而是渐渐从强烈的愤怒中走出来,渐渐恢复理性,回归到纯粹的文学艺术上来了。】因为每当想起人类的疾苦,他便陷入精神狂乱,比如一天晚上,他访问了一个夜间收容所,回到家,便伤心绝望地又哭又喊。

这并不是说,他那些有教育意义的作品是冷峻的。冷峻不可能属于他。直至去世,他仍然是在给费特的信里这样写的那个人:

如果一个人不喜欢他笔下的人物,哪怕是最卑微的人物,那就应该痛骂他们，骂到连老天也为之脸红，嘲笑他们，直到肚皮笑破。

在有关艺术的文章里，他果然实践自己的主张。涉及他要否定的内容，其抨击和挖苦总是写得尖酸刻薄，以致艺术家们只留意到这一部分。托尔斯泰言辞激烈地斥责他们的迷信与敏感，致使他们将托尔斯泰视为他们，乃至一切艺术的仇敌。但托尔斯泰从来都是既批评又建设，从不为破坏而破坏，而是为立而破。

<u>他谦虚，从不奢望建立什么新的东西。他只是捍卫艺术，欲使艺术永存，不让那些冒牌的艺术家去利用和玷污艺术的名声。</u>【名师点睛：尽管他渐趋理性，但他仍然是那个正义正直、不同流合污的托尔斯泰，他依然敢于抨击艺术家们的迷信和敏感，依然坚持捍卫艺术，不允许艺术被利用和玷污。】

1887年，即在他那部著名的《艺术批评》发表前十多年，他曾经写信对我说：

真正的科学和真正的艺术过去一直存在，今后亦将永存。要否定它们是不可能的，也是不必争论的。今日一切弊病皆因那些所谓的文明人，加上他们身边那帮学者和艺术家，构成了一个僧侣般的特权阶层之故。这个阶层具有一切阶层都有的通病。它按照自己的需要去破坏和降低社会准则。我们这个世界所谓的科学和艺术不过是一个弥天大谎，一种大迷信。当我们从教会的古老迷信中解脱出来，通常便会堕入其中。

想看清我们应遵循的道路，就必须从头开始——把为我们保暖，却遮住我们视线的风帽掀开——诱惑是巨大的，我们不是生来如此，就是沿着梯子一级一级爬上去，爬到享有特权的文明神父——用德国人的话说，文化神父——当中。

要质疑保证我们拥有特权的那些原则，必须像对待婆罗门教或天主教神甫那样，具有极高的诚意和对真理的执着。但是，一个严肃的、给自己提出人生问题的人绝不能犹豫。为了明察一切，即使迷信于他有利，他也必须从他所处的迷信状态中解放出来。这里必不可少的条件……没有迷信。让自己处于孩童状态或者笛卡儿的理性中……【名师点睛：托尔斯泰以哲学的思维提出了自己的思想和主张，审视和分析真正的艺术家所必须进行的思想过程：摆脱特权阶级的艺术迷信和谎言，掀开风貌看清真相，远离诱惑，对真理有着强烈的热情和执着，让自己处于孩童般的单纯干净状态。】

特权阶级所津津乐道的这种现代艺术迷信，这一"弥天大谎"，已有所揭露。他以咄咄逼人的词锋指出其可笑、贫乏、虚伪和极其腐朽堕落之处，将其全盘否定，彻底捣毁，像小孩子砸碎玩具时那么酣畅痛快。这些批评往往很诙谐，但有时也有失公允，就像打仗一样；托尔斯泰使用各种武器四面出击，根本看不清对手是谁。像在所有战争中都会出现的情况那样，往往伤害了他本想保护的人，如易卜生和贝多芬。这方面应归咎于他冲动的性格，行动之前缺乏深思熟虑，他的激情往往让他看不到自己理亏的一面，还有，应当说，也因他的艺术修养有欠缺之处。【名师点睛：托尔斯泰无所畏惧地与特权阶级、他们的帮凶——虚伪的艺术家们做斗争，却又因为广泛出击而常常误伤无辜，也表现出他性格中冲动盲目的一面和艺术修养的些许欠缺，引出下文。】

除了浏览文学书籍之外，他对当代艺术能有什么认识呢？这个乡绅一生中有三分之一的时间在莫斯科近郊的乡村度过，从1860年起再也没有去过欧洲，他能见识过多少绘画，听到过什么欧洲音乐呢？还有，他只对学校感兴趣，此外，他曾见识过什么？

关于绘画，他只是人云亦云，将皮维斯、马奈、莫奈、勃克林、斯狄克、克林格很随意地都归入颓废派，信心十足地欣赏于勒·布勒东和莱尔米特，只因这些人有善良的感情，倒对米开朗琪罗嗤之以鼻，在描写心灵的画家中，连提都不提伦勃朗。

对于音乐，他的感觉要稍好一点，但理解不深，就凭着儿时的印象，只知道几位到1840年前后成为古典派的音乐家，往下的就不知道了。（柴可夫斯基是例外，他的音乐能使他感动得流泪。）他对勃拉姆斯和理查·施特劳斯同样不屑一顾，还对贝多芬指手画脚。在评价瓦格纳时，他只看了一次《西格弗里德》的演出便自以为有了足够的了解，其实演出开始以后他才到场，而第二幕只看了一半他就走了。

至于文学，他确实了解得多一些。但是不知怎样阴差阳错，他竟不去评论自己最了解的俄罗斯作家，反而去对外国诗人评头论足，其实这些诗人的思想与他相距甚远，他们的作品，他也只是高傲而漫不经心地翻了几页！这种武断随着年龄不断增长。他甚至写了一本书证明莎士比亚"并非一个艺术家"。【名师点睛：伟人并不都是完美的，这里举了很多例子来证明托尔斯泰对自己不甚了解的艺术家、画家、音乐家、文学家随意品评和批判，说明了他在艺术评论方面的狭隘和武断。】

他可能什么都是，但绝不是艺术家。

诸位请看，他多么肯定。托尔斯泰对自己的观点毫不怀疑，他不允许讨论，他认为他掌握着真理，他会对你们说：

《第九交响曲》是分裂人的作品。

或者这样说：

除了巴哈那支著名的小提琴曲、肖邦的降E大调夜曲和海顿、莫扎特、舒伯特、贝多芬和肖邦等人作品中精选出来的十几段，还不是全部……其余的都是分裂人的艺术，理应受到排斥和鄙视。

或者：

我会证明，莎士比亚连四流作家都不是。在描写人的性格方面，他完全束手无策。

即使世界上所有人都不同意他的观点，也无法阻止他。恰恰相反，他骄傲地写道：

我的看法与全欧洲对莎士比亚的一致看法迥然不同。

他总认为别人在撒谎，谎言无所不在。大家越是看法一致，他就越要反对。他怀疑，他不相信，如谈到莎士比亚的声誉时，他说："那不过是人类常有的传染病般的影响，诸如中世纪的十字军、对巫术的信仰、寻找点金石、对郁金香的喜爱等等。人类只有摆脱这些影响才能看清这是一种疯狂，随着报刊业的发展，此等传染病更加猖獗。"【名师点睛：他把世人给予莎士比亚的声誉视为传染病般的影响，觉得应该被摒弃，通过语言描写，表现出他对莎士比亚声誉的鄙视，还有他思想上的自信与独断。】他还举出了关于这种传染病最近的一个典型例子——德雷福斯事件。他一向反对世间的不公，保卫所有受压迫的人，对这件事倒抱着鄙夷不屑的淡漠态度。这个突出的例子，说明他怀疑别人撒谎和对"思想传染病"本能的厌恶已达到何等极端的地步。他明知这样不好却又无法克服。人类道德的背面，难以想象的盲目性，竟引导这位灵魂的洞察者、热情的召唤者将《李尔王》称作"荒谬的作品"，将高傲的考狄利娅说成"毫无性格的女人"。

必须说明的是，莎士比亚某些真正的缺点，他还是看得很清楚的，而我们却不敢坦率地承认。如："所有人物的语言都是一种矫揉造作的诗的语言，无论谈爱情、表现英雄主义，乃至很简单的事情，都要咬文嚼字。"我完全能理解，托尔斯泰是作家中文学气质最少的，对文艺界中最富天才者的艺术自然缺乏好感。

可是那又何必浪费时间去谈论自己不明白的事呢？对一个你尚未进入的世界妄加评论又能有什么价值呢？【写作借鉴：这是过渡段，通过两个问句承上启下，自然过渡到下文中通过托尔斯泰对其他艺术家的评价来探索他自己的艺术奥秘以及他在艺术方面的追求和理想。】

如果我们从这些批判中寻找了解外国文学的钥匙，那是毫无价值的。但如从中探索托尔斯泰的艺术奥秘，则其价值无可估量。

当瓦格纳或托尔斯泰谈论贝多芬或莎士比亚时，他们谈的并非贝多芬或莎士比亚，而是他们自己：他们在阐述自己的理想。他们甚至没想过要欺骗我们。

在评价莎士比亚时，托尔斯泰并不刻意去企图"客观"，甚至还指责莎士比亚的艺术太客观。

这位描写《战争与和平》的画家，无人称艺术的大师，对那些德国批评家们倒是手下留情，仅指责他们在歌德之后"发现了莎士比亚"和"艺术应该客观的理论，也就是说，应该再现事实而不理会任何道德价值，——这是对艺术的宗教目的的恣意否定"。

就这样，托尔斯泰站在一种信仰的高度发布他在艺术方面的评论。可别认为他在评论中有什么个人的企图，他并不将自己看成楷模。

他对自己的作品和对其他人的作品一样毫不留情。（托尔斯泰把自己的幻想之作归入"坏艺术"的行列。在谴责现代艺术之时，他也毫不例外地谴责自己写的戏剧："它们缺乏构成未来戏剧基础的宗教意识。"）

【名师点睛：托尔斯泰对他人艺术的评论没有任何个人企图，对自己作品的批评也毫不留情，再现了他真诚坦率的性格特征。】那么，他追求的是什么？他提出的宗教理想对艺术又有什么价值呢？

这种理想灿烂辉煌。"宗教艺术"一词在其含义的广度上会使人产生误会。托尔斯泰其实没有缩小艺术的领域而是将其扩大了。他说，艺术无所不在。

艺术渗透入我们全部的生活。我们称之为艺术的东西，比如戏剧、音乐会、书本、展览等不过是艺术十分微小的一部分。我们的生活充满各种各样的艺术表现形式，从孩子们的游戏一直到宗教仪式。艺术和言语是人类进步的两个有机体。一个沟通心灵，另一个沟通思想。只要其中一个误入歧途，社会就会出现病态。今天的艺术就误入歧途了。

自文艺复兴以来，已经无基督教艺术可信了。阶级已经愈趋分化。有钱人和有特权者妄图垄断艺术，他们任意规定美的标准。艺术远离穷人，已经变得贫乏。

无须为谋生而工作的人，其思想感情比劳动者狭隘得多。我们现代社会的感情可以归为三类：骄矜、淫欲和厌世。这三种感情和它们的分支几乎构成了富裕阶层艺术的唯一主题。

这一主题污染世界，腐蚀人民，宣扬色欲，成为实现人类福祉的最大障碍。

再说，这样的主题既没有真正的美，也缺乏自然和真诚，是一种凭空捏造出来的虚伪的艺术。【名师点睛：托尔斯泰追求的究竟是什么呢？他提出的宗教理想里的艺术又应该是什么样的呢？他将艺术领域扩大至无所不在，首先指出了当时艺术上存在的病态的弊端，为后文提出真正的好的艺术形式做好铺垫。】

让我们摒弃这种美学家的谎言和富人的娱乐之作，建立起活的艺术，人性的艺术，团结一切阶级、一切民族的艺术。在这方面，过去有过光荣的范例。

我们心目中最崇高的艺术，永远为大多数人类所理解和喜爱，如创世纪的史诗，福音书的寓言、传说、故事、民歌。

最伟大的艺术是反映时代宗教意识的艺术。但绝不是什么教会的一种教义。"每个社会都有一种对人生的宗教看法，那就是这个社会所追求的最大幸福理想。"大家都有一种或确定或隐晦的情感。若干先行者便清楚明确地将它表达出来。

始终存在着一种宗教意识。这是大河的河床。（更准确地说是"大河的流向"。）

我们时代的宗教意识，便是通过人类博爱达成幸福的企望。只有为实现这一大同境界而奋斗的艺术才是真正的艺术。最崇高的艺术是直接通过爱的强大力量完成这项事业的艺术。【名师点睛：一一陈列了托尔斯泰所信奉的崇高艺术的定义，反映时代宗教意识，但又不是单纯宣扬教会的教义，从辩证的角度分析了真正的艺术。】但有另一种艺术同样参与完成这一任务，它通过愤怒和鄙视的力量打击一切反对博爱的事物，像狄更斯和陀思妥耶夫斯基的小说，雨果的《悲惨世界》，米勒的油画。一切即使达不到上述高度，但以怜悯和写实的方式来再现日常生活的艺术也能使人类更加团结，像《堂吉诃德》和莫里哀的戏剧便属于这一类。诚然，这后一种艺术往往由于主题过于贫乏，过于琐碎地描写现实，而有所欠缺，"当我们将它与古代的经典著作，如约瑟的美妙故事相比的话"。对细节过分精确的描述反而无利，作品因此而缺乏普遍意义。

现代作品被一种现实主义糟蹋了，这种现实主义更确切地说不过是艺术的地方主义罢了。

就这样，托尔斯泰毫不犹豫地否定了他自身天才的要素。为了未来牺牲自我，即便自己一无所有又有何妨？【名师点睛：托尔斯泰为了追求真正的艺术敢于否定自我，即使自己一无所有也无妨，表现出他为了艺术勇于牺牲自我的精神。】

未来的艺术并非当前艺术的继续，而是建立在别的基础上，它将不再属一个阶级所有。艺术不是技艺，而是真情的流露。艺术家只有过着淳朴自然的生活，不脱离民众，才能有真实的感情。所以脱离生活的人创作条件最差。

将来，"所有有天赋的人都可以成为艺术家。随着音乐、绘画和基本语法一起被纳入小学的教学计划"，艺术成为人人都可参与的活动。另外，将来的艺术不再需要目前那些复杂的技巧，而是渐趋简洁、明了、精确，这正是古典而健康的艺术、荷马式艺术的精髓。（1873年开始，托尔斯泰便这样写："你可以随心所欲地写，但是你的每一个字都应该让运送印刷厂书籍的马车夫明白。用简单明了的语言写出来的东西一定不会差。"）

用这种线条纯净的艺术去表现普遍的感情该多美啊！为千百万人创作一个故事或者谱写一首歌、画一幅画，要比写一部小说或者一首交响曲重要得多，也困难得多，这是一片辽阔的几乎未被开垦的处女地。有了这样的作品，人类将能知道什么是博爱社会的幸福。

艺术应该消除暴力，而且唯有艺术能做到。它的使命就是使天国，亦即爱，统治一切。【名师点睛：托尔斯泰以他独有的眼光大胆推断未来艺术的走向：贴近民众生活，流露真情实感的，普及的，简明易懂的，富有博爱精神，消除暴力的艺术。即使用现代的眼光来看，不得不说，托尔斯泰这些伟大的构想确实是非常具有前瞻性的。】（在托尔斯泰看来，人类兄弟般的友爱还不是人类活动的归宿。他永不满足的灵魂使他除爱之外尚有一个不为人知的理想："也许将来的一天，科学会发现一种更为崇高的艺术理想，且由艺术去实现。"）

这样的慷慨陈词谁会不赞同呢？谁看不到托尔斯泰的观念尽管有不少空想和幼稚之处，却始终充满活力，有着丰富的内涵呢？是的，我们的全部艺术表现的不过是一个阶级。这个阶级在这个国家、那个国家又分化为一些敌对的小派系。在欧洲，没有一个艺术家的思想能体现各党派、各种族的联合。在我们的时代，最有包容性的就是托尔斯泰的灵魂了。我们虽然分属不同种族和不同阶级，但在托尔斯泰心中，我们彼此相爱。而他也和我们一样，体验到了这种博大之爱的极大喜悦，再也不会满足于欧洲艺术流派给予我们的那些星星点点的有关人类伟大心灵的描写了。

再美的理论只有在作品中表现出来才有价值。在托尔斯泰身上，理论与创作正如信念与行动一样永远是统一的。【名师点睛：托尔斯泰提出了很多理想化的理论，同时他的理论与他的作品也是永远统一的，引出下文介绍与他理论相一致的作品。】

在构思他的《艺术批评》时，他提出自己心目中新艺术的模式。这艺术有两种形态，一种更崇高，另一种纯度稍逊，但在最富人性的意义上，两种都带有"宗教性"。一种以爱来缔造人类的联合，另一种则向爱的敌人宣战。

他写了下述不朽的杰作，即《伊万·伊里奇之死》（1884—1886）、《民间故事集》（1881—1886）、《黑暗的势力》（1886）、《克莱采奏鸣曲》（1889）和《主与仆》（1895）。

《复活》出现在这个艺术创作阶段的巅峰和终极时期，《复活》就像一座有着两个塔楼的圣母院，一个象征永恒的爱，另一个象征对世界的憎恨。

所有这些作品都被赋予了新的艺术性格，与以往的完全不同。托尔斯泰的观念变了，不仅对艺术的目的而且对艺术的形式也有了新的见解。在《什么是艺术？》或《莎士比亚论》中，他提出的赞赏和表现原则都使人感到惊讶。这些原则大都与他先前最伟大的作品相互冲突。在《什么是艺术？》里，他提倡的是简洁、质朴、明晰。

他蔑视物质效果，反对刻画入微的现实主义手法。在《莎士比亚论》中，他又追求完美、有分寸的纯古典主义理想。"没有分寸感就不可能有艺术家。"即使在他的新作里，这位老人也未能抹掉自己的影子，其分析的天赋和孤傲的天性甚至在某些方面表现得更为明显。

但艺术手法的确大大地改变了，线条更明晰更有棱角，中心思想更加突出，内心活动的发展变化也更加集中，宛如一头困兽，蓄势出击。【名师点睛：本就具有文学天赋的托尔斯泰在有了更清晰的艺术目标之后，能更加集中、有力地表现自己的作品了，并将其作品的内心活动比喻成困兽，来表现他作品中所蕴藏的强大力量。】具有普遍意义的感情，从带地方色彩的写实主义细节描写中抒发出来，总之，语言更富形象，更有韵味，散发着泥土的芳香。

他热爱人民，向来欣赏大众语言之美。从儿时起，他便受到流浪说书人的熏陶。长大成为名作家后，他仍觉得和农民谈话是一种艺术的享受。后来他曾对保罗·布瓦耶说：

这些人都是语言大师。从前，当我和这些人或者背着褡裢流浪乡间的人聊天时，我把从他们那儿第一次听到的词语仔细地记录下来。这些词语早已为我们现代文学语言所遗忘，却一直流传在俄罗斯古老而偏僻的地方……是的，语言的精灵一直生活在这些人中间……

他的大脑还没有被文学塞满，因而对这些词语更加敏感。他脱离城市，隐迹在农民中间生活，所以思维方式也有点像普通老百姓。思维迟钝，理解力跟不上，容易激动，令人不知其所以然，老是重复一些众所周知的想法，不厌其烦地使用同样的词汇。【名师点睛：这里写了托尔斯泰热爱人民、愿意欣赏大众语言之美的品质形成的背景，就是从小接触农民和流浪的人，去聆听和记录他们的语言，感受他们的语言之美。而这些对他的文学创作产生了很大的影响，自然引出下文讲述这些影响。】

不过，这些实在算是缺点而非长处。但随着时间的推移，他渐渐领会到民间语言中的精华，其生动的形象、粗俗的诗意，以及丰富的传奇般的智慧。从写《战争与和平》的年代起，他便开始接受这种影响。1872年，他给斯特拉科夫的信中这样写道：

我改变了我语言和文字的风格。民众的语言丰富多彩，足以表达诗人要说的一切，这对我来说十分珍贵，它是诗歌最好的调音器。谁要想说装腔作势、虚情假意的话，这种语言绝对会与之不相容。它不像我们没有骨气的文学语言，听任摆布，就像文学一样。

他不仅从民间寻求风格上的模式，而且从中汲取了不少灵感。1877年，一位说书艺人来到亚斯纳亚·波里亚纳村，托尔斯泰记录下他讲的许多故事。其中有传说《人靠什么活着？》和《三老者》。这两个故事几年后成了托尔斯泰这个时期出版的《民间故事集》中最美的篇章。

这是现代艺术中独一无二的作品，比艺术更高的作品。在读它的时候，谁会想到文学呢？【写作借鉴：反问句的运用，加强了语气，同时突出民间艺术在艺术中的特殊作用。】福音书的精神，全人类同胞般的纯洁之爱，与民间智慧的淳朴微笑结合在一起。单纯、澄澈、不可磨灭的善良心地，不时自然而然地洒落在画面上的一抹超自然的天光，这道光为中心人物叶利赛老人罩上了光环，飘浮在鞋匠马丁——那个从与地面相平的天窗看着人们的脚匆匆走过，上帝装扮成被善心的鞋匠救过的穷人去看望的那个人——的鞋摊上。

在这些故事里，福音书的寓言往往混有东方传说难以名状的幽香，犹如托尔斯泰儿时便爱看的《一千零一夜》。有时候，神奇的光变得阴森恐怖，使故事产生令人惊恐的效果。如《一个人需要多少土地》，帕霍姆想在一天之内圈下尽可能多的土地,结果在走完一天时倒地身亡。

在小山上,巴什基尔人的头头席地而坐,看着他跑,接着双手捧腹大笑。帕霍姆倒了下来。

"噢,太好了,老兄,你获得了很多地。"

巴什基尔人的头头站起身来,扔给帕霍姆的雇工一把镐,说道:

"喂,把他埋了吧。"

仆人剩下孤身一人。他给帕霍姆刨了一个坑,三俄尺长,正好是从头到脚的长度,然后把他埋了。

几乎所有的故事都在诗一般的外壳下裹着福音书的道德训诫——克己和宽容:

不要报复得罪你的人。

不要反抗伤害你的人。

"报复是我的事。"主说道。【名师点睛:用托尔斯泰的一则故事,来说明他的作品受到所接触到的农民的澄澈和单纯的影响。】

无论何时何地,结论永远是爱。——托尔斯泰想为全人类创造一种艺术,一下子便达到大同的境界。在全世界,他的作品获得了永无止境的成功:因为他的作品剔除了艺术中一切可以磨灭的成分,剩下的只有永恒。【名师点睛:因为博爱大同精神贯穿创作始终,所以托尔斯泰的作品能够跨越时代成为永恒。这世界,唯有爱才能永恒。】

《黑暗的势力》达不到,也并不企图达到心灵净化这一崇高的境界:那是双刃剑的另一刃。一面是天人之爱的梦想,另一面是残酷的现实。在读这部戏剧时我们可以看出,托尔斯泰的信念以及他对人民的爱,是否能够把民众理想化并揭示出真理。

托尔斯泰对戏剧的尝试大都很不高明,(托尔斯泰对戏剧直到1869年到1870年冬季才产生兴趣,并且立刻沉溺其中。"整个冬天,我放下一切,专心从事戏剧,就像一个人到了四十岁才发现某个一直被忽视的主题,并从中发现了不少新鲜的事物……我读莎士比亚、歌德、普希金、果戈理和莫里哀的剧作……还想读索福克勒斯和欧里庇得斯的作品……我已久病，在这种情况下，悲剧或喜剧人物便浮现在我脑海里，栩栩如生……"）这一次却非常得心应手。

人物性格和情节安排得颇为自然：自视俊美的尼基塔，风骚淫荡的阿尼西娅，貌似善良、内心阴险甚至纵子通奸的老婆子马特廖娜，口齿不清、长相可笑却有着圣人心肠的老头子阿基姆等。【名师点睛：用简洁的语言分析了《黑暗的势力》中各个主要人物的外貌和性格，表明托尔斯泰对人物的刻画非常成功，每一个都个性鲜明。】接着是尼基塔的堕落，他并非恶人，但意志薄弱，尽管努力想要悬崖勒马，仍在母亲和妻子的驱动下，跌进了罪恶的深渊……

男的是一文不值。可这帮娘儿们呢！简直是帮野兽！她们什么事都干得出……这种娘儿们，在俄国有数以万计，都像些瞎眼的土拨鼠，什么都不懂，什么都不知道！……男的嘛，在小酒馆，或者，谁知道呢？在监狱或者在军营，好歹还能学到点什么，可是女的呢？什么都没见识过，什么都没听说过。生下来什么样，到死还是什么样……她们像些瞎眼的小狗，到处乱窜，拿脑袋往粪堆里钻。只会扯着嗓子傻唱："嗬——嗬！嗬——嗬！"……"嗬——嗬"是什么意思？……她们自己也不知道。

然后是杀害初生婴儿的恐怖场面。尼基塔不肯动手。为他杀死亲夫的阿尼西娅，一直为自己犯下的罪行承受着精神折磨，变得像野兽般残暴，【写作借鉴：这里运用比喻的手法，将阿尼西娅比喻成野兽，生动形象地表现出了她因为犯下的罪行而深受折磨，想要用表面的凶残来掩饰内心的痛苦和恐惧。】疯了一般地威胁着要告发他，她大喊道：

至少，不止我一个人犯罪。他也是杀人犯。让他尝尝当杀人犯的滋味吧！

尼基塔用两块木板将婴儿夹死，却又吓坏了，逃跑了。他威胁要杀掉阿尼西娅和他母亲。他号叫着央求道：

我的好妈妈，我再也受不了啦！

他似乎听见被夹死的孩子在叫喊：

我该往哪儿逃？……

这是莎士比亚式的场景。第四幕没那么野蛮，却更加让人揪心，那就是小女孩和老仆人的对话。夜晚，他们两人在家里听见喊叫声，猜到外面正发生着惨案。

最后是自愿赎罪的仪式。尼基塔在其父阿基姆老头的陪同下，赤足走进正在举行婚礼的大厅。他跪下，供认了所有罪行，向所有人请求宽恕。阿基姆老头儿鼓励他，用恍惚的充满痛苦的微笑注视着他：

上帝！噢，他在这儿，上帝！

使全剧具有特殊艺术韵味的，是剧中农民的语言。

托尔斯泰告诉保罗·布瓦耶："为了写《黑暗的势力》，我把小本子上记录下来的语言用尽了。"

这些意想不到的形象，从俄罗斯人民抒情而谐谑的灵魂中喷涌而出，丰满且富有张力，一切其他文学形象与之相比都黯然失色。这正是托尔斯泰的兴之所至。人们感觉到，艺术家在写剧本的时候，以记录这些词语和思想为乐，他能抓住其中的喜剧成分，同时又为灵魂的阴暗感到忧伤。【名师点睛：作者高度评价托尔斯泰的作品《黑暗的势力》，通过前面简单的剧情介绍也可以看出这是一部人物形象饱满、有灵魂、有活力、有思想的成功剧作。】

在观察民众，从天际投射出一道光照亮黑夜的同时，托尔斯泰针对富有阶层和资产者更浓重的黑暗，又写了两部悲惨的小说。【写作借鉴：典型的过渡段，承上启下，自然过渡到下文中对另两部悲惨小说的描述。】

可以看出，这一时期，他的艺术思考专注于戏剧形式。《伊万·伊里奇之死》和《克莱采奏鸣曲》这两部小说都是描写内心世界的真正悲剧，情节紧凑且集中。在《克莱采奏鸣曲》中，故事以悲剧主人公的角度自己叙述。

《伊万·伊里奇之死》(1884—1886)，是最能打动法国公众的俄罗斯作品之一。

我在本书的开头已经讲到，我曾目睹法国外省那些平时并不关心艺术的市民，读了这部作品也为之动容的情形。因为这部作品以骇人的真实刻画了市民阶级中的一个典型人物。一个恪尽职守的公务员，没有宗教信仰，没有理想，几乎没有任何思想，成天埋头工作，过着机器人般的生活，直到临死才惊慌失措，发现自己虚度了此生。

伊万·伊里奇是1880年欧洲资产者的代表，他们阅读左拉的作品，听萨拉·伯恩哈特的演唱，内心没有任何信念，也不是反宗教者；他们只是懒得去信，也懒得不信，根本就懒得去想。【名师点睛：寥寥几笔，写出伊万没有信仰、没有理想、没有思想，这是一个非常典型的资产者的代表。】

《伊万·伊里奇之死》对人世，尤其是对婚姻的猛烈攻击极尽嬉笑怒骂之能事，开了一系列新作品的先河，也预告了他在《克莱采奏鸣曲》和《复活》中将有更加愤世嫉俗的描写。

可悲又可笑的空虚人生（这样的人生何止千千万万）、畸形的野心、贫乏可怜的自满自足，这一切都不会带来欢乐——"只不过相比和妻子晚上相对而坐略胜一筹罢了"，——事业上的挫折，被亏待时的沮丧，真正的幸福不过是玩玩纸牌。这种可笑的生活偏偏被一种更可笑的原因破坏了：有一天，伊万在挂客厅的窗帘时不慎从梯子上摔了下来。生活是欺骗，疾病是欺骗，一心只为自己打算的健康的医生在欺骗，让疾病折腾烦了的家庭在欺骗，假装忠诚其实内心盘算着丈夫死后如何生活的妻子也在欺骗。

所有的人都在欺骗他，只有一个富于同情心的仆人不肯撒谎，他没有向垂死者隐瞒他的病情，而是像兄弟般照顾他。伊万·伊里奇"对自己痛惜不已"，为本身的孤苦无援和人类的自私而伤心落泪。

名人传

他非常痛苦，直到有一天，他发现自己过去的生活只是一场骗局，但这骗局还可以补救。于是，在他死前一小时，一切都豁然开朗。他不再只考虑自己而是想到他的家人，他可怜他们，他"必须"以死来解除他们的负担。【名师点睛：一个一辈子没有信仰、没有理想的人，临死前才发现自己孤苦无援，发现自己的生活只是一场骗局，最后一心想要求死来解脱自己，解除家人的负担，这是一部有关资产者悲剧的作品。】

——痛苦啊，你在哪里？——啊？就在这里……那么，你就待着吧。——死亡，它在哪里？……他再也找不到死亡了。没有死亡，只有光明。……"完了。"有人说。——他听见了这些话，心里一再重复。——"死亡不复存在了。"他自言自语道。

在《克莱采奏鸣曲》中，甚至这道"光"也不再出现了。这是一部残忍的作品，像一头受伤的野兽，被放出来报复社会，报复自己曾经受到的伤害。【写作借鉴：这里运用比喻，将《克莱采集奏鸣曲》一书比喻成受伤的野兽，形象地暗示这部作品里隐藏的阴暗、暴戾和虚伪。】

可别忘了，那是一个丧失人性者的忏悔录，他被嫉妒冲昏头脑，刚刚杀了人。

托尔斯泰隐藏在他的人物背后。但从他对普遍存在的虚伪进行的愤怒谴责中，无疑可以看到他的思想。他提高声调，痛骂女子教育的虚伪、爱情的虚伪、婚姻（这家庭里的卖淫）的虚伪、社会、科学、医生（这些罪恶的散播者）的虚伪。他书中的主人公驱使他使用粗鲁的言辞，暴戾而肉感的形象——那是一个骄奢淫逸之徒的全部狂热。

而与之相对的，是疯狂的禁欲主义，对情欲的又恨又怕，受肉欲煎熬的中世纪僧侣对生活的诅咒。

书写成之后，托尔斯泰本人也为之惊惶不已。他在《克莱采奏鸣曲》的《跋》中写道：

我绝没有料到，写这部作品时，一种强有力的逻辑会把我推到现在

257

的境地。我得出的结论最初把我自己也吓了一跳，我不愿意相信，但由不得我不信……我不得不接受了它。【名师点睛：托尔斯泰被自己的作品《克莱采奏鸣曲》吓了一跳，自己不愿相信也不得不相信，说明作者在创作的时候一心再现世间的虚伪和罪恶，一心只有对黑暗的批判谴责，甚至看不到一点光亮，甚至产生了与之相对的禁欲主义的思想，可以说是作品的发展推动作者得出了这些结论，以至于连他自己都被吓了一跳。】

事实上，他非常明确地借助凶杀犯波兹内舍夫之口，对爱情和婚姻发出愤怒的叫喊：

当一个人用色迷迷的目光注视女人——尤其是自己的妻子——时，便已经犯下了奸情。

当情欲消失，人类再也没有存在的理由时，神示才能实现，人类的大同才能形成。

他依据《马太福音》指出，基督教的理想并非婚姻，没有什么基督教婚姻，按基督教的观点，婚姻并非进步，而是一种堕落，爱情及其前后所要经历的事都是实现人类真正理想的障碍。【名师点睛：作者借助凶杀犯波兹内舍夫之口，表达了对爱情和婚姻的愤怒，表现出托尔斯泰的婚姻观和世界观：他认为婚姻是一种堕落，是实现人类真正理想的障碍，人类没有了情欲，大同才能形成。】

但这些观点在由波兹内舍夫嘴里说出来之前，在作家头脑里从没有如此清晰过。如同许多伟大的创造者那样，是作品在推动着他们向前思考，先做艺术家，然后才能成为思想家。这丝毫无损于艺术。从效果的强度、激情的浓度、景象的鲜明突出、形式的丰富和成熟上看，托尔斯泰的作品中，没有一部能比得上《克莱采奏鸣曲》。

我还要对这部作品的题目做点阐释。——其实，这部作品有点文不对题，容易令人产生误解。音乐在其中只占次要地位，去掉"奏鸣曲"这个词，作品不会有任何改变。托尔斯泰一直认为音乐和爱情都具有催人堕落的魔力，但他错误地将两者混为一谈了。音乐的魔力应该另写专著讨论。托尔斯泰在作品中给予它的地位，不足以证明他揭露出来的危险。在这个问题上，我必须稍稍说明一下，因为我认为人们还不理解托尔斯泰对音乐的态度。

说他不喜欢音乐是不对的。一个人爱得愈深才怕得愈厉害。人们该记得对音乐的回忆在《童年》，尤其是在《家庭幸福》中所占的地位吧。【名师点睛：分析《克莱采奏鸣曲》这个作品名时，自然谈及托尔斯泰对音乐的理解和态度，以及音乐在其他两部作品中的运用，引出下文介绍音乐在其他作品中的运用，结构上起到承上启下的作用。】

在后一部作品里，爱情的四季从春天到秋天都在贝多芬《月光曲》的各个段落中展现。我们还别忘了涅赫柳多夫和小彼佳在临终前夜，内心深处所听见的美妙乐曲。托尔斯泰对音乐并不精通，但音乐却使他感动得流下眼泪。他一生中有几个阶段也曾热情地投入音乐。1858年，他在莫斯科创办了一个音乐社团，后来成为莫斯科音乐学院的前身。他的妻弟别尔斯曾经这样写道：

他很喜欢音乐，会弹钢琴，酷爱古典音乐大师的作品。他常常在工作之前先弹上几段，或许是为了从中寻找灵感。他喜欢我姐姐的歌喉，总给她伴奏。我注意到音乐在他内心激发出的感受使他脸色变得有点苍白，还有一种难以察觉的怪样，似乎带点恐惧。【名师点睛：通过他妻弟的回忆，侧面描写了他对音乐的敏锐感知和触动，音乐让他脸色发白、出现异样，甚至恐惧，可见音乐带给他的影响和震撼力之大。】

这正是在震撼他全身心的无名力量冲击下，他所感受到的恐惧。他觉得他的意志、良知、生活的全部现实，都融入了这个音乐的世界。

让我们重温一下《战争与和平》第一卷尼古拉·罗斯托夫刚刚赌输了钱，垂头丧气地回家那一幕吧。他到家一听见他妹妹娜塔莎的歌声，便把一切都忘了。

他焦急地等待那即将奏出的音符，一时间，世界上只有三拍的节奏：

Oh! Mio crudele affetto!（意大利文,意为:啊,我痛苦的爱情！）

——"我们的生活真是荒谬无比,"他心想,"不幸、金钱、仇恨、名誉,一切都是虚的……这才是实的！……娜塔莎,我的小鸽子！……看她能否唱到高音B……唱出来了,感谢上帝！"【名师点睛:原本赌博输了钱的尼古拉心情沮丧,一听见妹妹的歌声,就开始等待下一个音符,并和着妹妹的歌唱,可见他对音乐的喜爱程度之深。】

他不知不觉也在唱。为了加强B音,他应和着她的三度音程。

——"啊！我的上帝,太棒了！难道是我赋予她的？我真高兴！"他心里想道。这三度音程的颤音,使他心里产生了最美好、最纯洁的感觉。比起这种超凡的感觉来,输掉的钱、发过的誓又算得了什么呢？……简直是不可思议！一个人可以杀人、偷盗,而仍然感到幸福。【名师点睛:音乐使得尼古拉产生美好纯洁的感觉,连输掉的钱、发过的誓都不再重要,即使杀过人、偷盗过,听到音乐仍然感觉幸福,仍然沉醉其中,迷失自我。托尔斯泰通过一系列描述来强调音乐的魔力之大。】

其实尼古拉既不杀人,也不偷盗,音乐于他不过是一时的激动。而娜塔莎却已痴迷其中,在歌剧院度过整整一晚以后,在这个失去理性的奇特世界里,远离现实,善与恶、荒诞与理性混淆在一起,她听着阿纳托里·库拉金使她癫狂的表白,便同意和他私奔了。

随着年龄越老,托尔斯泰越害怕音乐。（但托尔斯泰一直都热爱音乐。他生病的后期,音乐家戈登魏泽,他的朋友,几乎每天都来为他演奏音乐。）1860年,他在德累斯顿遇见了一个曾对他产生影响的人——奥尔巴赫,"他谈到音乐,仿佛是一种放纵的享受。在他眼里,音乐是走向堕落的转折点"。这无疑更加深了他对音乐的戒心。

卡米尔·贝兰格先生问,众多使人堕落的音乐家,托尔斯泰为什么偏偏选上最纯粹、最洁身自好的贝多芬呢？——因为他是最棒的,托尔斯泰一直很喜欢他。《童年》中最遥远的回忆就和那支《悲怆奏鸣曲》联系在一起。【名师点睛:将音乐对人的两种影响,即颓废享受和振奋人心进行比较，表明了音乐这种艺术的独特魅力和强大魔力。】在《复活》的结尾，涅赫柳多夫听到奏起《C小调交响曲》的行板时，忍不住热泪盈眶。他感怀自己的身世。——可是，在《什么是艺术？》一书中，托尔斯泰谈到"聋子贝多芬的病态作品"时，却又显得深恶痛绝。早在1876年，他便恶狠狠地要"打倒贝多芬，使人怀疑他的天才"。

这种态度使柴可夫斯基大为反感，以致对托尔斯泰的赞赏也慢慢冷却下来。《克莱采奏鸣曲》让我们清楚地看到托尔斯泰这种狂热之不公平。他能责怪贝多芬什么呢？其实是怪他太强有力了。

托尔斯泰像歌德一样，听着《C小调交响曲》，备受震撼，竟然生起气来，深怪作曲的大师随意摆布自己的情绪。【名师点睛：这句话说明托尔斯泰在听贝多芬的音乐的时候，情绪完全被音乐左右，以至于托尔斯泰很生气自己的不受控制，更衬托出贝多芬音乐的影响力，同时也说明托尔斯泰对贝多芬的音乐领悟和感受得特别深，所以才能使他的情绪被音乐左右。】托尔斯泰说：

这种音乐立刻将我带到作曲家的精神境界……音乐应该是国家的事业，如在中国那样。我们不应允许随随便便一个人拥有如此可怕的催眠力量。这些东西（指奏鸣曲的第一段急板）只能在某些重要场合才能被允许演奏……

尽管发了一顿牢骚，他仍然为贝多芬的力量所折服，他自己也承认，这种力量能使人变得高尚，净化人的灵魂。波兹内舍夫听到这段音乐，精神坠入了他自己也无法理解的难以名状的状态，他变得心情舒畅，嫉妒心消失殆尽。连女人的容貌也变了：演奏时，有"一种庄严肃穆的表情"，弹奏完了，"脸上露出楚楚动人的幸福的微笑"……这一切哪里看得出堕落？……剩下的只是心灵被声音的无名力量俘虏，任其摆布，如果这种力量愿意，真能将灵魂毁掉。【写作借鉴：细节描写，此句着眼于细微处，刻画出波兹内舍夫听了贝多芬音乐之后整个心灵不受控制地被净化的过程，再次生动地衬托出贝多芬音乐的强大

震撼力。】

　　这倒不假。但托尔斯泰忘记了一点：就是大部分听音乐或者从事音乐的人，生活都很平庸，或者生活极为贫乏。对缺乏感受力的人来说，音乐并不构成威胁。在《莎乐美》的一场演出中，歌剧院大厅的戏安排得很好，使音乐最不健康的感情根本伤害不了观众，而只有像托尔斯泰这样生活阅历非常丰富的人才有被影响的危险。

　　事实上，虽然托尔斯泰对贝多芬的评价尖酸刻薄，有失公允，但比起今天大部分盛赞贝多芬的人来说，他对其音乐有着更深的感受。至少他能听出在"老聋子"艺术中躁动的那种狂热感情，那种狂野气势，而这一切是今天任何演奏家、任何乐队所感受不到的。

　　如果贝多芬还活着，比起崇拜者们对他的爱，托尔斯泰对他的恨，也许更让他高兴。【名师点睛：一句话足见托尔斯泰对贝多芬的音乐理解之深，超越现在诸多贝多芬的崇拜者。】

Z 知识考点

　　1.判断题。托尔斯泰听贝多芬的《C小调交响曲》时生气，是因为贝多芬的作品太差，让托尔斯泰无法忍受。　　　　　　（　　）

　　2.判断题。托尔斯泰不仅是一位伟大的文学巨匠，他还在宗教方面有所建树。　　　　　　　　　　　　　　　　　　（　　）

　　3.在托尔斯泰眼里，什么样的艺术才是真正的艺术？

_____

_____

　　4."比起这种超凡的感觉来，输掉的钱、发过的誓又算得了什么呢？……简直是不可思议！一个人可以杀人、偷盗，而仍然感到幸福。"这运用了什么修辞手法？有什么作用？

_____

_____

5."演奏时,有'一种庄严肃穆的表情',弹奏完了,'脸上露出楚楚动人的幸福的微笑'……这一切哪里看得出堕落?有的只是心灵被声音的无名力量俘虏,任其摆布,如果这种力量愿意,真能将灵魂毁掉。"这里运用了什么写作手法?有什么作用?

_____

_____

阅读与思考

1.为什么说《伊万·伊里奇之死》是最能打动法国公众的俄罗斯作品之一?

2.在托尔斯泰的作品中,你认为哪一些能代表托尔斯泰在艺术上的巅峰成就?

3.《战争与和平》中,你更喜欢哪一个人物?说说理由。

五　伟大的艺术成就

M 名师导读

托尔斯泰的世界观在步入晚年后发生了根本转变,他的艺术批判力量达到了高峰,他代表农民阶级发声,这在他的长篇小说《复活》中表现得最鲜明,也最为突出。《复活》是托尔斯泰最后一部长篇小说,从某种意义上可以说是他在艺术上的遗嘱,是他一生艺术探索和思想探索的总结,被誉为俄国批判现实主义发展的高峰。小说中的主人公涅赫柳多夫完整而充分地完成了"道德自我完善"的过程和思想,他经过返归和自我完善在精神上获得了新生,这也是他当时想要达到的状态。

《复活》与《克莱采奏鸣曲》相隔十年,这十年他越来越醉心于道德的宣传。《复活》与他渴求生命永恒而期待的终结也是相隔十年。

在某种意义上,《复活》可说是托尔斯泰在艺术上的遗嘱,恰如《战争与和平》是他艺术上成熟的标志。【名师点睛:将《战争与和平》与《复活》的艺术成就进行类比,突出了《复活》在其艺术生涯中的重要地位。】《复活》是他晚年的最大成就,是最后——如果不算最雄伟——可能也是最高的巅峰,峰顶云遮雾绕,高不可及。

托尔斯泰此时已经七十岁。他放眼世界,他的生活、他过去所犯的错误、他的信仰、他的愤世嫉俗,他居高临下地审视这一切。思想依旧是以前作品中的思想,对虚假仍然态度决绝。

但艺术家的精神像在《战争与和平》中一样,翱翔于作品的主题之上；在《克莱采奏鸣曲》和《伊万·伊里奇之死》的辛辣讽刺和躁动心情之外，又掺入了超脱俗世——正是他所精确反映的俗世——的宗教式宁静心境。可以说，有时候竟成了基督徒式的歌德。

我们从他后期作品中发现的艺术手法，在这里再度出现，尤其是故事非常集中，这一点在长篇小说里比在一般短篇小说里显得更为突出。作品浑然一体，几乎没有任何插曲，这一点，与《战争与和平》和《安娜·卡列尼娜》大不相同。

全书只有一个情节，所有细节都紧紧围绕着这个情节。像在《克莱采奏鸣曲》中一样，人物形象刻画得淋漓尽致，很有力度。观察越来越清晰、敏锐，完全是无情的写实手法，从人性中看到了兽性，——"人性中可怕地存在着兽性，如果这种兽性没有袒露出来，而是深藏在所谓诗意的外表之下时，则更加可怕。"【名师点睛：很有哲理的一句话，说明托尔斯泰发现了人性中的兽性，可见托尔斯泰越到年老观察越敏锐，对现实的黑暗本质认识越清醒。这在《复活》中体现得尤为明显。】沙龙里的谈话，目的不过是满足身体的需要，即"需要活动活动舌头和口腔的肌肉，以帮助消化"。

这种尖锐的观点针对所有的人，谁也不能幸免，美丽的科尔恰金娜也一样，"她肘部突出的骨头和大拇指宽宽的指甲"，穿着领口很低的衣服，使涅赫柳多夫觉得"既可耻又恶心，既恶心又可耻"。女主人公马斯洛娃也不例外，她的堕落，她的早衰，她粗俗下流的谈吐、富有挑逗性的微笑、散发着酒味的气息，还有那张燃烧着激情、涨得通红的脸。完全是自然主义的粗野的细节描写：诸如女人蹲坐在粪桶上，聊着天。【名师点睛：从这些针对作品中所有人的尖锐的刻画中，从这些完全"自然主义的粗野的细节描写"中，读者可以深刻体会到托尔斯泰在《复活》中用到的"无情的写实手法"。】诗意的想象、青春的气息都已不再，只有初恋的回忆还能在我们心中唤起一丝乐音的震颤，复活节的前夜及复活节当晚，解冻之时的浓雾白蒙蒙的，"离房子五步以外，只看见漆黑的夜色中透出一盏灯的红光"，半夜鸡鸣，冰封的河面发出爆裂声，噼里啪啦，崩塌着，就像玻璃杯被打碎时的声响。年轻人从屋外透过玻璃窗注视着少女。少女没看见他，只是坐在那里，面对闪烁的灯光，——卡秋莎若有所思的脸上绽出了微笑。她陷入了幻梦。

作者并没有做过多的抒情，表达手法也更趋客观，与他本人的生活距离也更远了。托尔斯泰想努力拓展他的观察范围。他在这里研究的罪犯和革命者的社会，都是他所不熟悉的。他进入他们的社会，只是努力使自己对他们产生由衷的同情。他甚至承认，在仔细观察他们之前，他曾对革命者有着无法控制的厌恶。

特别让人钦佩的是，他真切的观察简直有如一面无瑕的镜子，典型多么丰富，细节描写又多么精确无误！无论卑劣的还是高尚的，一切都以明智公正的态度和博爱的胸襟去对待，既不过分苛严，也不纵容姑息！……作者描写妇女在监狱中的景象，画面十分凄惨！女人之间彼此冷酷无情，艺术家却是仁慈的上帝：他从她们每一个人的内心看到卑鄙掩盖下的痛苦，无耻的面具下那一张张涕泪纵横的脸。

马斯洛娃邪恶的灵魂中逐渐露出纯洁的微笑，终于化为一道牺牲精神的火焰，照亮了她的灵魂，犹如一缕美丽动人的阳光，照亮了伦勃朗笔下阴暗的画面。作者甚至对刽子手也不曾正言厉色："宽恕他们吧，主啊，他们并不明白自己的所作所为"……最糟的是，往往他们明白自己的所作所为，也为此深感懊悔，却又不能不这样做。【名师点睛：托尔斯泰描写罪犯和革命者，描写监狱里的妇女，描写马斯洛娃由邪恶变得纯洁，描写刽子手……可以看得出，托尔斯泰总能深入人物内心，细致观察，然后不偏不倚、客观公正地刻画每个形象，无论卑劣还是高尚。】

书中暗含着一种压垮一切的宿命，无论受苦者还是使人受苦的人都难以承受其重压，如天性仁厚的典狱长，对狱吏生活已经感到厌倦；他女儿身材瘦小、脸色苍白、眼圈发黑，同样厌烦不堪地练习钢琴，没完没了地敲击李斯特的狂想曲；还有那位西伯利亚小城的总督，聪明而且善良，在欲行善事与被迫作恶之间进行着永无止境的内心斗争，三十五年来只得借酒消愁，但头脑依然清醒，即使酒后也不失态；更有一些家庭温馨和睦的人，因为职业的原因，对他人没心没肺。

唯一缺乏客观真实性的人物是书中的主人公涅赫柳多夫，因为托尔斯泰将自己的思想给予了他。【写作借鉴：本段承上启下，一方面承接上面所说人物都是运用客观的写实手法，另一方面引出下文主人公涅赫柳多夫因为被注入了托尔斯泰自己的思想而缺乏客观真实性，自然过渡到下文。】

这已经是《战争与和平》或《安娜·卡列尼娜》中众多著名人物——如安德烈公爵、皮埃尔·别祖霍夫、列文等——的缺点乃至危险，但还没有那么严重，毕竟他们的处境和年龄，还算比较接近托尔斯泰的精神状态。

但在这部作品里，作者在一个三十五岁的浪荡公子的躯体之中硬塞进一个七十岁老翁的灵魂。我并不是说涅赫柳多夫的精神危机不真实，也不是说危机不能来得那么突然，（"人类身上总带有人类的一切优点的萌芽。时而流露出这一种，时而又流露出那一种，因而往往变得和本身惯有的表现不一样。在某些人身上，这些变化能够特别快。涅赫柳多夫就属于这类人。在肉体和精神的原因影响下，他内心会产生突然和彻底的改变。"）而是根据托尔斯泰的描绘，这个人物的气质、性格和过去的生活经历，既找不出，也解释不了这种精神危机的缘由。而且，此病一旦发作，便再也控制不住。当然，托尔斯泰深刻指出了涅赫柳多夫的牺牲思想一开始就有不纯的因素，那些顾影自怜和孤芳自赏的眼泪，稍后是在现实面前产生的恐惧和厌恶感。但他的决心从未动摇过。

这次精神危机与先前那些来势凶猛却时间短暂的危机（"在他的一生中，曾经多次进行'心灵的清扫'。他称之为精神危机。每当他发现内心生活节奏缓慢，有时甚至停顿，便决定将堵塞在灵魂中的垃圾清理掉。危机过后，他都会给自己制定一些他发誓会永远遵循的规则。于是写日记，开始新的生活。但每次都很快又跌回原来的起点，甚至比起点还低。")毫无关联。什么也阻止不了这个优柔寡断的人了。这位王公有钱，受人尊敬，很在意社会对他是否满意。他正要娶一位爱他而他也颇喜爱的姑娘，可为了弥补过去的一个错误，他突然决定抛弃一切——财富、上流社会、地位——去娶一个妓女。他的狂热毫不动摇地延续了好几个月，经受住了一切考验，即使听说他打算娶为妻子的那个女人继续过着堕落的生活时，也不曾气馁。——这里有一种神圣感，完全可以运用陀思妥耶夫斯基的心理分析理论，从作品主人公阴暗的心灵深处直到肉体组织中找到其根源，但涅赫柳多夫与陀思妥耶夫斯基笔下的人物毫无共通之处。

他是个普通人的典型，庸庸碌碌，身体健康，正是托尔斯泰惯常写的人物。事实上，我们清楚地感到，这是一个非常讲求实际的人，与属于另一个人的精神危机相叠合，这另一个人，就是托尔斯泰老头。

同样给人以双元并立印象的，是书的末尾，以严格的写实手法写成的第三部分，出现了不必要的福音书式的结论——个人发自信仰的行为，把这种行为写成观察生活的结果并不符合逻辑。托尔斯泰将宗教思想注入现实主义之中，已经不是第一次了。但在此前的作品中，两者结合得比较好，而在这里，两种因素虽并存却不融合。【名师点睛：《复活》中的涅赫柳多夫是一个典型的普通人的形象，平庸、身体健康、讲求实际，但一旦与另一个人也就是托尔斯泰的精神危机相结合，就变得有些不理性，两者的精神危机也不太融合了，这也是作者所说的缺乏客观真实性。】

对比更加明显的原因是，托尔斯泰的信仰越来越脱离实证，而他的现实主义表达则日益放肆和尖锐。这并不是因为疲倦而是衰老的迹象——可以说，关节有点僵硬了。宗教的结论并非作品自然发展的结果，而是 Deux ex machina [拉丁文，意为：上帝外在于有机体]。……我深信，在托尔斯泰内心，不管他如何表白，他不同的天性，即艺术家的真诚和信徒的真诚并非水乳交融。

尽管《复活》没有他青年时期作品的丰满与和谐，尽管我个人更喜欢《战争与和平》，但它不失为描写人类同情心的最美丽的，可能还是最真实的诗篇。在这部作品里，我比在任何其他作品中更清楚地看到托尔斯泰那双明亮的眼睛，那双"能直透人心"的、浅灰色的眼睛。他在每一个人的灵魂中都找寻到了上帝的踪迹。【名师点睛：托尔斯泰在作品中将宗教思想注入现实主义，越到后期的作品越是如此。观察越敏锐，眼神越犀利，越能穿透人的灵魂，越容易找到上帝的踪影。可见他的信仰越来越理性也越来越坚定。】

托尔斯泰从未舍弃艺术。一位伟大的艺术家，即便他愿意，也不可能抛弃自己生活的宗旨。为了宗教的原因，他可以不出版作品，但却不能不写作。托尔斯泰从未中止过艺术创作。

曾经在他晚年去亚斯纳亚·波里亚纳拜望他的保罗·布瓦耶说，他一面写宣道或论战的作品，一面进行文艺创作，交替进行，作为调剂。

写完一篇有关社会的论文，或者某篇《致领导者书》《告被领导者书》之后，他便气定神闲地继续写某个给自己讲述的优美故事，如《哈吉穆拉特》。这是一部军事史诗，歌咏高加索战争一段插曲和山民们在沙弥尔领导下反抗沙皇的斗争。艺术依然是他的消遣、他的乐趣，但认为以此炫耀便是虚荣。【名师点睛：无论什么样的状况，托尔斯泰都不放弃艺术创作，即使为了自己信奉的宗教，体现出托尔斯泰对艺术的热爱和永不放弃的艺术追求。】

他编过《每日必读》(1904—1905)，这部文选涵盖了许多作家有关真理和人生的看法，真正是集东方经书到当代艺术家的生活智慧之大成。1900年以后，他所有的艺术作品中留下来的都只是手稿。

相反，他果敢而热情地用他论战性的、含有狂热信仰的文章参与社会的大论战。从1900年到1910年，他几乎全力以赴。当时，俄国处于可怕的危机之中，沙皇帝国一时间似乎分崩离析，摇摇欲坠。

日俄战争、大溃败，接着是革命动乱、陆海军的叛变、大屠杀、农村动乱，一切都像是"世界末日"到来之前的征兆。——托尔斯泰有一部作品用的就是这个标题。

1904至1905年间，危机达到了高峰。在这些年月里，托尔斯泰发表了一连串反响极大的作品：《战争与革命》《弥天大罪》《世界末日》等。【名师点睛：在如此恶劣的社会背景下，托尔斯泰并不逃避，而是主动迎向危机，依然坚持创作，可见他对文学的热爱，也可见他富有社会使命感和正义感。】

在这最后的十年中，他不止在俄罗斯，而且在全世界文学界的地位都无人能及。他孤军奋战，不加入任何党派，不倾向任何国家，脱离了教会，被开除教籍。（原因是他所写的《复活》中有一段讽刺弥撒和宗教仪式的描述。）他理性的逻辑、执着的信仰，将他"逼到两难的境地：离开其他所有人，还是离开真理"。他想起了这句俄罗斯谚语，即"老人撒谎等于富人偷窃"。于是，他离开众人而去宣扬真理。他将全部真理告诉所有人。这位与谎言不共戴天的老人，坚持不懈地抨击一切宗教和社会迷信，一切被人盲目崇拜的偶像，而不限于攻击古代残暴的政权、迫害异己的教会、沙皇的贵族统治。如今大家都向这些表示憎恨，也许他反而会手下留情。因为人们对这一切早已熟知，也就没那么可怕了。【名师点睛：他忍受孤独，被教会开除教籍，离开其他所有人，坚持不懈地抨击一切黑暗和邪恶，体现托尔斯泰勇于坚持真理、与恶势力做斗争的品质。】

总之，他们干他们的事，再也无法骗人了。托尔斯泰曾给沙皇尼古拉二世写过一封信，实话说，这封信对作为君主的沙皇是不大客气的，但对作为普通人的尼古拉二世，态度却很温和。他把沙皇称为"亲爱的兄弟"，并说，如果自己"无意中给他带来不快，务请他原谅"。落款是"祝愿您获得真福的兄弟上"。

托尔斯泰最难以宽恕并坚决予以揭露的不是过去已经被揭穿的，而是新出现的谎言。不是专制主义而是对自由的幻想。人们弄不清，在新偶像的信徒中，他最恨的是社会主义者还是"自由派"。【名师点睛：这里开始触及托尔斯泰的政见，引出下文对他政治主张的叙述。】

他对自由派的反感由来已久。他在塞瓦斯托波尔当军官和处在彼得堡的文人圈中的时候，这种反感就已经产生了。这正是他与屠格涅夫不和的原因之一。

这个骄傲的贵族和世家子弟，难以认同那些知识分子及其抱负，他们佯言不管愿意与否，只要接受他们的乌托邦，必能给国家民族带来幸福。托尔斯泰是地道的俄罗斯人，家世悠远，对有自由色彩的新事物和来自西方的立宪思想一贯抱怀疑的态度。两次旅欧更加深了他的警惕。第一次游历归来时，他曾经写道：

要警惕自由主义的野心。（1857）

第二次旅欧归来，他指出："特权社会"毫无权利以其方式教育他们所不了解的人民大众（1862）……

在《安娜·卡列尼娜》中，他充分表达了对自由主义者的蔑视。列文拒绝参与省里民众教育机构的工作，以及提到议事日程上的各种改革。省士绅议会的选举，充分表明这是地方上一次骗人的交易，不过是以自由派政府取代先前的保守政府而已。一切毫无改变，只是一个新的谎言，不可能得到今后几个世纪的原谅和认可。

"我们也许不怎么样，"这位旧制度的代表说道，"但我们延续了上千年。"

托尔斯泰对自由派滥用"人民，人民的意志……"这些词句感到愤慨。哼！关于人民，他们懂得什么？什么叫人民？【名师点睛：那些自由党人根本不懂人民的意志是什么，却总是卑鄙地代表人民去做邪恶勾当，这里连用两个反问句，加强了语气，表现了托尔斯泰对自由派的鄙夷和憎恶。】

尤其是当自由主义运动接近胜利，打算召开国家杜马的时候，托尔斯泰发表意见，强烈反对君主立宪主张。

近来，对基督教教义的刻意曲解导致一种新的骗局产生，使我们各族人民更加处于被奴役的地位。有人利用复杂的一整套议会选举制度骗他们说，如果他们直接选出自己的代表，就等于他们参加了政府的决策，服从这些代表就等于听从自己的意愿，他们是自由的。

这是一种欺骗。即使全民普选，人民也无法表达自己的意愿：首先，在一个有数百万居民的国家里，这样一种集体愿望不可能存在；其次，即使存在集体意愿，也实现不了大多数选民的愿望。

先别说当选人制定法律、管理行政并非为了广大人民的利益，而是为了自己的权力；也姑且不提民众由于受到压力和选举舞弊而腐化堕落的事实；尤其有害的是，这种谎言，使相信它的人做了奴隶还暗自欢喜……【名师点睛：通过两次旅欧，托尔斯泰锐利的双眼早就看穿君主立宪的把戏，他知道所谓的自由不过是让民众心甘情愿地被奴役。】

这些自由人令人想起那些囚犯，当他们有权选举被责成管理监狱内部安全事务的狱卒时，便以为享受到自由……

一个专制国家的人即使遭受最残酷的暴力压迫，也完全可以是自由的。但立宪国家的人则永远是奴隶，因为他承认了对他行使暴力的合法性……而现在却有人想将俄罗斯人民引入欧洲其他各国所处的立宪制奴隶状态！【名师点睛：托尔斯泰指出立宪国家的人民比专制国家的人民受奴役更深，并称欧洲的君主立宪制状态为立宪制奴隶状态，表现了对君主立宪制永远地奴役人民心灵的深深的担忧，这就是他前面所说的新的骗局。】

他之所以远离自由主义，主要是不屑其所作所为。而对社会主义，若不是他禁止自己憎恨任何事物，则很可能是加倍痛恨。他格外讨厌社会主义，是因为其中掺杂着两种谎言：自由的谎言和科学的谎言。

难道社会主义不是侈言自己是建立在某种经济科学之上，这种科学的绝对法则支配着世界的进步吗？

托尔斯泰对待科学的态度是非常严厉的。【名师点睛：托尔斯泰对科学的严厉态度，表现了他的谨慎，他的观点的客观性和独立性，引出下文他对科学的看法。】他写过不少文章，尖刻地讽刺这种现代的迷信和那些毫无意义的问题，诸如物种起源、光谱分析、镭的本质、数的理论、动物化石以及其他种种无聊的课题，等等。

今天人们非常严肃认真地对待这一切，其重视程度犹如中古时代对待圣母无玷而孕或物质的二元论一样。——他嘲笑"那些科学的奴仆，他们和教会的奴仆一样，自认为并说服其他人也深信他们正在拯救人类，他们和教会一样，相信自己做的一切都是对的。但他们彼此总难达到一致，于是便分出各种帮派。他们和教会一样，是粗俗、道德上无知的主要根源，也是延误人类摆脱所受的苦难的主要根源，因为他们抛弃了唯一能实现人类大同的东西，即宗教意识"。

当他看见这种新狂热的危险武器，落到自称能使人类获得新生的人手里时，他心中备感忧虑，怒火也随即爆发。任何革命者只要使用暴力，他便感到不悦。革命的知识分子和理论家则使他厌恶他们，说他们是迂腐有害的学究、骄傲而僵化的人，不爱人类而只爱自己的想法。

何况还是低级的想法。社会主义的目标是满足人的最低级的需求：物质福利。即使这种目标也无法用它鼓吹的方法达到。

归根结底，它没有爱，有的只是对压迫者的恨和"对富人们温馨富裕生活的艳羡，如同围着粪堆乱飞的苍蝇，只想吃个饱"。

如果社会主义有朝一日取得胜利，世界将变得很可怕。欧洲那群强盗将变本加厉地扑向弱小的野蛮民族，好让欧洲以往的无产者能够像古代的罗马人一样过上骄奢淫逸、悠游舒适的生活。

幸运的是社会主义者将最大的精力都耗费在大力鼓吹之中，若莱斯的演说便是一例……

真是个了不起的演说家！他的演讲包罗万象，却又什么也没有……社会主义有点像我们俄国的东正教，你攻它，将它逼得无言以对，你以为抓住它了，而它突然转过身来，对你说："不，我并不是你以为的那样，我是另一回事。"于是从你手里溜走了……耐心点！让时间来判断吧。有的社会主义理论就像女人的时装一样，很快便会从客厅退到门厅的。

托尔斯泰这样攻击自由派和社会主义者，绝不是要让贵族阶级乘虚而入。恰恰相反，为的是从军队里清除危险的捣乱分子以后，让新旧两个世界的战斗全面展开。因为，他也相信革命，但他的革命与革命者的革命有很大的不同，像中世纪的神秘主义信徒那样，他期待着圣灵统治的未来：

我相信，就在这个时刻，基督教世界里酝酿了两千年的大革命已经开始。这一革命将以真正的基督教取代腐朽的基督教及其衍生的统治制度。真正的基督教才是人类平等和一切有良知者所企望的真正自由的基础。【名师点睛：从这段内容可以看出托尔斯泰的主张，他希望由真正的宗教来统一世界，将宗教意识融入政治，再次突出了他坚定的信仰。】

那么，这位能看到未来的先知选择什么时刻宣布幸福和爱的新纪元呢？是在俄罗斯最黑暗的时刻，灾难和耻辱的时刻。啊！具有创造性的信念能发挥多大的能量啊！周围一片光明，即使在夜里也如此。

托尔斯泰在死亡中看到了新生的迹象，在日俄战争的灾难中，在俄国军队的溃败中，在可怕的无政府状态和血淋淋的阶级斗争中也一样。

他梦想的逻辑使他从日本的胜利里得出了奇怪的结论，即俄罗斯应该不参与任何战争，因为在战争中，非基督徒民族往往比"经历过奴隶般服从阶段"的基督徒民族占有优势。这么说他的民族就该退让？不是，那是最大的骄傲。俄罗斯必然抛弃任何战争，因为它要完成"伟大的革命"。瞧，这位亚斯纳亚·波利亚纳的宣道者，暴力的死敌，竟在无意中预言了共产主义革命的到来！【写作借鉴：这里运用设问句，一问一答增强语气，强调了俄罗斯应摆脱战争，完成"伟大的革命"，无意中预言了共产主义革命的到来，再次凸显出托尔斯泰超凡的政治敏锐性和前瞻性。】

1905年的革命，将把人类从野蛮的压迫中解放出来。这场革命应当在俄罗斯爆发。果然如此。

为什么俄罗斯必须扮演这个上帝选民的角色呢？因为新的革命首先必须弥补"弥天大罪"，所谓"弥天大罪"就是少部分富人垄断土地，成千上万人被奴役，而且是最残酷的奴役。还因为没有一个民族的人民比俄罗斯人民更深刻地感受到这种不公平。

尤其是因为俄罗斯民族是所有民族中最能体会基督精神的，而即将到来的革命必须以基督的名义实现博爱和联合的法则。可是，如果不遵循勿抗恶的原则，这个博爱的法则也实现不了。这种不抵抗主义（注意，我们往往将这种态度错误地视为托尔斯泰和几个空想家所特有的乌托邦思想）一直是俄罗斯人民的基本特点。

俄罗斯人对政府的态度，一贯与欧洲其他国家不同。他们从不反对政府，尤其不参加政府，因而没有被污染。他们认为参政是应当避免的坏事。有一个古代传说，讲到俄罗斯人祈求瓦里亚基人（古代俄国对诺曼人的称呼）来统治他们。大部分俄罗斯人素来宁愿忍受暴力行为，而不愿做出反应或参与暴力。因此他们一直都是顺民……

但自愿地服从，和奴隶般地听命于人完全是两回事。

真正的基督徒可以忍耐顺从，根本谈不上非经过斗争才向暴力屈服。但他不会接受或承认暴力的合法性。

<u>托尔斯泰写这几行文字的时候，正因目睹一个民族以英雄主义的不抵抗态度做出的壮举而激动不已。这就是1905年1月22日圣彼得堡的流血示威。手无寸铁的群众在东正教神父加博内的率领下，任由军警开枪镇压，没有一声仇恨的呼喊，没做出任何自卫的行动。</u>【名师点睛:这里介绍了1905年的圣彼得堡的流血示威事件这一社会背景,托尔斯泰为这些不抵抗群众的英雄壮举而激动不已,阐明了他的不抵抗主义思想的形成与他所经历的社会事件密切相关。】

长期以来，在俄罗斯，被人称为"顽固派"的老信徒尽管备受迫害，仍顽强地对政府采取不服从态度，拒不承认政府的合法性。

<u>随着日俄战争的失败，这种心态快速蔓延至乡下农民之中。拒绝服兵役的案件不断增加。政府越是残酷地镇压，民众内心的反叛情绪便越高涨。</u>【名师点睛:民众虽然不抵抗镇压,但百般拒绝服从政府的管理和领导,这样的表面不抵抗,确实与经过斗争才向暴力屈服的顺从迥然不同,与托尔斯泰前面的观点相呼应。】另外，各个省、各个民族，虽然不

认识托尔斯泰，也纷纷起来主动或被动地拒绝服从政府的法令。

从1898年起，高加索的杜霍博尔人，1905年前后古里的格鲁吉亚人，都是这样。这些运动对托尔斯泰的影响超过了托尔斯泰对它们的影响。而他的作品的意义，恰恰和革命党党员作家高尔基等所说的相反，（托尔斯泰谴责地方自治会的动乱以后，高尔基认为："此人（托尔斯泰）已经变成他思想的奴隶。他孤立于俄罗斯生活之外已经太久了，他不再倾听人民的声音，而是翱翔于俄罗斯之上，他飞得太高了。"）他喊出了古俄罗斯民族的声音。他对甘冒生命危险实行他所倡导的原则的人保持着非常谦恭有礼的态度。对杜霍博尔人、古里人和逃避服役的士兵，他全无教训的口吻。

没有经受过任何考验的人，没有什么资格教导正在接受考验的人。

他恳求一切因他的话语和文章而遭难的人宽恕他。他从不怂恿人拒绝服兵役。每个人都应该自己做出决定。如果他遇见某个人犹疑不决，"他总是劝人参军服役，只要不是思想上想不通就不要拒绝服从"。因为如果犹豫就说明还不成熟。"多一个士兵总比多一个伪君子或叛徒好，不自量力的人往往就是这样。"他怀疑逃兵龚察连科的决心，担心"这个年轻人这样做是自尊心和虚荣心作怪，而不是出自对上帝的爱"。他写信给杜霍博尔人，叫他们不要因骄傲和对舆论的顾忌而固执地拒绝服从，但"如果办得到，将他们的妻子儿女从痛苦中解救出来。谁也不会因此而责怪他们"。他们只应"当基督精神已经在他们心里扎根的时候才去坚持，因为此时他们才会以受苦为乐"。

无论如何，他都希望受迫害的人"一定不要断绝与迫害他们的人之间的感情"。如他在一封致友人的信中所说，连希罗德也应该爱：

你说："人们不能爱希罗德。"——我不知道，但我感到，你也一样，必须爱他。我知道，你也知道，如果我不爱他，我会痛苦，我心中便失去了生命。【名师点睛：这里托尔斯泰鼓励人们对他人无原则地爱，再次表明了他的信仰，他那永恒的博爱精神。】

名人传

这种爱无比纯洁,又永远那么热烈,即使福音书里"爱你的邻人像爱你自己一样"这样的词句,也无法让他感到满足,因为这句话里散发着自私自利的浊气!

在某些人看来,这种爱太泛了,把人类一切自私的成分都剔除干净,岂不流于空泛?可是又有谁比托尔斯泰更厌恶"抽象的爱"呢?

当今最大的罪过是抽象地去爱人类,对离自己很远的人泛泛地爱……爱我们根本不认识也永远遇不上的人,不需做出任何牺牲,那太容易了!同时还可对自己十分满意!简直是自欺欺人。——不!必须爱邻人——和你一起生活而又不时妨碍你的人。

我读过大部分研究托尔斯泰的著作,其中都说,他的哲学和他的信仰并非他的首创。

<u>没错,这些思想太美了,而且有永恒的价值,不可能像时下流行的新玩意儿……有些文章指出这些思想有乌托邦的性质,这也不错:是乌托邦式的,和福音书一样。先知是理想主义者,在尘世便已过着永恒的生活。</u>【名师点睛:托尔斯泰觉得爱不应该是过于广泛的"抽象的爱",应该是能付出实际牺牲从身边开始的广博的爱,这是一种乌托邦式的理想主义,这样的思想具有永恒的价值。】

既然我们已经看到这种景象,既然我们发现最后一位先知已然来到我们中间,既然我们最伟大的艺术家额头戴上了光环,我觉得,这对世界来说,是一件比新添一门宗教或者一种哲学更特殊、更重要的事实。除非眼瞎才看不见这个伟大灵魂出现的奇迹,因为在这个由于仇恨使人民血流遍野的时代,他是人类博爱的化身!

知识考点

1. 判断题。托尔斯泰曾经不客气地给沙皇尼古拉三世写过信。
( )

2. 选择题。下面哪部作品是托尔斯泰艺术上的遗嘱? ( )

277

A.《伊万·伊里奇之死》　　B.《弥天大罪》　　C.《复活》

3.1904至1905年间,俄罗斯的危机达到了高峰,这个时期托尔斯泰有什么表现?发表了哪些作品?说明了什么?

_____

_____

4."这就是1905年1月22日圣彼得堡的流血示威。手无寸铁的群众在东正教神父加博内的率领下,任由军警开枪镇压,没有一声仇恨的呼喊,没做出任何自卫的行动。"这里运用了什么描写?有什么作用?

_____

_____

5."女主人公马斯洛娃也不例外,她的堕落,她的早衰,她粗俗下流的谈吐、富有挑逗性的微笑、散发着酒味的气息,还有那张激情燃烧、涨得通红的脸。"这属于人物描写中的什么描写?有什么作用?

_____

_____

阅读与思考

1.试着分析一下《复活》里男主人公涅赫柳多夫的形象塑造过程中的缺陷。

2.托尔斯泰的作品最大的艺术风格是什么?

3.托尔斯泰晚年的艺术风格有什么变化?

六　文学巨匠的归宿

> **M 名师导读**
>
> 托尔斯泰一生创作颇丰,晚年却间接想要放弃自己的财富和艺术。当时俄国人民的运动陷入低潮,人民依旧生活在水深火热之中。面对这种惨况,托尔斯泰满心同情,主张用博爱之心化解贫富阶级之间的矛盾,来反对暴力革命。他想将自己的庄园分给农民,遭到妻子的反对而无法实现;他又允许任何人免费出版自己的著作,更让妻子愤怒。他的这种乌托邦式的信念,也并未得到有些革命者的理解,就这样,不被理解并与家人产生分歧的托尔斯泰选择了离家出走,在火车站郁郁而终……伟大作家的最后归宿让人不胜唏嘘。

　　他的面貌有了固定的特征,永远铭刻在人类的记忆之中。宽广的前额上两道微弯的皱纹,白色的双眉异常浓密,一脸忠厚长者的胡须,使人想起第戎的摩西像。苍老的面庞变得平静、温和,留着病痛、忧伤和慈祥的痕迹。

　　从二十岁时的粗野豪放、塞瓦斯托波尔从军时的呆板严肃,到现在的他改变有多大啊!但明亮的眼睛仍然锐利深沉,显得坦白直率、胸无城府,却又明察秋毫。【写作借鉴:这段对托尔斯泰的外貌描写刻画细致,相由心生,他在经历太多变化之后终于固定下来的面貌特征,反映出他后期思想和信仰的成熟和稳定以及自己的坚持。而从他慈善、温和的面貌,我们可以看出他那永恒的博爱精神已经深驻心底。有着忧伤的痕迹，则说明了他心里或许依然有着愿望无法实现的遗憾；那双眼睛坦率真诚，却又明察秋毫，这不也正如实反映了他的内心世界吗？】在去世前九年给东正教最高会议的一封复信（1901年4月17日）中，托尔斯泰这样写道：

我之所以能够平静快乐地生活，并平静快乐地迈向人生的终点，完全是因为我的信仰。

看到这句话，我想起一句古谚："人在未死之前绝不能称之为快乐。"但他自诩的这种平静与快乐，始终忠实地与他相伴吗？

1905年"伟大的革命"带来的希望破灭了。期待的光明未能突破重重黑暗喷薄而出。革命的动荡过去，随之而来的是精疲力竭。以往不公平的现象没有丝毫改变，苦难却更加深重了。【名师点睛：本段是社会环境描写，交代了托尔斯泰晚年时期所处的社会背景，在这样的背景下，他又做了哪些努力来推行他的信仰和博爱思想呢？自然引出下文内容。】

1906年，托尔斯泰对俄罗斯斯拉夫人民的历史使命开始失去信心。他怀着坚强的信念向远方寻找其他可以担负这一使命的民族。他想到了"伟大而智慧的中国人民"。

他相信"东方民族可以觅回西方民族几乎已经永远失去的自由"，相信中国将能引导亚洲各族人民，循着"道，非常道"的道路，【名师点睛：语出于《老子》开篇的第一句话："道可道，非常道。"这句话的意思是，道，可以意会，但无法言传，能用语言讲出来的，就不是永恒的道。此处以中国传统典籍中的语句来代指中国。】去完成人类转变的大业。

但他的希望很快便化为乌有：信奉老子和孔子的中国就像此前的日本，否定了自己古老的智慧，开始效仿欧洲。被迫害的杜霍博尔人移居到加拿大，到了那里便立即恢复了私有制，引起托尔斯泰极大的愤慨；古里人刚刚从国家枷锁下挣脱出来，便开始打击那些与他们意见不一致的人；俄国军队，使一切都恢复了秩序。甚至犹太人，"他们的祖国直到那时还是《圣经》，（托尔斯泰在《与捷捏罗莫的谈话》中，有这样一段精彩的话:"智慧的犹太民族,沉浸在《圣经》里,没看见千秋万代已经在他头上坍塌,没看见各个民族在世上出现又消失。")是一个人所能希冀的最美丽的国度",也染上了复国主义的恶疾,这种错误的民族主义运动,是"当代欧洲主义产下的畸形儿"。(在同一篇文章里,他还说:"在现代国家血淋淋的恐怖行为中,看见了欧洲的进步,妄图建立一个新的犹太国,这是滔天的罪行。")托尔斯泰忧伤却没有失去勇气。他仍然相信上帝,相信未来:

如果能在一瞬间长出一片森林,那就太好了,可惜这是不可能的,必须等待种子发芽,出苗,然后抽枝发叶,最后才能长成一棵树。【名师点睛:引用托尔斯泰的原文,托尔斯泰用一棵树的成长过程来比拟人的成长过程,可以看出,对于一些不如人意的事件,托尔斯泰虽然不太满意,但也决定耐心等待,也表明了他期待美好未来的坚定信心。】

要有许多树才能成为森林,而托尔斯泰只是孤身一人。他虽满载荣誉却势单力薄。人们从世界各地写信给他:回教各国、中国、日本,《复活》被翻译出版,他"还地于民"的思想在这些国家中深入人心。【名师点睛:"还地于民",多么伟大多么振奋人心的思想啊!它引领着各国人民为此战斗和追求。一位本出自贵族家庭的同时拥有财富和荣誉的名人能提出这种思想该是具有多么伟大的情怀和牺牲精神!】

美国报章采访他,法国人向他咨询艺术或政教分离的问题。

但他的信徒不到三百,这一点他自己也很清楚,且并不刻意去追求。他的朋友想要创建托尔斯泰小组,被他拒绝了。

"不必你找我,我找你,而应该都走向上帝……你说:'只要万众一心,什么都好办……'——什么?……一起耕地、割草,这都容易办到,可是要接近上帝,只能独自前行。……我想象世界好比一座巨大的庙堂,光明自上而下,正好照射在中央。想要聚在一起,大家就必须走向光明。在那儿,我们来自四面八方,我们将和其他人不期而遇:快乐就在于此。"

"从穹顶投射下来的光线里，有多少人聚集在一起呢？……无所谓！只要和上帝在一起，一个人也够了。"

"正如唯有燃烧着的物质才能将火传送给别的物质，唯有有着真正的信念和真正的生活的人，才能感染其他人并将真理传播开来。"

也许吧。不过，这种一个人的信念到底在多大程度上能给托尔斯泰带来幸福呢？【写作借鉴：这里运用反问句，加强语势，是啊！虽然托尔斯泰并不在乎孤独地奋斗，认为只要与上帝在一起，一个人也无妨，可是这种孤独的信仰真能带给他幸福吗？不一定，他当然希望大家都能追随他的信仰，一起实现全世界的乌托邦式的大同理想。】

直到晚年，他与歌德所推崇的清静平和相距何止万里！他似乎对这种心境抱有反感，避之唯恐不及。

能够做到不自满应该感谢上帝。但愿能永远如此！生活与理想的不统一恰恰是生命的标志，是从最渺小到最伟大，从至恶到至善这种上升运动的标志。这种不统一是善的前提。当人平静而自满自足时，恶也就随之而来了。

于是他考虑这一小说题材，很奇怪，这正说明，列文或者皮埃尔·别祖霍夫难以释怀的焦虑依然在他身上作祟。

我常常设想，一个人在革命的圈子里长大，最开始是革命者，继而成了民粹派、社会主义者、东正教徒、阿多斯山的僧侣，然后又成了无神论者、好父亲，最后是杜霍博尔人。他样样尝试，样样放弃。大家都嘲笑他。他什么也没做，默默无闻地在一个收容所死去。临死时，他想，这一辈子白过了。可是，他是个圣人。

满怀信念的他，难道还有质疑么？——谁知道？对一个直到老年还身心强健的人来说，生命是不会停止在思想的某一点上的，它必须前进。【名师点睛：生命不息，思考不止，对于托尔斯泰这样一个善于观察、善于分析、有着深度理想追求的人，他永远不会停止思考和怀疑，引出后文分析他的某些思想变化。】

运动就是生命。

在最后几年里，他身上发生了许多变化。他对革命者的看法是否有所改变？谁能说他的勿抗恶的信念丝毫没有动摇过？——在《复活》中，涅赫柳多夫与政治犯的交往已经完全改变了他对俄国革命党的想法。

直到那时，他一直讨厌他们，他们残忍、隐瞒罪恶、行凶杀人，而且自满、虚荣，让人无法忍受。但当他就近接触观察他们，看见当局如何对待他们的时候，他便明白了他们这样做实在是因为迫不得已。

他赞赏他们崇高的责任感，能无私奉献。【名师点睛：这里讲述了托尔斯泰在近距离接触和观察革命党人之后，对他们从原本的讨厌到理解直至赞赏的思想转变过程。这也说明随着他对很多事物的不断了解和认知，思想都有可能发生变化。】

但自1900年起，革命浪潮汹涌澎湃，从知识分子开始，波及全国人民，鼓动起数以千计的贫苦大众。

这支具有威胁性的大军，其先头部队就在亚斯纳亚·波利亚纳托尔斯泰的窗下列队通过。《法兰西信使报》刊登了托尔斯泰晚年创作的三个短篇，从中可以隐约看到这种景象在他思想上引起的痛苦和惶惑。

图拉乡下淳朴虔诚的进香者列队巡游的时代已经一去不复返，取而代之的是饥饿的流浪人群。他们每天不断涌来。托尔斯泰和他们谈话，惊讶地发现他们心中充满了仇恨。

他们不再像过去那样，将富人看作"施舍财物以求灵魂得救的善人，而是喝着劳动人民鲜血的强盗和暴徒"。

这些人中，许多是受过教育、破了产、濒临绝境的人，他们什么都干得出来。

亨利·乔治就是这样说的。

将来那些对现代文明做出昔日匈奴和汪达尔人（古代日耳曼民族的一个部落，公元455年攻陷罗马之时，曾掠城十四天，破坏了大量的文化艺术品。所以后世将有此类行为者称为汪达尔人。）对古代文明所做的

283

那种事的野蛮人,并不在荒漠和森林之中产生,而是在城郊陋屋和大路上出生和长大的。【名师点睛:亨利·乔治的一番话,可以隐隐看出他对那些造反大军可能会毁坏现代文明的担忧,也验证了托尔斯泰前面在他的三个短篇里隐约表达的对疯狂膨胀的革命浪潮的惶惑。】

托尔斯泰更加以补充:

在俄罗斯,汪达尔人已经整装待发。在我们笃信宗教的民众中,这些人显得格外可怕,因为我们不懂适可而止,而欧洲民众中,行为法度和公众舆论已发展得相当成熟。

托尔斯泰经常收到造反人士的信,抗议他的勿抗恶理论,他们说,对统治者和富人给民众造成的伤害,只能这样答复:"复仇!复仇!复仇!"——托尔斯泰还谴责他们吗?我们不得而知。但几天后,当他看见村里的穷人因茶炊和羊只被抢而伤心痛苦,当局却无动于衷时,他也不禁发出抗议的吼声。反对刽子手,反对"那些高官和他们的爪牙,这些人只忙于贩酒谋利,或者教唆屠杀,或者判处他人流放、入狱、服苦役或上绞刑架。这些人深信从穷苦人那里没收来的茶炊、牛羊、布帛,更适宜用来蒸馏酒精毒害人民、制造杀伤武器、修建监狱、苦役场,尤其是用来犒赏他们的帮凶,给予封官加薪"。【名师点睛:这段托尔斯泰历数当局政权的罪行,表达了他对腐败政权的厌恶和痛恨。可以想象他一方面提出勿抗恶理论,不希望民众通过革命解决问题,一方面看见当局种种恶行又深恶痛绝坚决抗议的复杂矛盾心情。】

令人痛心的是,你一辈子都在期待和宣布爱的世界必将来临,而看到可怕的景象并感到惶惑时,却又不得不闭上眼睛。更令人伤感的是,当一个人如托尔斯泰那样具有真正的良知,也不得不承认,他的生活与他的原则并不相符。

这里,我们触及了他晚年(是否该说他最后三十年呢?)的最大痛处,我们只能用虔敬的手小心翼翼地轻轻触碰,因为这是托尔斯泰力图隐瞒的痛楚,它不仅属于已故者,也属于其他为他所爱且也爱着他的、仍然活着的人。

他始终未能以他的信念感染他的至亲至爱者——他的妻子和他的儿女。我们已经知道，他忠实的伴侣勇敢地与他分担生活的重负和艰苦的艺术创作，但对他放弃艺术的信念，而选择另一种她所不理解的信念感到痛苦。

托尔斯泰本人也因自己最好的伴侣不理解他而备感哀伤。他曾经写信给捷涅罗莫说：

我深切感受到下面这几句话所道出的真理：夫妻并非分离的个体，而是一个整体……我热切希望能把我有可能借以超脱人生痛苦的宗教意识传递一部分给我妻子。我希望不是由我来传递，而是由上帝来传递，尽管这种意识难以为女人所接受。

这一愿望似乎始终未能实现，托尔斯泰伯爵夫人崇拜并热爱这位与她"合而为一"的伟大人物，爱他的心地纯洁、英勇憨直、宅心仁厚。她看见"他走在人群的前面并给他们指出该走的道路"。当东正教最高会议将他逐出教门的时候，她勇敢地为他辩护，和他共同面对威胁他的危险。但她不能勉强自己信仰她并不相信的东西。托尔斯泰太真诚了，绝不愿强迫她佯装相信，在信仰和爱的问题上，他恨虚伪甚于根本否定信仰和爱。她既然不信，又怎能强迫她改变她的生活，牺牲她自己和她儿女的前途呢？

和孩子们之间，龃龉就更深了。【名师点睛：这句话独立成段，结构上承上启下，引出下文讲述他子女对他的不理解使得他在家里备感孤独。】

勒鲁瓦·博里厄曾去过亚斯纳亚·波里亚纳的托尔斯泰家。他说："餐桌上，做父亲的说话时，几个儿子便毫不掩饰地露出不耐烦和不相信的表情。"他的信念只能稍稍打动他的三个女儿，其中一个名叫玛丽的已经死了。他在家人中精神上很孤立，理解他的"只有他的小女儿和他的医生"。

这种思想上的距离令他十分痛苦，还有被迫参加的那些社交活动，来自世界各地的让人烦不胜烦的客人，令他疲于应付的美国人和时髦人士。还有他不得不过的"奢侈"的家庭生活，也让他受不了。

而根据去过他家的人叙述，这种"奢侈"实在有限得很。屋里的家具十分简单，他们的卧室很小，只有一张铁床，几把可怜巴巴的椅子，四壁空空，什么也没有！但这样的舒适也已成为他的负担，总是令他耿耿于怀。

他发表在《法兰西信使报》上的第二篇文章里，他将周围穷困的景象和自己家的豪华痛苦地做了对比。【名师点睛：就是这样简陋的家，也让他拿来与周围贫困的景象对比，成为托尔斯泰的负担，可见他是真正地希望实现大同，真正具有博爱精神，希望普天下都过着同样幸福的生活。如果不是，他就会感到痛苦。】1903年，他曾经这样写道：

我的活动不管某些人看来如何有益，其意义已丧失过半，因为我的生活与我所倡导的原则并不完全相符。

为什么不实现生活与原则统一呢？如果不能够强迫家人离开上流社会，他自己为何不离开家人和他们的生活呢？这样不就可以使那些喜欢拿他做例子、肆意否定其理论的敌人们，无法再揶揄他，说他虚伪了吗？

这一点他早想过了。很久以前，他就曾下过决心。最近，有人找到并出版了1897年6月8日他写给妻子的一封精彩的信，应该在这里全文抄录出来。

没有什么比这封信更能披露这个充满爱心却又被矛盾痛苦折磨的人心中的秘密了：

亲爱的苏菲，我一直苦恼于我的生活与我的信仰不一致。我不能勉强你改变你的生活和习惯。直到现在，我也不能离开你，因为我想：孩子们还小，如果我一走，连我对他们的一丁点儿影响也被剥夺了，而且这样我会给你们大家带来很大的痛苦。【名师点睛：这里托尔斯泰跟苏菲讲述了自己的矛盾和苦恼心理，为后文他在信中提出离家出走的想法做铺垫，同时这里所讲"不能离开"的原因更能突出将来离开时的痛苦，而如此痛苦依

然选择离开,表现出他离开时的决绝之心。】

但我又不能继续这十六年所过的生活,时而和你们怄气,招你们不高兴,时而屈服于周围我已习惯的影响和诱惑。我现在决定做我多年以来一直想做的事,就是:走……像印度人一样,到了六十岁便到树林里隐居,像每一个笃信宗教的老人那样,自愿将余生奉献给上帝,而不是在开玩笑、耍文字游戏、说闲话、打网球之类的事情上消磨时间。

我已年届七十,总想尽我的心力去获得宁静、孤独,即使我整个生活状态还未能完全符合我的良知,至少不至于和我的良知大相径庭。如果我公开出走,你们一定会求我留下,一番争论后,我又会软下来,也许就不会再去实践应该实践的决心。

因此,如果我的做法使你们不快,我请求你们原谅。尤其你,苏菲,让我去吧,不要去找我,不要恨我,也不要责怪我。【名师点睛:托尔斯泰在给苏菲的信中表明了他为了信仰不得不离开家人,表达了对妻儿的不舍和愧疚之情,也更突出他对于信仰的坚定。】

我离开你这个事实,并不代表我对你不满……我知道,你不可能,不可能与我的看法和想法一致。因此你不能改变你的生活,不能为你们不认可的东西做出牺牲。我不怪你。相反,我怀着挚爱与感激之情回忆起我们三十五年的共同生活,尤其是这个时期的前半部分,你用你天生的做母亲的勇气和忠诚,毅然担负起你的使命。你给了我,给了这个世界你所能付出的一切。你付出了巨大的母爱,做出了伟大的牺牲……

但是,在我们生活的后期,在最近这十五年里,我们分道扬镳了。我不觉得这是我的错。我知道我变了,并非为我自己,也不是为别人,而是因为我不能不这样做。我不能责怪你没有跟随我。我感谢你。我将永远怀着真挚的爱回忆起你给予我的一切。——别了,我亲爱的苏菲。我爱你。

"我离开你这个事实……"而实际并没有离开。——可怜了这封信!他似乎觉得只要写了这封信,他的决心也就完成了……信写完,他下决心的全部力量也已经用尽。——"如果我公开出走，你们一定会求我别走，我会软下来……"其实不用求，不用争论，片刻工夫之后，只要看看他想要离开的那些人，他便觉得他不能，他无法离开他们。他将放在口袋里的信塞进抽屉，上面写道：

我死后，请将这封信交给我妻子苏菲·安德烈耶夫娜。

他的出走计划便到此为止。

难道他只有这点力量？难道他不能为上帝牺牲他的温情？——诚然，在基督徒的名人谱中，不乏心坚如石的圣者，他们毫无牵挂地抛弃自己的以及别人的感情……但怎么办？他不是这种人。他软弱，他是人。正因如此，我们才爱他。【名师点睛：他写完信，就没有了出走的勇气和决心，但那又怎样，他也有着普通人的七情六欲，做不到心硬如铁，我们爱他，爱作为伟人的他，更爱作为普通人的他。】

十五年前，在撕心裂肺的一页中，他问自己：

"——喂，列夫·托尔斯泰，你是否按照你标榜的原则去生活呢？"

接着，他心情沉重地回答：

"我羞愧欲死，我有罪，我应该受到蔑视……不过，请将我从前的生活和今日的生活对比一下，你就会知道，我正在努力按上帝的律法生活。我做的还不到该做的千分之一。我感到羞惭，不是我不想做，而是因为我做不到……责怪我吧，但别责怪我所走的道路。

"如果我原本认识通往我家的道路，而我像醉鬼一样跟跟跄跄地走着，难道是因为道路不好吗？要么给我指出另一条路，要么支持我走真正的路，就像我打算支持你一样。但请不要打击我的信心，不要对我的挫折幸灾乐祸，不要大声叫嚷：'瞧呀！他说要往家走，却掉进泥淖里了！'不，不要奚落我，要帮助我，支持我！……

"帮助我吧！我们大家都迷失了方向，我的心绝望得要碎了。当我竭尽全力想走出泥淖时，你对我的每次差错非但不同情，反而指着我大喊：'看呀，他也和我们一起掉进泥坑了！'"【名师点睛：这番话再次说出了托尔斯泰的矛盾和痛苦，他因为自己无法完全脱离现在这种与自己的原则不一致的生活而感到羞愧，也为偶尔的迷失感到痛苦彷徨。】

快要去世时，他又说：

"我不是圣人，我从不把自己当圣人。我是一个随大流的人，有时我没有把自己的思想和感受全部说出来，并非不愿意，而是不能够。因为常常会夸大或弄错。我的行动更加糟糕。我是一个非常软弱的人，有好多坏习惯，想要供奉真理之神，却总是跌跌撞撞。如果把我当成不会犯错误的人，那么我的每一个错误就像是一段谎言或者一种虚伪了。如果把我看作一个软弱的人，那么就能看出我的真实面貌：一个可怜但真诚的人，一直全心全意地想要成为一个好人，一个上帝的忠实仆人。"

就这样，他为悔恨所折磨，为比他更坚毅但不如他那么有人情味的门徒无声的责备所困扰，为自己的软弱和犹豫不决而伤心，在爱家人与爱上帝之间进退为难。【名师点睛：托尔斯泰为自己不够刚毅、不够决绝、太软弱、太有人情味的性格所苦恼，他一再在爱家人和爱上帝之间左右摇摆，痛苦不堪，引出下文讲述他终于下定决心出走，最后客死他乡的结局。】直到有一天，一时的绝望冲动，也许是临死前的一阵炽热的狂风将他刮出家门，他来到路上，开始四处流浪、奔逃，敲一座修道院的门，然后上路，终于在一个无名的小地方倒地不起。在弥留的床上，他哭了，不是为自己哭，而是哭天下不幸的人。他一面号啕大哭，一面说：

"大地上有成千上万生灵在受苦受难，你们为什么都在这儿照顾一个列夫·托尔斯泰呢？"

于是，1910年11月20日，早上六时过后不久，他称之为"解脱"的时刻来了，"死亡，值得赞美的死亡……"【名师点睛：一代伟人，因为心中的信仰导致如此悲凉的结局，令人感到伤心和难受，我们失去了一位具有博爱精神的伟大作家，上帝失去了一位最忠实的信徒。】

战斗结束了，这场以八十二年的生命为战场的战斗。生命的全部力量，所有的罪过和德行都参与了这场既光荣又具悲剧性的混战。——一切罪过，除了一种，那就是他穷追不舍，即使到了最后的避难所也不肯放过的谎言。

首先是醉人的放任自由，在远处电光闪闪的风雨之夜中互相碰撞的七情六欲，——爱情与魂不守舍的癫狂，永恒的幻象，在高加索、塞瓦斯托波尔的岁月，动荡不安的青年时代……接着是结婚头几年平静的生活。爱情、艺术、大自然带来的幸福，——《战争与和平》。天才的光辉笼罩整个人类和对他已成为过去的斗争景象。他支配着这一切，是这一切的主宰。但这些已满足不了他。他像安德烈公爵一样，将眼睛转向奥斯特利茨广阔无垠的上空。正是这片天空吸引着他：

有的人天生长着强有力的翅膀，因凡心未泯而坠落人间，折断了翅膀，例如我就是。后来，他们扇动折断的翅膀，奋力想要飞起，却又跌落在地。翅膀一定会痊愈，我仍会振翅高飞。愿上帝助我！（在1870年的《日记》中，有这样一段相似的思想："世界上有些人没有翅膀，身体沉重。他们在人世间骚动。其中亦有强者，如拿破仑。他们在人间留下了可怕的痕迹，制造混乱，但总飞不起来。——有的人让自己长出翅膀，慢慢飞起并翱翔，这是修行者。有的人身体很轻，容易升腾，但又会坠落下来，那是善良的理想主义者。——有的人长着强有力的翅膀……——有的人生而在天，因为爱人类而收起双翼，落入凡间，教人飞翔。然后，等不需要他们的时候便返回天上。那就是基督。"【名师点睛：通过托尔斯泰作品中对不同人类的描述，表明了他自己的信仰，以及为了信仰不畏艰险、奋勇直前的决心。】

这些话是在最惊心动魄的暴风雨时代写下的，《忏悔录》就是这个时期的记忆与回声。托尔斯泰曾不止一次摔倒在地，折断了翅膀。但他总是顽强地重新起飞，用理性与信念这两只巨大的翅膀翱翔在广阔深邃的天空。【写作借鉴：将理性和信念比喻为托尔斯泰翱翔于广阔天空的羽

翼，形象而生动。】

可是，他找不到他所寻找的安宁。天空并非在我们体外，而是在我们心中。

托尔斯泰在心中激起感情的风暴。这一点使他有别于抛开红尘的使徒。

他能满怀热情地舍弃，也能满怀热情地生活。他总是如情人般热烈地拥抱生命。他"为生而疯狂"，"为生而陶醉"。

没有这种醉意他便活不下去。（托尔斯泰在《忏悔录》中写道："人只有在为生活感到陶醉时才算是活着。"）为幸福而醉，也为不幸而醉。醉于死，亦醉于永生。

他放弃个人的生活不过是情系永生而发出激情的呼声。不，他所达到的平和，他们祈求的灵魂安宁，并非死的安宁，而是旋转在无限空间的火热世界的安宁。在他身上，愤怒是平和的，而平和则是炽烈的。信仰赋予他新的武器，使他能够更坚定地持续投入对现代社会谎言发动的进攻中，那是从他初期的作品便已开始的。他不再局限于写几个小说中的典型人物，而是向所有巨大的偶像发起攻击：虚伪的宗教、国家、科学、艺术、自由主义、社会主义、平民教育、慈善事业、和平主义等等，他都给予无情的鞭挞和痛斥。

古往今来，世界上出现过许多伟大的思想叛逆者，他们像先驱者约翰那样咒骂腐败的文明。最近的一位是卢梭。

他热爱大自然，（托尔斯泰在1861年一封给朋友的信中说道："有朋友固然是好，但是朋友会死去，会离开……而大自然，可以通过买卖契约或遗产继承的方式一直拥有，比朋友好多了。我的自然，冷酷、累赘、还有诸多要求，但它到死都是你的朋友，而你死了之后，就可以融化到自然里面去。"但是与其心灵相通的仅是他故乡亚斯纳亚的自然。虽然在出游瑞士的时候，他写过很优美的日内瓦湖游记，但是那毕竟是异乡，而他与故乡的关系则更加亲密、融洽，"我躺在自然的怀抱里，暖风吹拂着无垠的大地……我并非孤单一人享受这自然，我身旁有千百只唧唧鸣叫的昆虫，婉转歌唱的鸟雀。此时此地，我爱自然。而我从自然中得到的最大享受，就是成为自然这个整体的一部分。——这里的美景一望无际，但我却与它们毫无关系。"）仇恨现代社会，珍惜独立，极力推崇福音书和基督教的伦理道德。可以说，他是托尔斯泰的前身，托尔斯泰也自称深受卢梭思想的影响。

　　他说："他的文章有许多地方深深打动我的内心，我觉得仿佛就是我写的。"【名师点睛：说明托尔斯泰的很多思想与卢梭的思想不谋而合，也表明了他受卢梭思想影响之深。】

　　但这两人毕竟有很大的区别。托尔斯泰有更纯粹的基督教精神！请看日内瓦人卢梭在其《忏悔录》中的这句话有多么傲慢，简直是出自法利赛人之口：【名师点睛：这里引用卢梭的文章，体现出卢梭的傲慢，引出下文对两人进行比较。】

　　永恒的上帝！天下只有一个人敢对你说：我比那个人强多了！

　　他还挑战般向世人说：

　　我无畏地大声宣告：谁敢认为我是不诚实的人，他自己便是个该死的东西。

　　托尔斯泰却为他自己过去生活中的"罪过"痛哭流涕：

　　我感受到入地狱般的痛苦。我忆起过去所有的卑鄙行径，这些回忆如影随形，使我难得安宁。一般人都会遗憾死后记忆不再。其实能这样该有多好！如果死后我还能回忆起在人间作过的孽，那会多么痛苦！……

　　他不会像卢梭那样写《忏悔录》，因为卢梭说："我觉得我行的善多过我作的恶，将一切说出来对我有好处。"（《第四次散步》）托尔斯泰曾尝试写回忆录，后来放弃了。笔从他手中坠落，他不愿人们将来读后会耻笑他：

　　有人会说：被抬得那么高的人原来竟是这么回事！简直是个卑怯的小人！而我们是些普通人，是上帝安排我们成为小人的。

　　卢梭从来没有基督教信仰中美好纯洁的道德观念，以及使老托尔斯泰自始至终憨厚诚实的谦逊美德。

名人传

在卢梭背后，在天鹅岛铜像的周围，我们看见的是日内瓦的圣彼得和加尔文的罗马。而在托尔斯泰身上，我们却看到了朝圣者、虔诚的教徒，他们天真的忏悔和眼泪曾使童年时代的托尔斯泰感动不已。【写作借鉴：分析卢梭对基督教的不纯粹和自我满足，反衬出托尔斯泰的纯洁真诚、憨厚诚实，以及纯粹的基督教精神。】

他和卢梭有一点是共同的，就是反对社会，但托尔斯泰生命的最后三十年还进行过另一场战斗，那就是他头脑中两股最强的力量——真理和爱情之间动人心魄的一场斗争。【名师点睛：除了与卢梭相同的反对社会的特性，他还有另一场爱情与真理之间的战斗，引出下文的分析。】

真理——"这看到灵魂深处的目光"，这看透你内心的、明亮的灰色眼睛……真理是他最早的信仰，他艺术的王后。

我著作中的女主人公，我全心全意爱恋的，过去、现在、将来、永远美好的女主人公就是真理。

真理是他兄弟死后，漂浮在海面上的沉船；真理是他生命的中轴，大海中央的礁石……

但不久，"残酷的真理"对他已经不够。爱取代了它的位置。爱是他童年时代的生命之源，"他灵魂的自然境界"。1880年他思想出现混乱时，他并未舍弃真理，而是向爱敞开了真理的大门。

爱是"力量的基础"。爱是"生存的意义"，唯一的意义，当然还有美。爱是被生活磨炼成熟后的托尔斯泰——《战争与和平》《致东正教最高会议书》的作者生命的真谛。

爱深入到真理之中，这就是他中期——nel mezzo delcammin [意大利文，意为：生命旅途的中断]——创作的独有价值，他的现实主义与福楼拜的现实主义区别就在于此。福楼拜竭力不去爱他书中的人物。这样，无论他多么伟大，他总缺少 Fiat lux [拉丁文，意为：光]！太阳的光根本不够，必须要有心灵之光。

托尔斯泰的现实主义体现在每一个人物身上，用他们的眼光去观察他们时，在最卑劣的人身上，都能发现爱他们的理由，并且使我们感觉到我们和所有人之间都存在兄弟般的关系。【名师点睛：这里将托尔斯泰与福楼拜的现实主义进行比较，并分析了托尔斯泰的现实主义的不同，体现出他是用爱照亮真理，突出了他的博爱精神。】通过爱，他参透了生命的根源，但这种关系很难维持。

有时，生命的景象和痛苦让人那么难以忍受，简直成了对爱的一种挑战，为了拯救爱，拯救信仰，不得不将信仰提高到社会之上，以至于产生脱离社会的危险。而这位天赋异禀，注定能看到真理和不能不看到真理的人怎么办？托尔斯泰晚年时，锐利的目光看到了现实的残酷可怕，而热诚的心依旧继续期盼和证明有爱的存在。肉眼所见和内心所盼总在矛盾之中，托尔斯泰的痛苦，谁又能描述得清呢？

我们都体验过这类悲剧性的内心斗争。多少次我们曾面临要么不看，要么去恨的抉择！多少次，一个艺术家——一个名副其实的艺术家，一个懂得书面语言之美妙及其可怕力量的作家——在写出某种真理时，感到忧心忡忡！【写作借鉴：这里运用递进的手法，不断深化托尔斯泰的身份和地位，即使这样非一般的人也在写出某种真理时忧心忡忡，可见现实的残酷与理想的完美之间矛盾尖锐，他笔下的真理难以实现。】

在现代的谎言，文明的谎言当中，健全而有力的真理如同我们呼吸的空气一样必要……【写作借鉴：这里运用比喻，将真理比作人类赖以生存的空气，生动形象地写出真理在我们生活中的重要性。】而我们发现，多少人的肺部不堪承受这种空气，多少人被文明害得赢弱怯懦，或者因仁慈善良而变得软弱！我们怎能无所顾忌地将这致命的真情甩给他们呢？难道世上就不存在如托尔斯泰所说的"向爱敞开大门的"真理？——什么？我们能否接受以慰藉人的谎言去安抚人类，像培尔·金特那样，用故事来哄他垂死的老母入睡呢？……社会不断面临两难的选择：要真理，还是要爱。而通常的解决办法是既牺牲了真理，也牺牲了爱。

托尔斯泰从未背叛过这两种信念中的任何一种。在他成熟时期的作品中，爱是真理的火炬。而在晚期的作品中，爱是从天上投射下来的一道光，一道上帝恩宠的光，照亮人生，却又不再和人生融合。这一点我们在《复活》中能够看到：信念控制着现实，但始终立于现实之外。每当托尔斯泰注视他所描绘的那一张张个别的脸时，这些人看起来软弱、平庸，但他一旦以抽象的方式进行思考，这些人便圣洁得像天神一样。——他的日常生活也和他的艺术一样存在着这样的矛盾，而且更为严重。尽管他知道爱要他干什么，他的行动却总是背道而驰。他并没有按照上帝的规定生活，而是按照社会的习惯生活。就说爱吧，怎能把握住爱呢？爱的面目千变万化，种类又各不相同，教人如何辨别？是家庭的爱，还是全人类的爱？……直到最后一天，他都在这些选择中彷徨。

　　解决的办法在哪儿？——他没找到。【名师点睛：这些都是困扰了托尔斯泰一生的问题。】让那些骄傲的知识分子去轻蔑地给他下结论吧。诚然，他们找到了解决的办法，找到了真理，而且很有信心地牢牢把握住。对他们来说，托尔斯泰是一个软弱的人，一个多愁善感的人，不足为训。当然，他们无法以他为榜样效仿他：他们没有足够的生命力。托尔斯泰不同于那些有虚荣心的精英，他不属于任何教会。不是他称之为律法家的那一派，也不是有这样那样信仰的法利赛人。他是自由基督徒最崇高的典型，终其一生都努力追求一个愈来愈远的理想。

　　托尔斯泰的话并非说给那些思想上的特权者听的，而是说给普通人听的——hominibus bonae voluntatis [拉丁文，意为：人类的良知]——他是我们的良知。他说出我们这些普通人想说的话以及我们所不敢面对的内心的声音。对我们来说，他不是一位骄傲的大师，不是高踞艺术和智慧宝座之上傲视一切的天才。正如他在信中喜欢自称的那样，他有一个最美、最温馨的名字，就是"我们的兄弟"。【名师点睛：托尔斯泰虽然贵为大师，但他从不居高自傲，时时与民众在一起。文末用了"最美""最温馨"两个词，突出了对托尔斯泰大同博爱精神的赞美和敬爱。】

1911 年 1 月

Z 知识考点

1. 判断题。托尔斯泰与卢梭和福楼拜都有一些共同点,但比起卢梭,托尔斯泰多了一些对基督教的纯粹和真诚,比起福楼拜,托尔斯泰多了些博爱精神。（　　）

2. 判断题。托尔斯泰的伟大在于他有一颗真诚、善良、博爱的心。（　　）

3. 通过本章开篇对托尔斯泰的外貌描写,你能看出什么吗?试着谈谈你的发现。

4. 在评价托尔斯泰时,文中提到了哪些不妥或错误的做法?

5. 结合《托尔斯泰传》谈谈你对托尔斯泰的伟大之处的看法。

Y 阅读与思考

1. 作者为什么说托尔斯泰不会像卢梭那样去写《忏悔录》?
2. 《托尔斯泰传》的立意是什么?作者的着眼点在哪儿?
3. 请结合《托尔斯泰传》谈一谈托尔斯泰对女性持怎样的看法。

罗曼·罗兰致译者书
——论无抵抗主义

三月三日赐书，收到甚迟。足下迻译拙著贝多芬、米开朗琪罗、托尔斯泰三传，并有意以汉译付刊，闻之不胜欣慰。

当今之世，英雄主义之光威复炽，英雄崇拜亦复与之俱盛。唯此光威有时能酿巨灾，故最要莫如将"英雄"二字下一确切之界说。

夫吾人所处之时代乃一切民众遭受磨炼与战斗之时代也；为骄傲为荣誉而成为伟大，未足也；必当为公众服务而成为伟大。最伟大之领袖必为一民族乃至全人类之忠仆。昔之孙逸仙、列宁，今之甘地，皆是也。

至凡天才不表于行动而发为思想与艺术者，则贝多芬、托尔斯泰是矣。吾人在艺术与行动上所应唤醒者，盖亦此崇高之社会意义与深刻之人道观念耳。

至"无抵抗主义"之问题，所涉太广太繁，非短简可尽。愚尝于论甘地之文字中有所论列，散见于拙著《甘地传》《青年印度》及《甘地自传》之法文版引言。

余将首先声明，余实不喜此"无抵抗"之名，以其暗示屈服之观念；绝不能表白英雄的与强烈的行动性，如甘地运动所已实现者。唯一适合之名辞，当为"非武力的拒绝"。

其次，吾人必须晓喻大众：此种态度非有极痛苦之牺牲不为动；且为牺牲自己及其所亲之整个之牺牲；盖吾人对于国家或党派施行强暴时之残忍，决不能作何幸想。吾人不能依恃彼等之怜悯，亦不能幸图彼等攻击一无抵抗之敌人时或有内疚。

半世纪来，在革命与战乱之中，人类早已养成一副铁石心肠矣。即令"非武力的拒绝"或有战胜之日，亦尚须数代人民之牺牲以换取之，此牺牲乃胜利之必须代价也。

由是可见，若非赖有强毅不拔之信心与宗教之性格（即超乎一切个人的与普通的利害观念之性格），决不能具有担受此等牺牲之能力。对于人类，务当怀有信念。无此信念，则于此等功业，宁勿轻于尝试！否则即不陨灭，亦将因恐惧而有中途背叛之日。度德量力，实为首要。

今请在政治运动之观点上言，则使此等计划得以成功者，果为何种情势乎？此情势自必首推印度。彼国人民之濡染无抵抗主义也既已数千年，今又得一甘地为其独一无二之领袖。此其组织天才，平衡实利与信心之精神明澈，及其对国内大多数民众之权威有以致之。

彼所收获者将为确切不易之经验，不独于印度为然，即于全世界亦皆如此。是经验不啻为一心灵之英雄及其民族在强暴时代所筑之最坚固之堤岸。

万一堤岸崩溃，则恐若干时内，强暴将掩有天下。而行动人物中之最智者亦只能竭力指挥强暴而莫之能御矣。当斯时也，洁身自好之士唯有隐遁于深邃之思想境域中耳。

然亦唯有忍耐已耳！狂风暴雨之时代终有消逝之日……不论其是否使用武力，人类必向统一之途迈进！

罗曼·罗兰
1934年6月30日于瑞士

《名人传》读后感

读过《名人传》这本书，深深为三位名人的坎坷遭遇和为艺术献身的精神感到震撼。

书中涵盖《贝多芬传》《米开朗琪罗传》《托尔斯泰传》三篇传记，讲述了一位音乐家、一位雕塑家和一位思想家的人生经历和艺术经历。虽然他们各自所处的领域不一样，但在艰难坎坷的人生征程上，他们追求真理和正义，为创造出表现真、善、美的不朽作品，不惜奉献出自己的一生。

贝多芬用苦痛创作乐曲，用性命对抗音乐，为后世留下了享用不尽的精神食粮；米开朗琪罗用一辈子的心思和精力创造了永不磨灭的好作品；托尔斯泰则在他的小说中描画了万千生命的渺小和伟大。他们用他们的作品向世界广泛散布着爱的胚珠，而对自己人生的劫难和世界上的哀苦，他们从来就没有过一丝的惊慌害怕与动摇，他们这种英雄的姿势是那么倔强不驯，就像怒涛，就像飙风，不断地吹响欢乐轻快的号角。他们从来就不愿说出自己的苦痛，而真实情况是，他们的苦痛在常人看来是难以想象的，他们坚信，只要自己的灵魂能够坚忍果断，不因哀苦与劫难而一味地沉沦，就定能冲破肉体的约束限制，奔向人生的崇高境界。正如贝多芬所说："谁也无法战胜我，我要死死扼住命运的咽喉。"

罗曼·罗兰以前说过："我不曾想过这本《名人传》会很快地流传开来。那一个时刻，法国几百万的人民，以及被压迫的理想主义者都在非常着急地等待着解放的信号。这信号，它们从贝多芬的音乐入耳见达。这本书写的是贝多芬,可它却保存着千千万万寻求自由和对抗者的形象,他们早已在那里面找到自己的身影,这本小册子,由一个无名的我写就,从一家无名的店铺里出来,几天之内从大众手上广泛散布出去,它不再归属我了。"确实,这本书不是为了学本而写的,它只是身体受损而窒息的心魄在获得新生后拜谢救世主的一支歌。

  人的生活是艰苦坎坷的。他们的一辈子注定要变得凄惨,没有光华,没有福祉,伶俜斗争一辈子。贫窭、忧虑、沉重而无趣的劳动,这些都在压迫着他们的灵魂,他们是受难者,他们也是对抗者,从他们身上,人们看见最浓艳的两朵灵魂之花——正义与自由。这些人都经历了长时期的痛苦:或是凄惨的命数在人的身体和灵魂上使他们煎熬,用贫窭和恶疾淬炼着他们的心志;或是受着莫名的羞辱和劫难,使同胞们为之心碎,他们固然因为坚强有毅力而伟大,但也正是这些痛苦磨难才使其伟大。所以那些不幸运的人啊,切莫因为生存的痛苦而悲叹,你看世上最伟大最优秀的人正在与你同行。

  他们伟大的精神告诉了我们:困境成就真英雄!巴尔扎克曾经说过:"苦难是人生的一块垫脚石,对于强者是笔财富,对于弱者却是万丈深渊。"的确如此,挫折如同苦难,可能是我们奋进的号角,也可能是我们前进的绊脚石。

  人生的长河对于弱者将会干涸,但对于强者会奔流不息。

  即使路之迢,山之高,也要披荆斩棘奔赴理想,永不轻言放弃。

编 者
2018 年 3 月

参考答案

贝多芬传

知识考点

1. 矮壮　运动员　宽宽　砖红　病态的黄色　宽广　隆起　异常浓密
2. √
3. 超凡的毅力和奋斗的精神，不惧艰险，克服困难，顽强地与命运抗争的精神。
4. 只有克服苦难的、壮烈的悲剧，才能帮助我们担受残酷的命运，努力向前。同时，悲惨的命运和痛苦的考验不仅降临在普通人的身上，同样也降临在伟人的身上。当我们遭受挫折的时候，应该想到这些忍受并战胜痛苦的榜样，不再怨天尤人，要坚定自己的信仰。

米开朗琪罗传

上篇　搏斗

一　力量

知识考点

1. √
2. ×
3. 表现了米开朗琪罗年少气盛，以及天才艺术家所具有的狂放和不羁。
4. 是在各党派斗争激烈的历史环境下，米开朗琪罗为了挑战萨伏那洛拉派的狂热而创作的作品。
5. 民众对雕塑的态度，从侧面反映出，在那个蒙昧的时代，米开朗琪罗进行创作时遭受了很多外界阻力。

二　力的崩溃

知识考点

1. √
2. B
3. 一段相对平静的时段指的是伤感而宁静的成熟时期，西斯廷时期沸腾的热情平复了下来的时期。
4. 体现了他温柔而又懦弱、自卑的性格，他渴望爱与被爱，却总是孤独。
5. 这是一个过渡句，承上启下，引出下文他要面临的"黑暗"。

三　绝望

1. 迫不得已　颂扬　痛苦　羞愧　投入工作　发泄　绝望

301

2.√

3.对自己和对一切事物的厌恶。

4.在政治思想方面犹疑不定的精神状态。

5.笑话他无休止的提心吊胆和他那可怜的神经。

下篇 放弃

一 爱

知识考点

1.√

2.√

3.一方面他担心逃跑被教皇惩罚,会产生严重的后果,另一方面他心存一些对艺术创作的幻想。

4.托马索·德尔·卡瓦列里、维多利亚·科洛纳。

5."这位朋友不仅长得美,道德的高尚也值得他尊重。他爱托马索·卡瓦列里甚于其他所有的人。卡瓦列里是一位罗马绅士,年轻,热爱艺术,米开朗琪罗曾为他画过一帧肖像,这是他一生中唯一的一帧肖像画,因为他讨厌描绘活人,除非此人的确美貌无双。"

二 信念

知识考点

1.√

2.D

3.喜欢谦恭而忠实的助手;不喜欢桀骜不驯的助手。

4.一方面是他对自己的艺术过于执着,不能像爱自己的艺术那样去爱其他人的艺术;另一方面他过于真实,不会假装去爱他其实不爱的东西。

5.他一生侍奉了几代教皇,年老时想要把余年奉献给上帝,另外,他受到女友的推动,想要完成她最后的一个遗愿。

三 孤独

知识考点

1.辩护 斥责 行动 苦涩 哈姆雷特 怀疑一切 思想 怨恨 信仰

2.×

3.指的是神圣的恻隐之心,即乐善好施。

4.因为米开朗琪罗一生所受的苦难和他晚年的宗教信仰,使他看淡生死,认为死是上帝的恩宠,是一件值得庆祝的事。

5.运用了夸张的手法,形容米开朗琪罗卧室的幽暗和脏乱,以至于蜘蛛都来结网,这也从侧面表现了米开朗琪罗晚年生活和心境的凄凉。

尾声　死

知识考点

1. 躺到床上　神志清楚　灵魂交给上帝　肉体留给尘土　佛罗伦萨　暴风雨　宁静

2. √

3. "二十四点"在这里意味着生命的终点,诙谐的语言背后,表现了米开朗琪罗的幽默,以及他面对死亡时的豁达。

4. 运用了比喻的修辞手法,将他糟糕的身体状况用诙谐的语调写出来,表现了他的乐观豁达。

5. 在自己将死之际还不忘关心侄子,表现了米开朗琪罗对侄子的疼爱。

托尔斯泰传

一　走近伟人

知识考点

1. 设置障碍　激情满怀　爱　信　第一次爱　第一次信

2. ×

3. 作者对布尔热之类的非要将伟大的文学家分派别很不以为然,也觉得很可笑,在他眼里,喜欢一个作家,是因为喜欢他的思想、他的作品、他的为人,和他属于什么派系毫无关系。

4. 作者先写大家对于文学都有不同的主张,然后写到大家都在托尔斯泰的问题上统一了,表现了托尔斯泰的作品的不凡和人格魅力的伟大。

5. 这是说,对托尔斯泰的闪光点,不同人有不同的发现,说明不同人读托尔斯泰的作品,就有不同的收获,就像是"一千个读者,就有一千个哈姆雷特"。

二　成长与写作

知识考点

1. ×

2. ×

3. 反映出他真诚坦率、追求真实自然、不做作的性格特征。

4. 本句起到了承上启下的过渡作用。少年时人的思想是很容易转变的,在此将上文中的热忱转为下文中的投入到实际中去。

5. 这是对托尔斯泰外貌的描写,写他外貌的丑陋,来表现他的自卑心理与绝望的思想,因此他也更加自尊,更加想要出人头地,引出下文讲他的作品《青年》中这方面的思想轨迹。

三 爱情对文学的滋润

知识考点

1. A

2. ×

3. 托尔斯泰的婚姻让他感到很幸福，很轻松。在爱情的荫庇之下，他能在闲暇中怀着梦想而且实现了他思想上的杰作，威临着十九世纪全部小说界的巨著：《战争与和平》和《安娜·卡列尼娜》，而且这两部小说中的女主人公的原型都是他的妻子。

4. 《战争与和平》和《安娜·卡列尼娜》。

5. 伯爵夫人对托尔斯泰的艺术有着非常可贵的影响。她富有文学天才，曾写过几篇短篇小说。她是如她自己所说的"一个真正的作家夫人"。她对丈夫的作品很关心。

四 道德人格与哲学思想的交织

知识考点

1. ×

2. √

3. 贴近民众生活，流露真情实感，而非矫揉造作的、普及的、简明易懂的、富有博爱精神、消除暴力的艺术，能反映宗教意识，但并非教会的教义的艺术。

4. 运用夸张的修辞手法，写出音乐使尼古拉陷入陶醉，使其逃离现实，甚至迷失自己。

5. 细节描写，此句着眼于细微处，生动地表现出了音乐对人的震撼力。

五 伟大的艺术成就

知识考点

1. ×

2. C

3. 俄罗斯危机期间，托尔斯泰全力以赴，用他论战性的、饱含狂热信仰的文章参与社会的大论战，发表了一系列作品：《战争与革命》《弥天大罪》《世界末日》等。说明了他对文学的热爱，危急时刻以作品当武器参与论战，突出了他的社会使命感和正义感。

4. 社会环境描写，交代了托尔斯泰思想产生的时间与背景，阐明了他思想上的变化与身边的经历息息相关。

5. 肖像描写，刻画出马斯洛娃沦落的人物形象，深入人心。

六 文学巨匠的归宿

知识考点

1. √

2. √

3. 相由心生，通过对托尔斯泰的外貌描

写，可以看出他的思想在经历太多变化之后终于固定下来，反映出他后期思想和信仰的成熟和稳定以及自己的坚持；而由他慈善、温和的面貌中，我们可以看出他那永恒的博爱精神已经深驻心底；有着忧伤的痕迹，则说明了他心里或许依然有着愿望无法实现的遗憾；那双眼睛坦率真诚，却又明察秋毫，这也正如实反映了他的内心世界——干净纯洁，对社会黑暗明察秋毫。

4.认为托尔斯泰思想中的精华是借鉴的结果，他的伟大与魅力源于他的思想；只是从文学的角度赞赏作品，没有全面理解托尔斯泰的伟大；把托尔斯泰的复杂思想纳入狭隘的宗教的或政治的范畴去评论。

5.托尔斯泰一生向善，追求真诚、博大的爱，厌恶痛苦的民众生活，因此他的许多作品都是他爱的信仰、精神道德的再现，托尔斯泰的伟大在于他有一颗真诚、善良、博爱的心。